ミネルヴァ日本評伝選

唐國、妹子臣を號けて蘇因高と曰ふ

小野妹子・毛人・毛野

大橋信弥 著

ミネルヴァ書房

刊行の趣意

「学問は歴史に極まり候ことに候」とは、先哲荻生徂徠のことばである。

歴史のなかにこそ人間の智恵は宿されている。人間の愚かさもそこにはあらわだ。この歴史を探り、歴史に学んでこそ、人間はようやくみずからの正体を知り、いくらかは賢くなることができる。新しい勇気を得て未来に向かうことができる。徂徠はそう言いたかったのだろう。

「ミネルヴァ日本評伝選」は、私たちの直接の先人について、この人間知を学びなおそうという試みである。日本列島の過去に生きた人々の言行を、深く、くわしく探って、そこに現代への批判を聴きとろうとする試みである。日本人ばかりではない。列島の歴史にかかわった多くの異国の人々の声にも耳を傾けよう。

先人たちの書き残した文章をそのひだにまで立ち入って読み、彼らの旅した跡をたどりなおし、彼らのなしとげた事業を広い文脈のなかで注意深く観察しなおす――そのとき、はじめて先人たちはいまの私たちのかたわらによみがえってくる。彼らのなまの声で歴史の智恵を、また人間であることのよろこびと苦しみを、私たちに伝えてくれもするだろう。

この「評伝選」のつらなりのなかから、列島の歴史はおのずからその複雑さと奥ゆきの深さをもって浮かび上がってくるはずだ。これを読むとき、私たちのなかに新たな自信と勇気が湧いてきて、その矜持と勇気をもって「グローバリゼーション」の世紀に立ち向かってゆくことができる――そのような「ミネルヴァ日本評伝選」にしたいと、私たちは願っている。

平成十五年（二〇〇三）九月

上横手雅敬
芳賀　徹

聖徳太子勝鬘経講讃図（津市・西来寺蔵）

聖徳太子が勝鬘夫人（舎衛国波斯匿王の娘）の説いた経典『勝鬘経』を講義する場面を描いた図で，上段中央に聖徳太子，その右前に恵慈法師，下段に左から，学架（学哿）博士・小野妹子・蘇我馬子が描かれている。

唐臼山古墳（滋賀県大津市）

未調査のため詳細はわからないものの，径20.5メートルの円墳とみられている。墳丘は大半が流出し，墳頂部には石材が散乱している。内部主体は横穴式石室に納めた家形石棺の側辺に入口を設けたもので，横口式石棺系古墳と呼ばれるものである。かつて床面付近からみつかった土器片は７世紀前半のものと推定されており，晩年をこの地で送った妹子の墓としてふさわしいものである。

小野朝臣毛人墓誌
（京都市・崇道神社蔵）

妹子の子毛人の事績は文献にはほとんど伝わっていなかったが，慶長18年（1613），現在の京都市左京区上高野にある崇道神社の裏山の古墳から出土した墓誌に「小野毛人朝臣墓」とあり，毛人が天武朝の「太政官兼刑部大卿」であったこと，「丁丑に次れる年十二月上旬」すなわち天武6年（677）12月初めにこの墓が造られたことが書かれている。

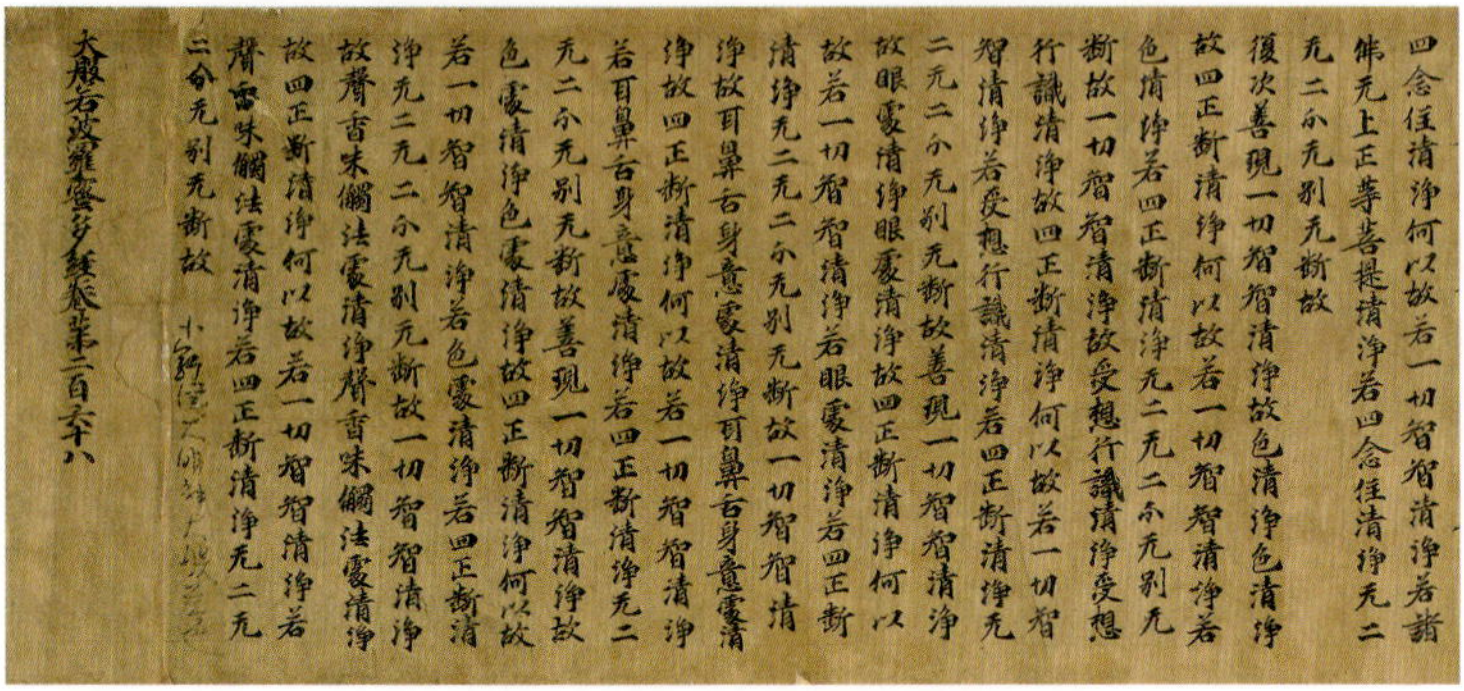
四念住清浄何以故若一切智智清浄若諸
佛无上正等菩提清浄若四念住清浄无二
无二分无別无断故
復次善現一切智智清浄故色清浄色清浄
故四正断清浄何以故若一切智智清浄若
色清浄若四正断清浄无二无二分无別无
断故一切智智清浄故受想行識清浄受想
行識清浄故四正断清浄何以故若一切智
智清浄若受想行識清浄若四正断清浄无
二无二分无別无断故善現一切智智清浄
故眼處清浄眼處清浄故四正断清浄何以
故若一切智智清浄若眼處清浄若四正断
清浄无二无二分无別无断故一切智智清
浄故耳鼻舌身意處清浄耳鼻舌身意處清
浄故四正断清浄何以故若一切智智清浄
若耳鼻舌身意處清浄若四正断清浄无二
无二分无別无断故善現一切智智清浄故
色處清浄色處清浄故四正断清浄何以故
若一切智智清浄若色處清浄若四正断清
浄无二无二分无別无断故一切智智清浄
故聲香味觸法處清浄聲香味觸法處清浄
故四正断清浄何以故若一切智智清浄若
聲香味觸法處清浄若四正断清浄无二无
二分无別无断故
大般若波羅蜜多經巻第二百六十八

大般若経
全600巻のうち第268巻
（大津市・小野神社蔵）

小野氏一族の崇拝を受けた氏神である大津市の小野神社に伝わる『大般若経』は，平安後期（12世紀）に書写されたものが多いなか，奈良時代後期（8世紀中ごろ）や奈良時代末～平安時代初期（8世紀末）に書写されたものを含んでおり，小野氏の足跡を伝える貴重な資料といえる。本巻は奈良時代後期のものと推定されているが，後世の補完も考えられるため，その伝世について確定した評価はなされていない。

はじめに

小野妹子の墓

遣隋使として推古朝の外交に活躍した小野臣妹子の墓として、現在比較的知られているのは、聖徳太子墓など多くの皇族の墓が集中して所在し、大和政権の「王家の谷」とも呼ばれる、大阪府南河内郡太子町の小丘陵上の塚である。しかし、この墓が知られるようになったのは、その祖を小野妹子とする華道の池坊家元が、大正十一年にこの塚を大改修してからであり、しかもその根拠は地元に伝わる伝説のみで、江戸時代の『河内名所図会』には、この塚の南一〇〇メートルにある塚が妹子の墓とされていた。小野妹子の墓であることを裏付ける証拠は認められない。これに対し妹子の墓としてより有力なのは、滋賀県大津市小野水明の丘陵上に所在する唐臼山古墳である（口絵）。

唐臼山古墳は、現在、電鉄会社が開発した大津市北部の大規模な住宅地の一角に位置し、公園として保存・整備されている。かつての自然環境は失われているが、案内図もあり、気軽に訪れることができる。未調査のため詳細はわからないが、前方後円墳である可能性も指摘されている。今のところは円墳とされ、墳頂部には石材が露頭・散乱して、内部主体は横穴式石室に納めた家形石棺の側辺に

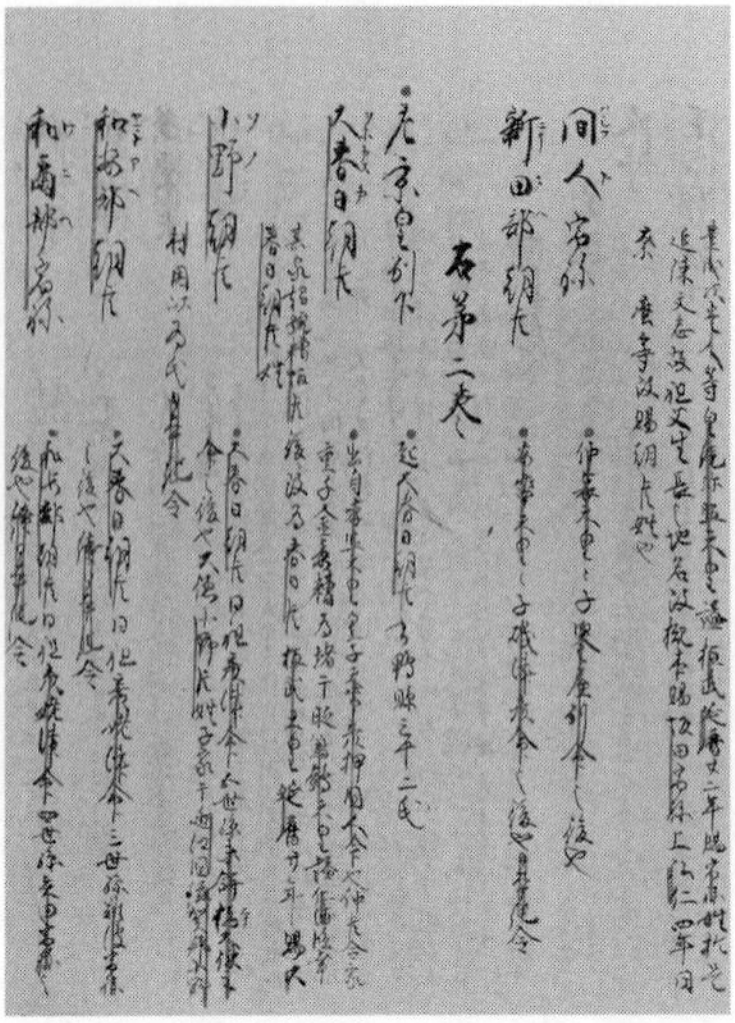

写真1　『新撰姓氏録』左京皇別下の小野朝臣条（宮内庁書陵部所蔵）

入口を設けたもので、横口式石棺系古墳と呼ばれるものである。この種の古墳は、古墳時代終末期の七世紀前半代に造られており、このころになると、すでに本格的な古墳の築造は、天皇や一部の貴族・官人層に限定されているから、唐臼山古墳の場合も、その被葬者は当然有力な貴族・官人に絞られる。出土したとされる須恵器も、その年代を示している（『志賀町史』第一巻、滋賀県志賀町、一九九六）。

いつのころからか、この古墳を小野妹子の墓とする所伝が生まれたらしいが、これも明確な根拠はない。『新撰姓氏録』（以下『姓氏録』と略記）という平安時代のはじめに編纂された書物の、左京皇別下の小野朝臣条に、「大徳小野妹子、近江国滋賀郡小野村に家れり」とあるところから、有力になったとみられる。事実、年代もほぼ一致しており、その可能性は皆無ではなさそうである。妹子の子毛人の墓が、山背国愛宕郡小野郷で発見されたように、晩年の妹子が出身地である近江国滋賀郡北部の小野の地に墓所を求めたのではなかろうか（写真1）。

ところで、古代の人物で思いのほか一般の人々に知られているのが、小野妹子である。近年の歴女ブームなどもあり、テレビで取り上げられることも少なくない。そうした中で、数々の古代史上の著名人を差し置いて、常に取り上げられるのが小野妹子である。古代史上の重要人物は、他にもあげることができると思うが、よく考えてみると、最初の遣隋使としての小野妹子は、小学校の教科書から大学の受験書まで、とにかく露出が多い。最初の遣唐使である犬上御田鍬(いぬかみみたすき)が、巷間にほとんど知られていないのと比較しても、際立っている。とはいっても、妹子について知られているのは、その名前だけであって、彼が所属した小野氏が、どういう由来を持つ氏族で、何処を出身地とするのかなど、ほとんど知る人はなく、しかも関心を持つ人も少ないのである。「妹子」という名から、女性とみられることもままあるほどである。そして、能書家で知られる小野道風や、美女の代名詞のような歌人の小野小町がその一族であることも、あまり知られていない。

本書の課題

本書では、史上にみえる最初の「外交官」ともいえる小野妹子の実像と、妹子が登場する歴史的な背景、妹子の子孫である小野家の人々について、様々な角度から考えることにしたい。他の時代でもそうであろうが、特に古代の人物を取り上げ、歴史評伝を書くことには、多くの困難が横たわっている。史料がそもそも少ないだけでなく、人物の個性を記述する姿勢が、古代の述作者には少ないからであろう。ご多分に漏れず、本書が取り上げる小野妹子についても、事績を記述した史料が少ないだけでなく、個人的な事象にふれた史料はほとんどないといってよい。ただ幸いなことに、妹子は、わが国最初の外交官、遣隋大使としての抜群の知名度があり、その事績は当時の倭国と唐の両国の史書に載せられるという、古代では稀な存在感を示しているのはありがたい。

したがって、本書において私は、まず、遣隋使として果たした妹子の役割を、当時の内政・外交の中で詳しく検討することで、推古朝という時代の中で遣随使が持った意味と、その中で果たした妹子の実像を明らかにしていくことになろう。そして、何よりも、ほぼ百二十年間途絶えていた対中国外交の再開にあたって、近江の一地方豪族の子弟とみられる妹子がなぜ登用されることになったのかは、本書の重要な課題である。また妹子を出した古代豪族小野氏の来歴についても、当然様々な検討が必要となる。小野氏の出自や、特性について、詳しく検討するとともに、その本拠地については、大和東北部説をはじめ、山城東北部説、近江滋賀郡北部説などが競合しており、その決着が必要となる。議論の前提として、古代氏族を考える上で重要なキーワードとなる『古事記』『日本書紀』(以下『記紀』と略記)など古代文献にみえる氏族系譜や伝承についても、考えることになるであろう。また、小野妹子と小野氏にとっては、残された史料からも、最も深い地域的な関わりのある近江、なかでも滋賀郡北部の小野の地の分析は、その実像を解く上でも必須の作業となるだろう。その際には、文献資料だけでなく、考古資料にも多くのことを語らせなければならない。

妹子が果たした大きな役割が、どのように評価されていたかについては、当然史書の語るところではないから、その後の小野氏の人々の様々な活動から検討するほかない。妹子の子と孫にあたる毛人(えみし)・毛野(けの)の二人は、古代国家成立の画期である、天武朝と大宝律令施行前後に、当時の政府中枢において重要な地位にあり、それを推進していたことが確認できる。そして、毛人・毛野の後にも、小野妹子の遺産を大きく前進させた人物が少なからずみえ、それぞれ、国政の様々な場面で、独自の役割を果たしており、また、軍事や文芸などの方面でも、その才能を開花させている。こうした奈良時代から平安時代に活動した小野氏の群像を丁寧にみていくことにより、その出発点で果たした妹子の功績を改めて評価できるとともに、古代国家に生きた一つの古代貴族の全体像を跡づけることができるのではなかろうか。

小野妹子・毛人・毛野

——唐國、妹子臣を號けて蘇因高と曰ふ

目次

図版出所一覧

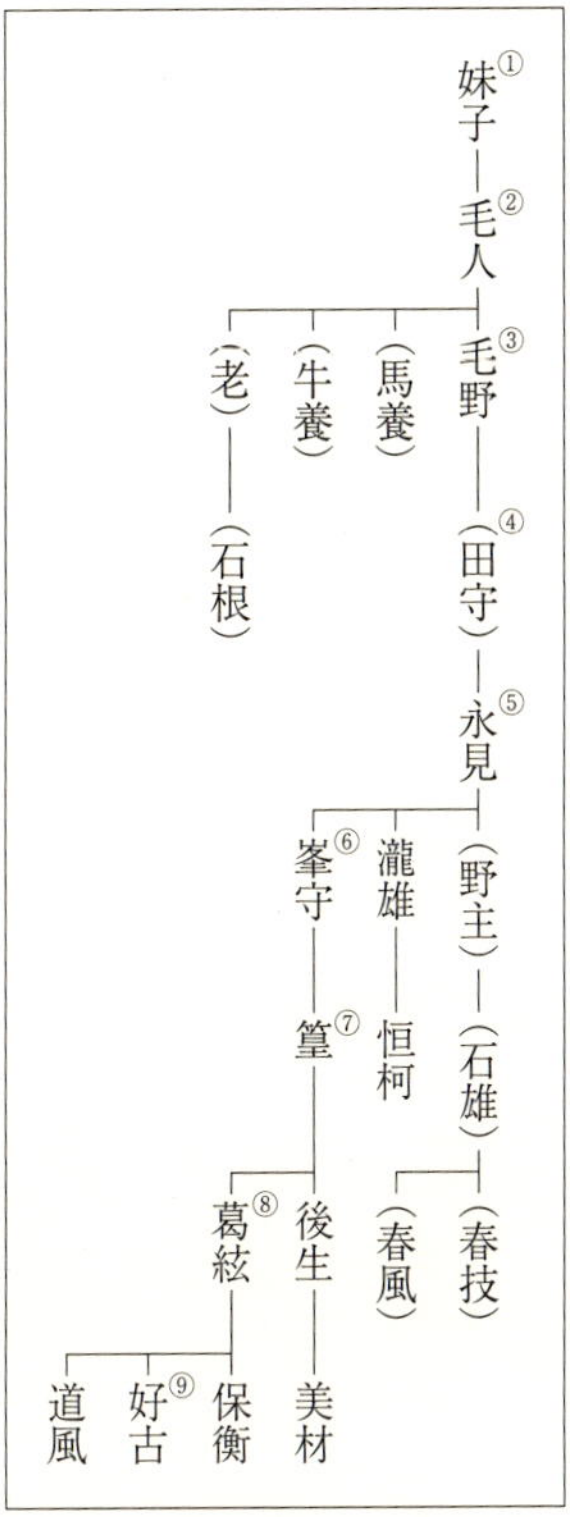

①妹子
②毛人
③毛野
（馬養）
（牛養）
（老）
④（田守）
（石根）
⑤永見
（野主）
瀧雄
⑥峯守
（石雄）
恒柯
⑦篁
（春技）
（春風）
後生
⑧葛絃
美材
保衡
⑨好古
道風

復元小野氏系図

第一章　遣隋使小野妹子――「大徳小野妹子、近江国滋賀郡小野村に家れり」

1　五～六世紀の東アジアと倭国

大禮小野臣妹子

『日本書紀』（以下『書紀』と略記）によると、小野妹子が中国の隋王朝に派遣されたのは、推古天皇の十五年、西暦六〇七年のことであった。そこには、「秋七月の戊申の朔庚戌に、大禮小野臣妹子を大唐に遣す。鞍作福利を以て通事とす」という簡単な記載があるだけで、派遣の具体的な内容は書かれていない。ここでの妹子は、推古十一年（六〇三）に制定された、冠位十二階の第五位（後の正六位に相当）である「大禮」とあって、それほど高い官位ではないことがわかるにすぎない。「大唐」は隋の間違いであるが、中国の代名詞のようなもので、取り立てて問題ではない。『書紀』の編者はこのことにそれほど関心がなく、残されていた記録を適当に抜粋して記述したのか、それとももともとこうした簡単な記録しか手元に残っていなかったかは、後に

表1　遣隋使の派遣回数

A『隋書』煬帝本紀上	①	大業4年（608）3月壬戌条	倭，百済・赤土・迦羅舎国と共に遣使奉献
	②	大業6年（610）正月己丑条	倭国，遣使奉献
B『隋書』倭国伝	①	開皇20年（600）条	倭国遣使。文帝，その風俗を問う。「倭国は天を以て兄と為し…」と応答
	②	大業3年（607）条	倭王多利思比孤，遣使。「日出づる処の天子，…」の国書
	③	大業4年（608）条	文林郎裴世清を倭国に派遣。倭，再度使者を派遣。この後，遣使途絶
C『日本書紀』	①	推古15年（607）7月庚戌条	小野妹子を隋に遣わす。通事は鞍作福利
	②	推古16年（608）4月条	妹子，裴世清とともに隋より帰還
	③	推古16年6月丙辰条	隋使一行を難波津に迎接。妹子，百済で隋の国書を奪われたことを奏上
	④	推古16年6月癸卯条	隋使一行を海石榴市に迎接
	⑤	推古16年8月壬子条	隋使，小墾田宮で使者の趣を奏上
	⑥	推古16年8月丙辰条	隋使を小墾田宮で饗応
	⑦	推古16年9月乙亥条	隋使を難波大郡で饗応

C『日本書紀』	⑧	推古16年 9月辛巳条	隋使，帰還。妹子を再度隋に遣わす。「東天皇，敬みて西皇帝に白す」の国書
	⑨	推古17年（609） 9月条	妹子，隋より帰還。通事福利帰らず
	⑩	推古22年（614） 6月己卯条	犬上御田鍬らを隋に派遣
	⑪	推古23年（615） 9月条	御田鍬ら，隋より帰還。百済使，御田鍬に従い来朝
D『三国史記』 百済本紀	①	武王9月（608）条	隋使裴世清，百済の南路を経由して倭国に赴く

考えてみたい。これだけでは、小野妹子が遠路はるばるどのような使命で隋に渡ることになったのか、また妹子はどうして遣隋使に任命されることになったのかは皆目見当がつかない。そして当然、当時の遣隋使がどうした構成で、随行した人はどれほどの人数であったのか、また乗船した船はどのようなものであったか、さらにどのようなルートで隋に行ったのかもわからない（表1）。

　こうした点も後に詳しく考えてみたいが、遣隋使についての中国側の記録である『隋書（ずいしょ）』の帝紀や東夷伝（とういでん）・倭国条をみると、妹子の遣使のことは、『隋書』巻八十一の東夷伝・倭国、大業（たいぎょう）三年（六〇七）条に、そのことが書かれている。ところが、『隋書』には、それより前の開皇（かいこう）二十年（六〇〇）条にも、倭国（日本）の遣使の記述がみえている。すなわち「開皇二十年、倭王（わおう）あり、姓は阿毎（あめ）、字は多利思（たりし）比孤（ひこ）、阿輩雞弥（おおきみ／あめきみ）と号す。使いを遣わして闕（けつ）に詣（いた）る」とあるのがそれである。これが事実であるなら、妹子の遣使は二回目となる。『隋書』と『書紀』の記載には、このほかにも少なからず齟齬があり、最も基本的な遣隋使の回数についてさえ、三回説・四回説・五回説と、いくつかの見解が出されているのである（坂元義種「遣隋使の基礎的考察」井上薫教授退官記念会『日本古代の国家と宗教』下、吉川弘文館、一九八〇。篠川賢「遣隋使の派遣回数とその年代」『日本古代の王権と王統』吉川弘文館、二〇〇一〔初出一九八六〕）。妹子の遣隋使について考える時、こうした諸問題の解決も必要となってくる。そうした、少々厄介な議論に入る前に、この時、倭国がほぼ百二十年ぶりに中国王朝に使節を送ることになった東アジアの政治情勢について、簡単にみておく必要もあろう。

五〜六世紀の東アジアと倭

遣隋使の派遣より前、倭国が中国王朝に通交したいわゆる倭の五王の時代は四二一年から四七八年までで、倭国は南宋に通交してその冊封を受け、それによって対外的には高句麗に対抗して朝鮮半島南部地域への影響力を維持しようとした。それとともに、それまで伽耶や百済から受容していた先進文物・知識・技術を、南宋から直接に得る道を開こうとしたのである。しかしながら、朝鮮半島における高句麗の軍事的優勢は動かず、その目的は果たせないまま、四七五年高句麗は大挙百済を攻めて都の漢城を攻略、蓋鹵王を敗死させてしまった。これによって、百済は漢江流域と忠清道地域（現在のソウルとその周辺）の大半の領土を失い、この時一時的に滅亡した。その後、倭国の軍事的支援もあり、熊津（公州）に遷都し、文周王を立てて再起を図るが、内紛はさらに続いた。そこで、倭国の援助で、蓋鹵王の弟の昆支の子で倭国にいた東城王（牟大、末多王）が王となって、朝鮮半島西南部を主要な領域として再建をすすめていくことになった。このため倭王武（雄略）は、四七七年十一月と翌四七八年五月に宋へ遣使し、有名な上表文を提出して高句麗との交戦の意志を明らかにし、宋の援助を求めているが、援助は実現することなく、これ以後倭国は宋への遣使を中断することになる。

その後、東城王は、倭国の影響を排除して、百済国内で王権を強化するいっぽう、対外的には南斉と通交し、新羅との同盟関係の構築をすすめている。四九三年には新羅王女との婚姻がなって、両国は緊密な関係を結び、その翌年には百済は新羅に兵三千を送り高句麗を退却させているし、四九五年に高句麗が百済の山城を攻囲すると、新羅は百済に援軍を送っている。東城王の次の武寧王の時代は、新羅との協力関係の進展はみられず、関係は冷却化したとみられ、倭国との関係が再び強化されたらしい。王は高句麗との戦闘に自ら出陣し、失地回復に努めているが、武寧王の崩後、五二三年に即位した聖（明）王の世になると、東城王の例に倣い、五二六年新羅王女との婚姻が成立し、羅済同盟を再構築している。五四八年の高句麗による攻撃の際には、援軍要請に応えて、新羅の真興王は三千の兵を遣わし、高句麗を破っている（図1）。

東アジアの変動と倭

倭国は、この間、百済との良好な関係を維持し、軍事的・財政的な協力関係を保持していたが、倭国と長い同盟関係にあった朝鮮半島南部の加耶諸国が、継体末年から欽明朝の初年、東から新羅による浸食を受け、高句麗の南下により公州、次いで扶余に都を移した百済が南下政策をとったため、西からの圧迫にも曝されることになった。倭国は外交・軍事の両面からその対応に追われていたとみられる。そして、五三二年には金官加耶などが新羅に併呑され、その後も安羅加耶に続き五六二年には、大加耶が新羅に吸収され、文字通り朝鮮半島は三国時

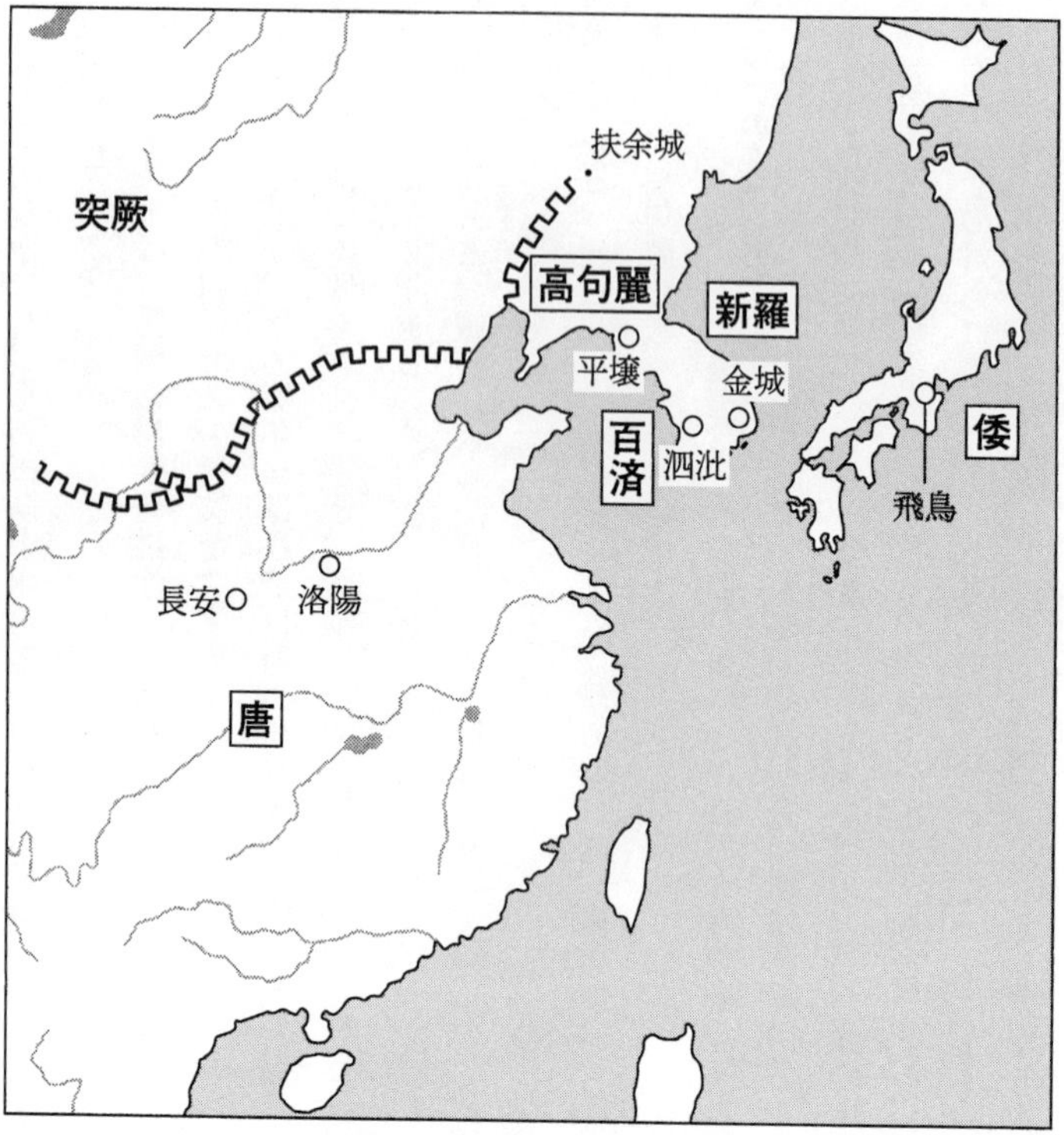

図1　6・7世紀の東アジア

代を迎えることになった。こうした過程で新羅と百済の蜜月時代は終わり、厳しい軍事対立の時代に入っている。百済の聖王は高句麗と新羅に対する両面作戦を強いられ、いわゆる「任那（みまな）復興会議」後も良好な関係を維持してきた倭国との軍事同盟の再構築をすすめ、五経博士、僧侶、易博士、暦博士、採薬師、楽人等の特殊技能者を提供した見返りとして、軍事・財政的な援助を求めている。しかし、『書紀』欽明十五年八月条にみえる倭国の派遣軍は、兵一千人、馬百匹、船四十隻程度であり、本格的な対応はできていない。その事情ははっきりしないが、この間に、東アジアの政治動向に大きな変動が生じていたことも一因であろう（山尾幸久『古代の日朝関係』塙書房、一九八九）。

すなわち、長い分裂の時代が続いていた中国において、五八一年に北朝の周（しゅう）を倒した隋が、五八九年には南朝の陳（ちん）を滅ぼし、四百年ぶりに統一を果たしたのである。朝鮮三国は、早くも五八一年に高句麗・百済が、五九四年に新羅が隋に朝貢したが、遼東に勢力を伸ばす高句麗が敵対行動をとったため、隋の煬帝（ようだい）は五九八年大軍を送り高句麗征討を始めた。三国の抗争に隋が加わり、朝鮮半島を中心に東アジアは長い動乱の時代を迎える。倭国もその渦中に巻き込まれ、百済との同盟関係の強化に対応して新羅との対立を深めている。六〇〇年、倭国は百済の要請もあって新羅への征討軍の派遣を決定し、高句麗・百済へ伝達した。これにより両国は新羅の要地を攻撃したが、倭国の新羅征討軍は将軍の来目皇子（くめのみこ）が病床に伏したことにより、渡海できなかった（翌年、筑紫で死去）。六〇二年と六〇三年にも征討が計画されているが、これも未完に終わっている。

そしてこの新羅征討計画が立案・実施された六〇〇年に、『隋書』は倭国による遣隋使の派遣を記録しているのである。したがって、この遣使が、新羅征討計画と密接な繋がりのあることは、すでに指摘されている通りであろう（坂元義種「聖徳太子とその外交」『歴史公論』5-11、一九七九）。その意味では、倭王武による南宋への乞師の上表と同じパターンといえるが、それは一つの契機であり、朝鮮三国に遅れはとったものの、隋王朝の高句麗征討の情報に対応したアクションといえるのではないか。それまでの百済・新羅を通じての先進文化の受容から隋との直接的な交渉へ、大きく舵を切ったとすべきであろう。つまり、六〇〇年の遣隋使派遣については、軍事と外交が深く結びついていた可能性があろう。そうした視点から、この時の遣隋使のことを、具体的に考えてみたい。

2 『隋書』からみた「最初」の遣隋使

開皇二十年の使節

六〇〇年の遣隋使について書かれているのは、次の二つの文献である。

まず『通典』の記事は、開皇二十年、西暦六〇〇年（推古八）の第一回遣隋使の記録を引用したものであるが、内容は、『隋書』東夷伝の記事を要約したものであり、オリジナルの記録ではない。（2）は、『隋書』東夷伝・倭国条の冒頭部分で、倭国の来歴を記述した後、倭国との交渉記事の前書き的な記述といえる。したがって、開皇二十年の第一回遣隋使の記録を含めて、その後の交渉により得られた情報も参照して書かれている。

（1）『通典』巻一八五　辺防一　倭　開皇二十年（六〇〇）条

隋の文帝の開皇二十年、倭王姓は阿毎、名自（目）は多利思比孤、その国には、阿輩雞弥と号し、華言の天児なるが、使いを遣わして闕に詣でる。その書にいわく、「日出ずる処の天子、書を日没する処の天子に致す、恙（つつが）なきや、云々」と。帝、これを覧て悦ばず、鴻臚卿（こうろきょう）にいいていわく、「蛮夷の書礼なきものあらば、復た以て聞することなかれ」と。

（2）『隋書』巻八十一　東夷伝・倭国　開皇二十年（六〇〇）条

開皇二十年、倭王あり、姓は阿毎、字は多利思比孤、阿輩雞弥と号す。使いを遣わして闕に詣る。上、所司をしてその風俗を訪わしむ。使者言う、「倭王は天を以って兄となし、日を以って弟と爲す。天未だ明けざる時、出でて政を聞き跏趺（かふ）して座し、日出ずれば便ち理務を停め、云う我が弟に委ねんと」と。高祖曰く、「此れ大いに義理無し」と。是に於いて訓えて之を改めしむ。王の妻は雞弥（きみ）と号す。後宮に女六、七〇〇人有り。太子を名づけて和歌弥多弗利（わかみたふり）と爲す。城郭無し。

内官に十二等有り、一を大徳と曰い、次は小徳、次は大仁、次は小仁、次は大義、次は小義、次は大禮、次は小禮、次は大智、次は小智、次は大信、次は小信、員に定数無し。軍尼（くに）一百二十人有り、猶中国の牧宰のごとし。八十戸に一伊尼翼（いなぎ）を置く、今の里長の如きなり。十伊尼翼は一軍尼に属す。

第一回遣隋使の記録として抽出できるのは、「上、所司をしてその風俗を訪わしむ。使者言う、『倭王は天を以って兄となし、日を以って弟と爲す。天未だ明けざる時、出でて政を聞き跏趺して座し、日出ずれば便ち理務を停め、云う我が弟に委ねんと』と。高祖いわく、『此れ大いに義理無し』と。是に於いて訓えて之を改めしむ」という部分である。すなわち、倭国の使者が、「倭王は天を兄とし、日を弟としており、早朝に出座して政務をとり、日が昇ると政務を止め、後を弟に委ねる」と述べたのに対し、高祖（文帝）は、「これは大いに礼のないことである」と叱ったので、この時の倭国が外交儀礼も含めて、国際慣行を無視し自国の論理で対応したことに対し、その誤りを指摘し当時の中国の礼制・君臣秩序に倣うことを勧告している。

六〇〇年の遣隋使については、『書紀』に記述がないため、『隋書』の述作とする見解もあったが、今日では、六〇七年の遣隋使の前提となる、重要な任務を持った遣使であり、事実に基づくとみられている（武田佐知子『古代国家の形成と衣服制』吉川弘文館、一九八四。田島公「外交と儀礼」岸俊男編『日本の古代七　まつりごとの展開』中央公論社、一九八六。若月義小『冠位制の成立と官人組織』吉川弘文館、一九九八）。この記事からは、倭国の使節の名も規模もわからないが、私は妹子がこの時の使節であった可能性もあるとみている。

それはさておき、この一連の記事で注目されるのは、倭国伝の冒頭ということもあり、簡略ではあるが当時の倭国の政治・国制の大要が記載されていることである。これが、原記録そのままでなく、『隋書』編者の再構成である可能性も考慮すべきであるが、その内容をみてみると、倭王の姓が「阿毎」で、字が「多利思比孤」、「阿輩雞弥」と号していたこと、王の妻は「雞弥」と号すこと、太子は「和歌弥多弗利」と称していたこと、後宮には女が六～七百人いたことなどが書かれており、重要な情報といえる。そして官制についても、一部異なるものの、『書紀』にある推古十一年（六〇三）制定の冠位十二階を記し、軍尼・伊尼翼などの地方組織についても具体的に記している。こうした記載が、謎の多い「大化前代」の政治制度を考える上で、重要な根本史料となっていることはよく知られており、多くの論争もある。

このうち冠位十二階については、先にみたように、『書紀』が推古十一年制定とするものであるが、『書紀』の年紀に不安を持つ若月義小は、『隋書』に記された冠位の記載を検討して、それが六〇〇年と六〇七年の遣使の間に制定されたことを確認し、『上宮聖徳法王帝説』の記載から、「乙丑年五月」すなわち推古十三年（六〇五）の五月に制定されたとみている（若月、前掲書）。また、地方制度についても、そのままとれば、「軍尼」が百二十人いて、一人の「軍尼」には十人の「伊尼翼」が属していること、「伊尼翼」は八十戸に一人置くという、整然とした組織であること、事実「軍尼」を「中国の牧宰のごとし」、「伊尼翼」を「今の里長の如きなり」とするように、隋の制度に対応することが説明されている。しかし『記紀』にみえる、国造‐県主、国造‐県稲置といった整った地方制度に対応するとの見解と、当時の制度の一部を、全国的な政治制度として、誇張して隋に伝えたとする見解とがある（石母田正『日本の古代国家』岩波書店、一九七一。篠川賢『日本古代国造制の研究』吉川弘文館、一九九六）。

さて、六〇〇年の第一次遣隋使派遣については、右に指摘したように、従来より、その時期からみて、六〇〇年と六〇二・六〇三年に、百済の要請もあって倭国が策定した、新羅への征討軍の派遣と深く結びついているとされてきたが、近年になって、その目的・意義をめぐって多方面からの再検討が加えられ、その重要性が見直されている。すなわちこれまでは、長い中断を挟んだ対中国外交関係を再開するにあたって、倭国と異なり中国の王朝と外交関係を長く維持し、隋王朝の成立に際してもいち早く朝貢をスタートさせていた朝鮮三国、なかでも倭国と長い連携関係にあった百済からの情報に依拠して準備がなされたことは、指摘されていた。たとえば、渡海するために使用する船舶の建造や、航海技術・人員などのハード面には、直接的な百済の援助があったとみられている。

使節派遣の目的

ところが、六〇七年の第二次遣隋使の派遣や、それに伴う隋の使節の来日に関わる、『隋書』と『書紀』の具体的な記載の検討から、本格的な遣隋使の前提として、冠位（衣冠・色服）制に典型的にみられる隋の最新の礼制・儒教的政治思想や、君臣秩序に関わる、国書をはじめとする外交文書の様式・文言などの知識および具体的な外交儀礼を運営する「賓礼（ひんれい）」の受容がこれ以前になされているとし、それこそ六〇〇年（開皇二十）の遣隋使の主要な目的であったとする見解が出されているのである。すなわち、こうした最新の礼制・君臣秩序を表象する冠位制の導入や、外交文書・外交儀礼に関わる「賓礼」についての知識は、分裂時代と異なり、統一王朝の隋では新しい展開を示しており、それまでの百済からの情報だけでは不十分で、使節の目で直接確認する必要があったとされている（廣瀬憲雄「古代倭国・日本の外交儀礼と服属思想」『東アジアの国際秩序と古代日本』吉川弘文館、二〇一一〔初出二〇〇五〕。鈴木靖民「遣隋使と礼制・仏教」『日本の古代国家形成と東アジア』吉川弘文館、二〇一一）。さらに、この時の遣使については、礼制と不可分の関係にある「楽」の受容も目指されていたとする指摘もあり、こうした視角は今後さらに深められるであろう（渡辺信一郎「隋の楽制改革と倭国」『中国古代の楽制と国家――日本雅楽の源流』文理閣、二〇一三）。

しかしながら、六〇〇年の遣隋使が、本来こうした目的で計画されたとする見解については疑問がある。六〇七年の第二次遣隋使の派遣や、それに伴う隋の使節の来日に関わる、『隋書』と『書紀』の具体的な記載の検討から導き出されたこうした見解は、ある意味結果論ではないか。この時の倭国の使者と文帝の問答に、「上（文帝）、所司をしてその風俗を訪わしむ。使者言う、『倭王は天を以って兄となし、日を以って弟となす。天未だ明けざる時、出でて政を聞き跏趺して座し、日出ずれば便ち理務を停め、云う我が弟に委ねんと』と。高祖（文帝）曰く、『此れ大いに義理無し』と。是に於いて訓えて之を改めしむ」とあるように、この時の倭国使が外交儀礼も含めて、当時の国際慣行を無視し自国の論理で対応したため文帝の叱りを受け、その誤りを改めさせられたといった、ていたらくであったことから導かれた指摘ではないか。倭国使は当初から目的意識を持って、最新の礼制・君臣秩序を表象する冠位制や外交文書・外交儀礼に関わる「賓礼」を導入しようとしていたのではなく、隋朝のこうした指摘を受け、自分たちの目で確かめ、また書籍を求めて滞在期間中に当時の最先端の知識を吸収して帰国したというのが、事実ではなかったか。そして、こうした第一次遣隋使に関わる記録が、『書紀』に収録されなかったのは、そうした情けない結果と、本来の目的であった新羅征討が中止に追い込まれたからではないか（森公章『戦争の日本史1　東アジアの動乱と倭国』吉川弘文館、二〇〇六）。

3　『隋書』からみた小野妹子「最初」の遣隋使

大業三年の使節　六〇七年の遣隋使については、『隋書』東夷伝・倭国　大業三年（六〇七）条、同帝紀第三　煬帝上、大業四年（六〇八）三月壬戌条、『隋書』東夷伝・倭国　大業四年（六〇八）条、『隋書』巻三　帝紀第三　煬帝上　大業六年（六一〇）正月己丑条の中国王朝による記録と、『書紀』推古天皇十五年（六〇七）七月三日条、『書紀』推古天皇十六年（六〇八）六月十五日条、『書紀』推古天皇十六年（六〇八）六月十五日条、『書紀』推古天皇十六年（六〇八）八月三日条、『書紀』推古十六年（六〇八）九月五日条、『書紀』推古天皇十七年（六〇九）九月条の日本側の記録がある。通常これが最初の遣隋使であり、教科書をはじめ様々な年表も、そのように書いている。

まず、『隋書』巻八十一　東夷伝・倭国　大業三年（六〇七）条は、次のように述べている。

（3）大業三年、其の王多利思比孤、使を遣わして朝貢す。使者曰く、「聞く、海西の菩薩天子、重ねて仏教を興すと。故に遣わして朝拝せしめ、兼ねて沙門数十人、来って仏法を学ぶ」と、その國書に曰く、「日出ずる処の天子、書を日没する処の天子に致す、恙無きや、云々」と。帝、之を覧て悦ばず、鴻臚卿に謂って曰く、「蛮夷の書、無礼なる者有り、復た以って聞する勿れ」と。

これについては日本側の記録が『書紀』にある。先にみた、推古十五年の七月に小野妹子が大使として派遣されたとする簡単な記載である。この『隋書』の記事は、冒頭に、小野妹子とみられる「使者」の言葉として、「聞く、海西の菩薩天子、重ねて仏教を興すと。故に遣わして朝拝せしめ、兼ねて沙門数十人、来って仏法を学ぶ」がみえ、隋の新しい仏教の受容が遣隋使の重要な任務であることを皇帝に述べており、これが第一の目的であることがわかる（川上麻由子「遣隋使と仏教」『古代東アジア世界と仏教』山川出版社、二〇一一［初出二〇〇八］）。そして次に有名な「日出づる処の天子云々」の国書がみえている。これについては、遣隋使の目的と関わり、多くの議論がある。すなわち、倭国の国書を見た煬帝が、鴻臚卿に「蛮夷の書、無礼なる者有り、復た以って聞する勿れ」と怒りを露わにしたことについては、その怒りの理由が問題とされる。一つは、倭国が自国のことを「日出ずる処の天子」、中国を「日没する処の天子」とし、同じ「天子」を称したのが不敬であるとする見方、二つ目は、『書紀』が記載する妹子の二回目の遣使の国書に「東（やまと）の天皇、敬（つつし）みて西（もろこし）の皇帝（きみ）に白（まう）す」という似た表現があり、国書の原文に「天皇」とあったことに煬帝が怒りを示したとするものである。このことについては天皇号の成立がいつかという別の大問題もあり、議論となっている。また、三つ目に指摘されているのは、国書の文面に「致書（書を致す）」という表現があり、これは本来、中国の皇帝と対等の外国の王が出す国書の冒頭に使用するもので、東方の一小国たる倭国の王が使えるものではないとするものである（中村裕一「慰労制書と『致書』文書」『唐代制勅研究』汲古書院、一九九一。河内春人「遣隋使の『致書』国書と仏教」氣賀澤津保規編『遣隋使が見た風景——東アジアからの視点』八木書店、二〇一二）。これらの説はいずれも、この国書により、倭国はそれまでの朝貢外交をやめ、対等な外交を開くことを希望した根拠とされている。

皇帝の怒り

ただ、倭国がこの時中国との対等外交を目指していたとする考え方には、今日ではかなり疑問が出されている。『書紀』は、「皇帝、倭皇を問ふ。使人長吏大禮蘇因高等、至でて懐を具にす。朕、寶命を欽び承けて、區宇に臨み仰ぐ。徳化を弘めて、含靈に覃び被らしむることを思ふ。愛み育ふ情、遐く邇きに隔無し。皇、海表に介り居して、民庶を撫で寧みし。境の内安樂にして、風俗融り和ひ、深き氣至れる誠ありて、遠く朝貢ふことを脩つといふことを知りぬ。丹款なる美を、朕嘉すること有り。稍に暄なり。比は常の如し。故、鴻臚寺の掌客裴世清等を遣して。稍に往く意を宣ぶ。幷て物送すこと、別の如し」という煬帝の国書を引用している。後述するように、この国書は妹子が紛失したという国書で、『書紀』は「大事件」として取り上げ、妹子の処罰も現実化したほどである。しかしながら、国書はなぜか妹子でなく隋使文林郎裴清が持参し倭国の朝廷に届けられており、『書紀』は、一部改定しているが、このようにほぼ原文のまま収録している。

国書に書かれていたこと

この国書をみると、まず倭国王は「倭皇」と記載されており、これは「倭王」とあったのを『書紀』が書き変えたとみられている。『宋書』の倭の五王とまったく同じ扱いである。また文中には、「徳化」とか「朝貢」という表現があり、対等どころか明らかに朝貢国としての扱いである。中国からすれば当然の記載であるが、『書紀』はなぜかほぼそのまま収録しており、対等外交とする認識は特にみられない。これが『書紀』編纂段階の理解なのか、推古朝における意識なのかという問題はあるが、遣隋使が対等外交を目指したというのは疑ってみる必要がある。というのは、長い空白を挟んでの対中国外交において、国書への記載様式や用語について、当時の朝廷の公文書作成にあたった書記（フヒト）に正確な知識があったかどうか疑わしいし、先にみた六〇〇年の遣使があったとしても、百済や新羅からの情報も、政府の中枢に関わることだけに、詳細なものはなかったであろう。「天子」や「致書」という表現も、生半可な中国の外交文書についての知識によった可能性も大きいのである。妹子の国書紛失事件のてんやわんやも、そうしたことに起因すると考えることは、後述したい。

なお、この国書は、内容的には日本側の記録にある妹子の二回目の遣使の国書と似ており、『隋書』の編纂段階の取り違えなどについても、検討の余地があろう。そして、この遣使でさらに問題となるのは、次の『隋書』巻三　帝紀第三　煬帝上　大業四年（六〇八）三月壬戌条の記載である。

（4）百済、倭、赤土、迦羅舎国並びに、使いを遣わして、方物を貢す。

これは、大業四年三月に倭国が百済など四つの国とともに遣使朝貢したことが簡略に記載されている。帝紀の記載であるから、別個になされた各国の朝貢をここにまとめて記載したともみられる。一年のずれはあるものの、(3)の倭国伝の朝貢のこととする見解が有力であるが、(3)とは別の遣使とする見方もある。すなわち、篠川賢が言うように、『書紀』の記載は一般に年月日が不確かであり、また渡海が順調にいったかどうかという問題もあり、出発は『書紀』の記載通りとしても、実際の洛陽への到着は『隋書』の記す大業四年であった可能性も高いとみられる。なお、『隋書』東夷伝・流求国条には、大業三年、煬帝が羽騎尉朱寛を派遣して流求国に朝貢を求めたが、うまく言葉が通じなかったため懐柔できず帰国し、翌年には朱寛が持ち帰った「布甲」について、「時に倭国使来朝す。之を見て曰く、『此れ、夷の邪久国人の用いる所なり』と」と記している。ここにみえる「倭国使」は、帝紀の記載と同一で、小野妹子の可能性が高い。そうした場合、ほとんど知られていない、洛陽での妹子の動向を示す史料として興味深い。

遣隋使の規模と編成

妹子が隋に渡海した行路や使節の編成については具体的な記載はないが、復路については、『隋書』に送使文林郎裴清の航海の経路が書かれている。そこで、復路についてみると、『隋書』は、百済を経由する北路を取り、竹島から耽羅国(済州島)付近を通り、都斯麻国(対馬)・一支国(壱岐)を経由して、竹斯国(筑紫)に至り、そこから東行して秦王国(長門か)を通り、瀬戸内海を難波に向かっている。往路も北路を取った可能性が大きい。先にみたように、当時の朝鮮半島では三国の対立がすすみ、倭国は百済との同盟関係を強化するいっぽう、

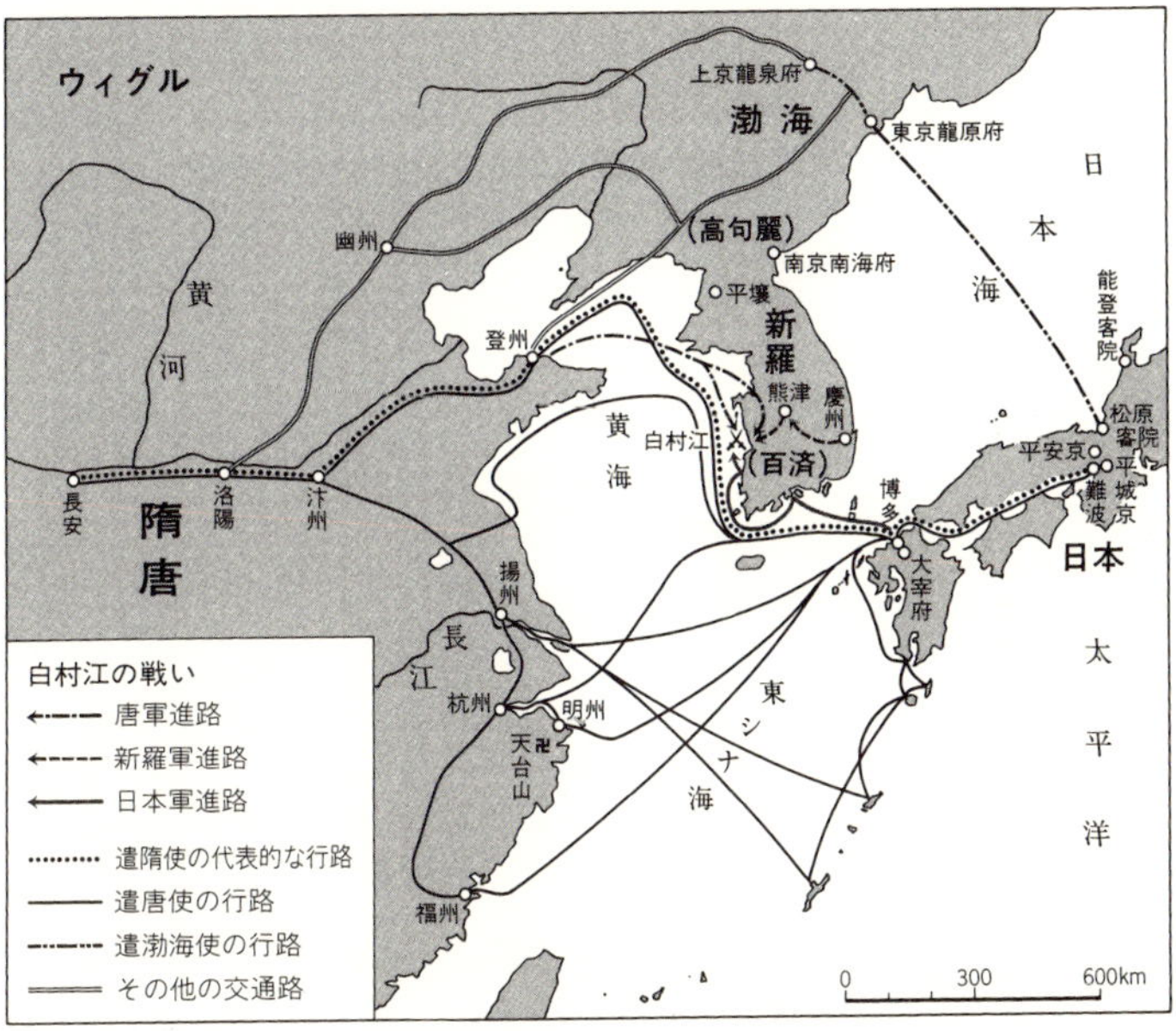

図2　遣隋使の推定派遣経路

新羅との対立を深めている。六〇〇年には倭国は百済の要請もあって新羅への征討軍の派遣を決定しており、百済経由の北路は百済の協力も得られることから、その後の初期の遣唐使も北路を取ることが多かった（図2）。

たとえば、白雉四年（六五三）五月に出発した第二次遣唐使は、大使が吉士長丹（きしちょうたん）、副使が吉士駒（きしこま）で、乗員は百二十一人、入唐船は一隻であった。往路は不明であるが、復路は北路であった。なお、この時、同時に出発した、高田首根麿（たかだのおびとねまろ）と掃守連小麻呂（はかもりのむらじこまろ）を大使・副使とする乗員百二十名の遣唐使船は、七月になって薩摩の曲・竹島の間で遭難し、五人を残して難死したことが判明した。この船は、遭難場所から推測して、南路を取ったとし、第二次遣唐使では二隻の遣唐使船が試験的に北路・南路の別ルートを取ったとする見方もある。しかし白雉元年（六五〇）、安芸国に命じて「百済船二隻」の建造が命じられているから、この時の遣唐使船は二隻で、それぞれに大使・副使が乗船していずれも北路を取ったが、第二船はその途中で遭難し、五人のみが薩摩に漂着したとも考えられよう。あるいは、大使・副使は本来、高田首根麿・掃守連小麻呂であったが、難死したため渡海に成功した吉士長丹・吉士駒を大使・副使と追記したとも考えられよう（第四次の随員に難波吉士男人が、第五次の判官に吉士岐弥・吉士針間など吉士がみえることも参考になる）。後者のように考えると、第二次遣唐使は二隻・二百四十一名の乗員で北路を取ったことになり、この後の第三次から第五次の遣唐使とほぼ同じ規模・編成であったことになる。大宝二年（七〇二）六月の第七次遣唐使からは南路を採用し、遣唐使船は四隻となって乗員も六百人近い規模となっており、この時に大きな変更がなされたと考えられる。遣隋使も含め、初期の派遣はこうした規模・編成で北路を取ったのであろう。七次から南路に変更されたことについては、天武五年（六七六）、新羅が朝鮮半島から唐の勢力を完全に駆逐し念願の半島統一を果たしたことから、倭国への「朝貢外交」をやめ、対等な外交関係を求めるようになり、現状維持に固執する倭国とはしだいに関係が悪化し、北路の安定的な運航が困難になったためであった。

　したがって、こうした変遷からみて、おそらく妹子の遣隋使船も一隻か二隻で北路を取ったものと考えられる。復路の途中で百済王都に立ち寄っていることから、この時期には百済の協力・援助がかなりあったと考えられる。その乗員は、百名から二百名であったとみられるが、その内訳でわかるのは、『隋書』の六〇七年の遣使に沙門数十人を同行したこと、六〇八年の『書紀』にみえる妹子の第二回目の遣使に学生四人、学問僧四人の八人が同行したことがみえるだけで、他は不明である。

4　『隋書』からみた小野妹子の二度目の遣隋使

大業四年の裴清の派遣と帰国

次に、『隋書』巻八一　東夷伝・倭国　大業四年（六〇八）条は、文林郎裴清の派遣と、その帰国にあたっての送使のことを記す。

（5）明年、上、文林郎裴清を遣わして倭国に使いせしむ。百済を度り、行きて、竹島に至り、南に聃羅国を望み、都斯麻国を経、迥かに大海の中に在り。又東して一支国に至り、又竹斯国に至り、又東して秦王国に至る。其の人華夏に同じ、以って夷洲と爲すも、疑うらくは、明らかにする能わざるなり。また十余国を経て海岸に達す。竹斯国より以東は、皆倭に附庸す。

倭王、小徳阿輩台（あはと）を遣わし、数百人を従え、儀仗（ぎじょう）を設け、鼓角（こかく）を鳴らして来り迎えしむ。後十日、また大禮哥多毗（かたべ）を遣わし、二百余騎を従え郊労せしむ。既に彼の都に至る。其の王、清と相見え、大いに悦んで曰く、「我れ聞く、海西に大隋禮儀の国有りと。故に遣わして朝貢せしむ。我は夷人（いじん）、海隅に僻在して、禮儀を聞かず。これを以って境内に稽留（けいりゅう）し、即ち相見えず。今故らに道を清め館を飾り、以って大使を待つ。冀くは大国惟新の化を聞かんことを」と。清、答えて曰く、「皇帝、徳は二儀に並び、澤は四海に流る。王、化を慕うの故を以って、行人を遣わして来らしめ、此に宣喩す」と。既にして清を引いて館に就かしむ。其の後、清、人を遣わし其の王に謂って曰く、「朝命既に達せり、請う即ち塗を戒めよ」と。是に於いて、宴享を設け以って清を遣わし、復た使者をして清に随い来って方物を貢せしむ。この後遂に絶つ。

これは年紀はないが、「明年」とあるので大業四年のことである。妹子の帰国と、送使文林郎裴清の来日、そしてその帰国と、再度の倭国使の派遣が書かれている。ただ、帰国と倭国使の派遣（『書紀』には再度の妹子の派遣を記す）については文末に省略形で書いており、すべて大業四年内のことであったかは疑問が残る。実際、『書紀』の記載と一致しない部分があり、問題がある。ここには、裴清の倭国の都への行程が書かれ、迎賓の儀礼、都での倭王との謁見、問答が記されている。『書紀』の記述と重なるところもあり、後に検討したい。都への行程については、先にみたように、百済経由の北路であることがわかる。この時期は、隋の文帝が開皇十八年（五九八・推古六）に対高句麗征討を企てて以来、隋と高句麗の対立が深まっており、高句麗の領海を避け、山東半島の登莱州（とうさいしゅう）の港から黄海を横断し、百済に寄港して南下、全羅南道西辺の竹島を経由し、南に済州島を望んで対馬に至り、壱岐に寄港して筑紫に至ったとみられる。妹子も往路では同様のルートを取ったとみられ、百済王都に立ち寄り百済王に謁見したとみられ、百済使が同行した可能性も考えられる。

次の『隋書』巻三　帝紀第三　煬帝上　大業六年（六一〇）正月己丑条は、短い記載である。

「大業六年の遣隋使」

（6）倭国、使を遣わして、方物を貢す。

これは、帝紀の記載で、大業六年（六一〇）正月に、倭国が単独で遣使朝貢したとする記事である。これについては倭国伝には記述がなく、（5）にみえる裴清を送る妹子の遣使とする見解と、それより後の、別の遣使（第四回）とする見解がある（増村宏『遣唐使の研究』同朋舎出版、一九八八）。この記事についても、『書紀』の記載や年月日は不確かで、（5）の大業四年の妹子の二度目の遣使のこととすべきではないか。すなわち、（B）～（F）の『書紀』の記載によるなら、六〇八年四月に妹子の帰国と裴清の来日、その九月に裴清の帰国と妹子の再度の遣使が書かれ、翌六〇九年九月に妹子の帰国のことが書かれている。この場合も、どの航海もトラブルなく順調であったことになっているが、その記述の正確さに不安が残る。篠川のように、『隋書』煬帝紀にみえる六一〇年の遣使が妹子の二回目の渡海と関わるとするなら、裴清の帰国と妹子の再度の遣使を一年下げて六〇九年とし、六一〇年に皇帝との会見、妹子の帰国と理解すべきではなかろうか。六〇七年から六一〇年までの四年間に、妹子の二回の遣使と別人による一回の遣使を考えるのは無理がある。

5 『書紀』からみた小野妹子最初の遣隋使

推古天皇十五年の遣隋使

次に日本側の記録を加え、妹子の二度目の遣使をさらに考えてみたい。まず『書紀』推古天皇十五年（六〇七）七月三日条（大業三年）は、第一回目の妹子による遣使について記す。

（A）秋七月の戊申の朔庚戌に、大禮小野臣妹子を大唐に遣す。鞍作福利を以て通事とす。

簡単な記載である。妹子はここで、推古朝の冠位十二階の第五位である「大禮」とされるが、妹子の孫毛野の薨伝には、「小治田朝の大徳冠妹子」とあるから、いつのことかわからないが、推古女帝の治世に、冠位第一位の「大徳」に昇叙し、それが妹子の最終冠位であったことがわかる。通事の鞍作福利と二人の名が記載されるにすぎないが、記録がなかったため書けなかったのであろう。次に『書紀』推古天皇十六年（六〇八）四月条（大業四年）は、妹子の帰国と、送使裴世清の来日を記す（写真2）。

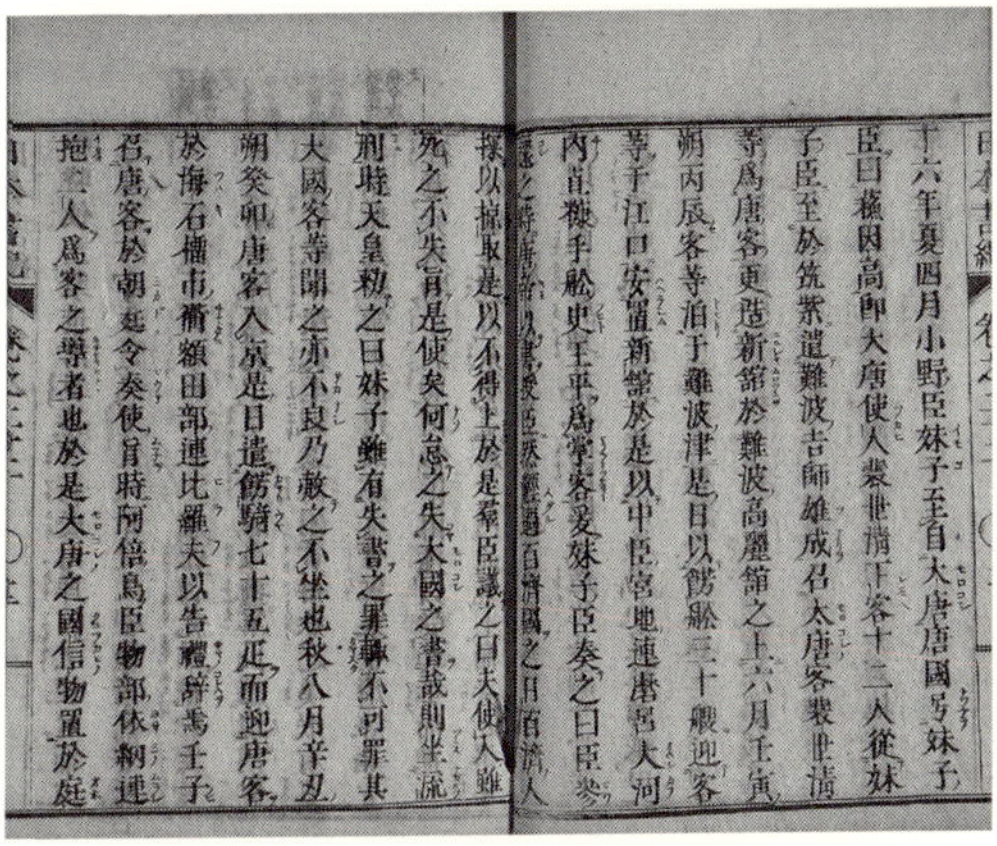
十六年夏四月小野臣妹子至自大唐唐國號妹子臣曰蘇因高即大唐使人裴世淸下客十二人從妹子臣至於筑紫遣難波吉師雄成召大唐客裴世淸等爲唐客更造新館於難波高麗館之上六月壬寅朔丙辰客等泊于難波津是日以飾船三十艘迎客等于江口安置新館於是以中臣宮地連麿呂大河内直糠手船史王平爲掌客爰妹子臣奏之曰臣參還之時唐帝以書授臣然經過百濟國之日百濟人探以掠取是以不得上於是羣臣議之曰夫使人雖死之不失旨是使矣何怠之失大國之書哉則坐流刑時天皇勅之曰妹子雖有失書之罪輙不可罪其大國客等聞之亦不良乃赦之不坐也秋八月辛丑朔癸卯唐客入京是日遣飾騎七十五疋而迎唐客於海石榴市術額田部連比羅夫以告禮辭焉壬子召唐客於朝庭令奏使旨時阿倍鳥臣物部依網連抱二人爲客之導者也於是大唐之國信物置於庭

写真２　『日本書紀』推古16年４月条
（滋賀県立安土城考古博物館所蔵）

（B）十六年の夏四月に、小野臣妹子、大唐より至る。唐國、妹子臣を號けて蘇因高と曰ふ。即ち大唐の使人裴世清・下客十二人、妹子臣に従ひて、筑紫に至る。難波吉士雄成を遣して、大唐の客裴世清等を召す。唐の客の爲に、更新しき館を難波の高麗館の上に造る。

妹子の帰国と送使裴世清の来日

筑紫到着を四月とし、六月十五日に難波に新造した隋館に到着したとあるので、筑紫にしばらく滞在したとみられる。帰国は「夏四月」とあるだけで、滞在中のことや帰国の状況はまったく記していない。わずかに「唐国、妹子臣を號けて蘇因高と曰ふ」と記すが、煬帝の国書にはその名があり、これに基づき記載したとみられ、妹子の復命書などは『書紀』編纂時には失われていたのではないか。ただ、裴世清の一行の記述や、難波吉士雄成（なにわのきしおなり）の派遣や難波の迎賓館の新造の記載などは具体的で、外交記録か難波館などの記録類が残されていたのかもしれない。なお、難波吉士雄成の派遣は、次にみる隋使を迎える儀礼の一部とみられる。また隋使が筑紫にとどめられたのは、難波館の新造と迎賓儀礼の準備のためであったとみられる。そして、『書紀』推古天皇十六年（六〇八）六月十五日条（大業四年）は、それに続く記事である。

（C）六月の壬寅の朔丙辰に、客等、難波津に泊れり。是の日に、餝船卅艘を以て、客等を江口に迎へて、新しき館に安置らしむ。是に、中臣宮地連烏摩呂・大河内直糠手・船史王平を以て掌客とす。爰に妹子臣、奏して曰さく、「臣、參還る時に、唐の帝、書を以て臣に授く。然るに百濟國を經過る日に、百濟人、探りて掠み取る。是を以て上ること得ず」とまうす。是に、群臣、議りて曰く、「夫れ使たる人は死ると雖も、旨を失はず。是の使、何にぞ怠りて、大國の書を失ふや」といふ。則ち流刑に坐す。時に天皇、勅して曰く、「妹子、書を失ふ罪有りと雖も、輙く罪すべからず。其の大國の客等聞かむこと、亦不良し」とのたまふ。乃ち赦して坐したまはず。

妹子の国書紛失事件

ここでは、隋の送使裴世清を江口で飾船三十艘を出して迎え、難波館の新館隋館に安置したとする。これも倭国が用意した出迎えの儀礼であるが、中臣宮地連烏摩呂・大河内直糠手・船史王平の三人が「掌客」として応接にあたったとし、『隋書』の記載と符合する。『書紀』には、この後唐突に、妹子の国書紛失事件とされる記載がある。国書の紛失は妹子が自ら明らかにしたもので、国書を煬帝から受け取ったが、帰途に百済に立ち寄った際、百済人に盗み取られたため、国書を持ち帰れなかったというのである。ここから、復路において百済に立ち寄ったことがわかるが、群臣は国書紛失を大罪とし、妹子はその罪を問われ流刑に座すも、天皇の指示で許されたことが書かれている。この有名な国書紛失事件については、国書において煬帝が倭国を朝貢国として扱い、倭王に君臣の礼をとるよう指示するなど、倭国にとって不都合な文言があったため妹子が一芝居打ったとしたり、国書の中に倭国と百済の関係について百済に不利な記載が実際にあったため百済が奪ったとするなど、いくつかの論説がみられる（菊池克美「妹子の『国書紛失』事件」『続日本紀研究』第二二六号、一九八三。川本敬昭「遣隋使の国書」氣賀澤津保規編『遣隋使が見た風景――東アジアからの視点』前掲）。しかし、これらはいずれも憶測であり、事件の真相は闇の中である。

ただ、先にみたように、煬帝の国書は裴世清が天皇の前で読み上げていることから、国書は隋の使節が持参すべきものであったのではないか。宮廷に復命した妹子は国書を携えていなかったため、言い訳でそう言ってしまったのではないか。そのため、当然、妹子が持ち帰ると思っていた群臣の批判に曝されることになったとも取れる。倭国の常識は中国の常識ではなかったのではないか。こうした記事がここに挿入された事情は明らかでないが、なにぶん中国との外交経験が浅く、朝廷も妹子も事情がわからなかったのであろう。『書紀』もそうしたすったもんだを理解せず、こうした記載を採用してしまったのではないか。ただ結果はどうあれ、妹子は失脚することなく、翌年には再度送使として隋に派遣されている。

これに続くのが、『書紀』推古天皇十六年（六〇八）八月三日条（大業四年）である。

推古天皇十六年の遣使

（D）秋八月の辛丑の朔癸卯に、唐の客、京に入る。是に日に、餝騎七十五疋を遣して、唐の客を海石榴市の衢に迎ふ。額田部連（ぬかたべのむらじ）比羅夫（ひらふ）、以て禮の辭を告す。壬子に、唐の客を朝庭に召して、使の旨を奏さしむ。時に、阿倍鳥臣・物部依網連抱、二人を、客の導者とす。是に、大唐の國の信物を庭中に置く。時に使主裴世清、親ら書を持ちて、兩度再拝みて、使の旨を言上して立つ。其の書に曰く、「皇帝、倭皇を問ふ。使人長吏大禮蘇因高等、至でて懐を具にす。朕、寶命を欽び承けて、區宇に臨み仰ぐ。徳化を弘めて、含靈に覃び被らしむることを思ふ。愛み育ふ情、遐く邇きに隔無し。皇、海表に介り居して、民庶を撫で寧みし。境の内安樂にして、風俗融り和ひ、深き氣至れる誠ありて、遠く朝貢ふことを脩つといふことを知りぬ。丹款なる美を、朕嘉すること有り。稍に暄なり。比は常の如し。故、鴻臚寺の掌客裴世清等を遣して。稍に往く意を宣ぶ。幷て物送すこと、別の如し」といふ。時に阿倍臣、出で進みて、其の書を受けて進み行く。大伴囓連、迎へ出でて書を承けて、大門の前の机の上に置きて奏す。事畢りて退ず。是の時に、皇子・諸王・諸臣、悉に金の髻花を以て頭に著せり。亦衣服に皆錦・紫・繡・織、及び五色の綾羅を用ゐる。〈一に云はく、服の色は、皆冠の色を用ゐるといふ。〉丙辰に、唐の客等を朝に饗たまふ。

隋の使節を迎える外交儀礼

ここでは、隋使の入京、接待、接見へと続く外交儀礼が書かれている。多くの点で、『隋書』の記載内容と符合するところ多く、史実を伝えたものであろう。隋の国書がほぼ原文のまま引用されており、それに対応する日本の外交・接待の一連の記録として朝廷に残されていたことが推定される。外交儀礼については、遣隋使派遣の任務でも重要な位置を占めていたことが指摘されており、国内での先例として長く保存されたのであろう。国書は倭国に対する配慮も示したもので、高句麗との戦いに苦しむ煬帝の倭国との修好の意向を酌んだものといえよう。いっぽう、隋使への対応も、隋館の新造も含め、王族諸臣の衣冠・装束（「金の髻華」）などは高級織物（「錦・紫・繡・織、及び五色の綾羅」）を多用したものであり、接待の儀礼にも配慮した最高級のもてなしで、倭国の事前準備と意気込みが、ひしひしと伝わってくる。倭国にとっても、東アジア世界、特に朝鮮三国を意識したデモンストレーションだったのであろう。

この儀礼を要約すると、

①筑紫に難波吉士雄成を遣して隋使を出迎える。
②難波では飾船三十艘を仕立てて出迎え、難波館（新造の隋館）に案内する。
③大和に入った隋使を海石榴市（つばきいち）において、飾馬七十五匹を率いて出迎える。
④阿倍臣（あべのおみ）・物部依網連（もののべのよさみのむらじ）を「導者」として朝廷に隋客を招き、庭中に「大唐の信物」を置いて、送使の裴世清は、国書を「両度再拝」して「使旨」を読み上げる。「導者」が国書を受け取り、大門の前の机の上に置き、奏上して儀礼は終わる。この儀礼には、皇子・諸王・諸臣が正装して立

ち会う。

⑤後日朝庭において隋客の歓迎の宴が催される。

こうした、倭国が執行した外交儀礼については、中国的な「賓礼」の基本的な手順によく似ていることが、『大唐開元礼』との比較から指摘されている（黒田裕一「推古朝における『大国』意識」『国史学』一六五、一九九八）。『書紀』はこの前後の時期に、新羅・「任那」・百済の使節の来日と応待の模様を記述している。その内容は、応対の中心的な儀礼である④の使旨伝達の儀礼において、隋使が信物を国書とともに進上するのに対し、朝鮮諸国の場合はまず信物（調）の献上があり、後に使旨の伝達がなされること、儀礼の場に群臣の参加がなく、大臣が代表して聴くというように差異があり、朝鮮諸国に対する外交儀礼は中国の「賓礼」とは別体系の外交儀礼であることが明らかにされた。こうした隋使に対する外交儀礼については『大唐開元礼』と一部異なる部分もあり、遣隋使が隋において見聞した「賓礼」を受容して再現した可能性が指摘されている（廣瀬憲雄、前掲論文）。このようにみるなら、先に指摘した通り、日本側に記録がない六〇〇年の遣隋使についても、結果的には、本格的な外交関係締結の前段階としての、情報収集という大きな成果があったといえよう。

6　『書紀』からみた小野妹子第二回の遣隋使

『書紀』推古十六年（六〇八）九月五日条（大業四年）は、いよいよ隋の使節の帰国と、妹子の派遣について記している。

隋の使節の帰国と送使

（E）九月の辛未の朔乙亥に、客等を難波の大郡に饗たまふ。辛巳に、唐の客裴世清、罷り歸りぬ。則ち復小野妹子臣を以て大使とす。吉士雄成をもて小使とす。福利を通事とす。唐の客に副へて遣す。爰に天皇、唐の帝を聘ふ。其の辭に曰はく、「東の天皇、敬みて西の皇帝に白す。使人鴻臚寺の掌客裴清等至りて、久しき憶、方に解けぬ。季秋、薄に冷し。尊、如何に。想ふに清悆にか。此は即ち常の如し。今大禮蘇因高・大禮乎那利等を遣して往でしむ。謹みて白す。具ならず。」といふ。是の時に、唐の國に遣す學生倭漢直福因・奈羅譯語恵明・高向漢人玄理・新漢人大圀、学問僧新漢人日文・南淵漢人請安・志賀漢人慧隱・新漢人廣濟等、幷て八人なり。

これは、『書紀』には珍しい具体的な記述で、朝廷に残されていた公記録に基づくことが確実である。先の記事の翌月のこととして、隋の使節の帰国と送使の派遣を記したもので、難波大郡で送別の宴を催し、送使として再び小野妹子が大使に選任され、妹子に託した隋の皇帝への国書の内容もその一部を載せている。ここでも詳しい遣隋使節の規模や構成について記載されていないが、おそらく隋の使節は隋の船に乗船したとみられ、妹子の遣隋使船は一隻であったと考えられる。当然北路を取ったのであろう。なお、高向漢人玄理や南淵漢人請安などの同行する学生（一般学芸を学ぶもの）と学問僧（主として仏教を学ぶもの）各四人の名だけが記されているが、全体は百人規模の編成であったとみられる。ここで「東の天皇、敬みて西の皇帝に白す」とあるのは、『隋書』にみえる「日出ずる処の天子、書を日没する処の天子に致す」の書式と近似し、倭国がこうした国書を携行して遣使したことがうかがえる。国書紛失事件がありながら妹子が再び使いすることになったのは、わざわざ「今大禮蘇因高・大禮乎那利等を遣して住でしむ」と、隋宛ての国書にあるように、隋に信任されていたからであろう。この時同行した学生と学問僧についてはすでに多くの指摘があるように、三十年余の中国滞在により、隋から唐への王朝の交代も含め、激動の東アジアの政局と最新の先進文化・技術を学び、多数の図書・文献を収集して帰国、孝徳朝から天武朝に至る倭国の大きな変革の基盤を築くことになる。平安時代まで二百数十年継続する遣唐使の骨格を、この時の使節が創造したといえよう。

そして『書紀』推古天皇十七年（六〇九）九月条（大業五年）は、妹子の帰国について、簡略に記している。

（F）秋九月に、小野臣妹子等、大唐より至る。唯通事福利のみ來ず。

これによると、今回の妹子の往復のスケジュールは、ほぼ一年間ということになるが、ここでもその詳細は記載していない。意識的に省略したのか、記録が失われたのであろうか。福利の消息のみが特記されているところから、ほかに問題はなかったのであろう。この書き方からすれば、福利は自分の意志で隋にとどまったらしく、こうした例は後の遣唐使においても幾例か知られており、その初例といえよう。福利は「通事」として派遣されているが、「鞍作」をウジ名としており、仏師として著名な止利の一族であり、渡来氏族として隋の最新の学問・技術にふれ、とどまる決意をしたのであろうか。

7 遣隋使の回数と意義

『書紀』の遣隋使の記録

以上のように、『書紀』の遣隋使の記録は、隋使への政府の接待記録は一部みられるものの、派遣記録の多くは意識的に掲載していないか、ほとんど失われた可能性が高い。そのため、日本側の記録の信憑性について、いくつかの疑問点が指摘されている。先にみたように、中国側の記録にある六〇〇年の遣隋使について、『書紀』は何も語っていない。妹子の一回目の遣使については、六〇七年七月三日に派遣記事があり、翌六〇八年四月に筑紫に帰国したことがみえている。滞在期間と航海も含めて八ヶ月ほどで、後の遣唐使の行程からみてもかなり短いことが気にかかる。『隋書』帝紀の大業四年（六〇八）三月壬戌条の倭国の遣使記事が妹子の遣使とするなら、約九ヶ月で洛陽に着いたことになり、六〇八年四月の帰国は不可能になる。

そこで、妹子の帰国は後回しにして妹子の第二回の遣使記事をみると、六〇八年九月に派遣記事があり、六〇九年九月に帰国したとある。ほぼ一年を要したことになる。大きな問題はない。ただ先にみたように、『隋書』は裴世清の帰国は記載せず、帝紀の大業六年（六一〇）正月条に倭国の遣使朝貢を記す。この倭国使については、妹子の第二回目の遣使ではなく、別に派遣された使節とするものや、『隋書』の誤りとする見解もあるが、仮に妹子の第二回目の遣使と理解した場合、裴世清の帰国と妹子の第二回目の遣使は、『書紀』が一年誤り、六〇九年四月の派遣とは考えられないか。そして翌六一〇年正月に、皇帝に謁見を許されたのではなかろうか。

そうした場合、第一回目の妹子の遣使が帰国したのは、少なくとも六〇八年の秋以降で、裴世清の帰国と妹子の第二回目の遣使は六〇九年四月で、翌六一〇年正月、皇帝に謁見を許されたと考えられる。周知のように遣隋使については、これまで、『隋書』と『書紀』の記載を素直に解釈して犬上御田鍬の遣使を含め全六回とするものから、三回・四回・五回などいくつかの解釈が出されているが、右の理解は、細部はともかく、四回説に依拠している（篠川賢、前掲論文）。その妥当性は今後さらに検討されると思うが、妹子の二回の遣使のみが両国の記録に残されたことは、それが両国にとって重要な出来事と認識されていたからであろう。『書紀』が、妹子が隋から「蘇因高」と呼ばれたとわざわざ記載したのは、おそらく隋からの国書にそうした記載があったためで、隋への返書にも送使として妹子を選び、「蘇因高」と記載したのは、妹子の功績を倭国の政府が認めていたことを示している。

妹子の遣使も含め、再開された対中国外交の性格と意義についてはこれまで多く論じられているが、一つには、それまで主として伽耶、ついで百済経由で摂取されていた大陸の先進文化・技術が、隋唐帝国の成立と発展で、より直接的な継受が可能になってきたことが大きいといえよう。飛鳥文化の興隆にみられる倭国の政治的な成熟も、それを促すことになったのであろう。『書紀』には記載がないが、『隋書』の大業三年の遣使には、「沙門数十人」を派遣したことが書かれており、また妹子が送使として再度派遣される際にも、八人の学生と学問僧が随行し、その後三十年余隋唐に滞在し、帰国後も政府の中枢で大きな役割を果たしたことは、それを裏付ける。

遣隋使の意義

帰国後の小野妹子について『書紀』は黙して語らないが、その後の小野氏の活動からみて、大きな評価を得ていたことは間違いないであろう。妹子がその後、推古十一年冠位の第一位である「大徳」に昇進していることから、朝廷において要職についていたとみられるが、詳細は明らかでない。晩年は、故郷の近江滋賀の小野村で過ごしたことは、『姓氏録』の所伝からうかがえる。

このように、妹子は少なくとも二度の遣隋使の重責を果たし、百二十年ぶりに再開された中国王朝への朝貢外交を成功させ、これに続く遣唐使の長い歴史の基盤を築いたといえよう。こうした妹子の成功については、妹子が事前に東アジアの情勢や、中国王朝の諸制度・諸儀礼について、あらかじめ必要な情報を把握していたとみるべきであろう。そして、妹子がそうした情報を得ることができる人物であると朝廷にもよく知られていたことが、抜擢に繋がったのではないか。ただ、妹子その人についての史書の記載は以上であって、妹子がいつ、どこで生まれ育ったのか、また妹子が属した小野氏とはどのような一族であったのか。また妹子が推古朝になって最初の遣隋使に登用されたのはなぜか、こうした疑問が次々にわいてくる。こうしたことは、古代の人々については特に珍しいことではなく、記録が残されていない古代では仕方のないことではある。また、こうした妹子の持つ外交的な資質については、従来から指摘されるように、妹子が育った近江という風土と無関係とは考えられない。妹子の次に遣隋使となり、また最初の遣唐使となった犬上御田鍬も、近江北東部の犬上郡の豪族であり、これより先の、継体末年に百済と新羅による加羅諸国への介入を阻止すべく安羅伽耶（あらがや）に派遣された近江臣毛野もその名の通り近江出身で滋賀郡南部の坂本付近を本拠としていたとみられている。このように、六世紀以降の大和政権の外交に近江の豪族が相次いで登用されたことについては、五世紀末ごろ、滋賀郡南部に集住し、その後近江各地に進出した志賀漢人（しがのあやひと）と総称される渡来人集団との関わりも推定されるが、妹子が推古朝に至っていわば「突然」遣隋使に登用されたことについては、何らかの背景があったとすべきであろうし、小野氏という妹子が所属した氏族の来歴とも無関係とは考えられない。また『書紀』は遣隋使として果たした役割や功績についてほとんど語っておらず、これについても妹子の後継者と子孫たちの動向から探るほかないといえよう。かなり遠回りとなりそうであるが、お付き合いをお願いしたい。そこでまず、妹子の故郷と考えられる琵琶湖の西、後の滋賀郡を中心とする歴史的な環境をみることから始めたい。

第二章　妹子以前の小野――「滋賀郡」の古墳時代

1　滋賀郡北部の古墳文化

小野村

小野妹子を出した小野氏の本拠は、『姓氏録』の左京皇別下小野朝臣条に「大徳小野妹子、近江国滋賀郡小野村に家れり」とあるところから、滋賀郡小野村とすべきであろう。後にみるように、山城国愛宕郡を本拠とする見解もなくはないが、特段根拠があるようには思えない。小野村は現在の大津市北部の和邇川右岸の小野の地であり、和邇川左岸の和邇の地（「和邇村」）は同族の和邇部臣の本拠であって深い関わりを持っていた。また真野川下流域の「真野村」も和邇部臣（真野臣）と関わりのある地である。「真野村」は奈良時代の石山寺増改築に関わる文書である、天平宝字六年（七六二）四月二日付「石山院所解」に「白土を茲賀郡の真野村に取りに遣す」とあり、漆喰に塗る石灰の産地としてみえている。しかし妹子も含め、それ以前の小野氏とこの地域の関連について書かれた文献資料はなく、五世紀から七世紀のいわゆる古墳時代や飛鳥時代の滋賀郡とその周辺については、主として考古資料によりみていくほかない。特にこの地域に展開した古墳文化と、それを引き継いだ古代寺院跡の調査成果は、その手がかりといえる。ただ、考古資料は文献資料のように雄弁に歴史を語ることはないから、対象を滋賀郡全域に広げて考えることにしたい。

豪族と古墳

滋賀郡は、東に琵琶湖、西に比良・比叡山塊が迫り、その間の狭い平野が居住域で、山麓に墓域があるという、近江でもやや特殊な地域・環境にある。そのこともあってか、この地域の古墳文化、特に有力な豪族を埋葬したとみられる古墳（首長墓）は、従来から他の地域のように、一ヵ所に集中することはなく郡内によくいえばまんべんなく、実際には分散して分布することが指摘されている（丸山竜平「近江和邇氏の考古学的研究」『日本史論叢』第四輯、一九七四）。北部の場合は、真野川流域の両岸の山地、曼陀羅山（まんだらやま）地域と春日山地域および北に隣接する和邇川右岸に集中する傾向があり、また南部では、坂本地域の北の山塊を境界として、その南のいわゆる大津北郊に集中している。この地域は、律令時代の郷域では、前者が真野郷に、後者が大友郷と錦織郷（にしこおりごう）にほぼ対応している。真野郷と大友郷の間には、先の山塊が琵琶湖まで進出しており、自然地形的にも境界と想定される、それぞれがひと括りとなる別個の歴史的世界となる可能性がある。

これまで明らかになっているように、近江の古墳文化は、地域差はあるものの、首長墓が後の郡単位に一〜二の群を形成しており、滋賀郡の場合もその例に漏れず、北部と南部の二つの地域に首長墓のまとまり（首長墓群）が認められる。また、滋賀郡の古墳文化、特にその後期を特徴づけるのが、南部地域により濃厚にみられる渡来文化の要素であり、このことは古墳だけでなく古代寺院の場合にも、深く関わっている（大橋信弥「近江における渡来氏族の研究」『古代豪族と渡来人』吉川弘文館、二〇〇四）。そこで便宜上滋賀郡の古墳文化について、分布や性格の異なる北部と南部に分けて考えることにしたい（図3）。

曼陀羅山の古墳群

滋賀郡北部は、堅田平野の中央を真野川が西から東に流れており、湖西地域では高島平野に次ぐ大きな平野がその流域に広がっている。そしてこの真野川の北と南（左岸と右岸）の山地に、それぞれ大規模な古墳群がある。また、さらに北の和邇川右岸の丘陵部にも、やや小規模な古墳群が認められる。

真野川左岸の南北に伸びる独立山丘曼陀羅山には、総数百基以上の曼陀羅山古墳群がある（図4）。その標高百八十五・八メートルの最高所に全長七十二メートルの前方後円墳、和邇大塚山古墳が築造されている。葺き石は一部でみられるが、埴輪は発見されていない。明治四十年（一九〇七）、地元の住民により発掘され、後円部の埋葬施設から中国製の青蓋盤竜鏡一面（径十三センチメートル）、硬玉製勾玉一個、碧玉製管玉十三個、柳葉形銅鏃、鉄斧、鉄刀、鉄剣、甲冑、土師器など多くの副葬品が出土し、前方部からも刀剣類が出土したらしい。四世紀の終わりころの有力な古墳であると考えられる（梅原末治「近江和邇村の古墳墓、特に大塚山古墳に就いて」『人類学雑誌』三七－八、一九二二）（図5）。和邇大塚山古墳に後続するとみられる古式の古墳は数基認められるが、未調査のため詳細は不明である。これらの古式古墳を除くと、残りの古墳のほとんどが五世紀末から六世紀代の後期の群集墳とい

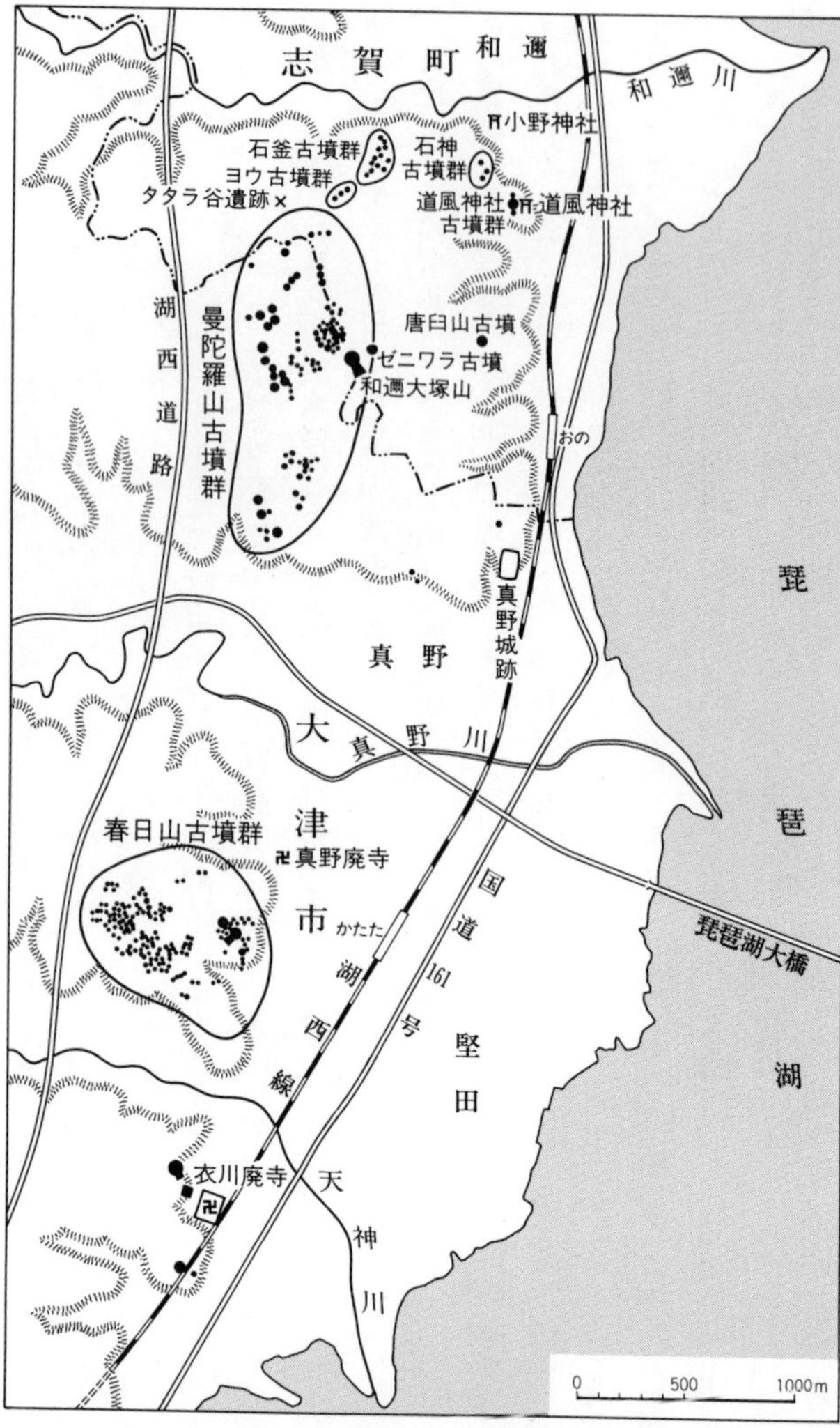

図3　滋賀郡北部の遺跡分布図

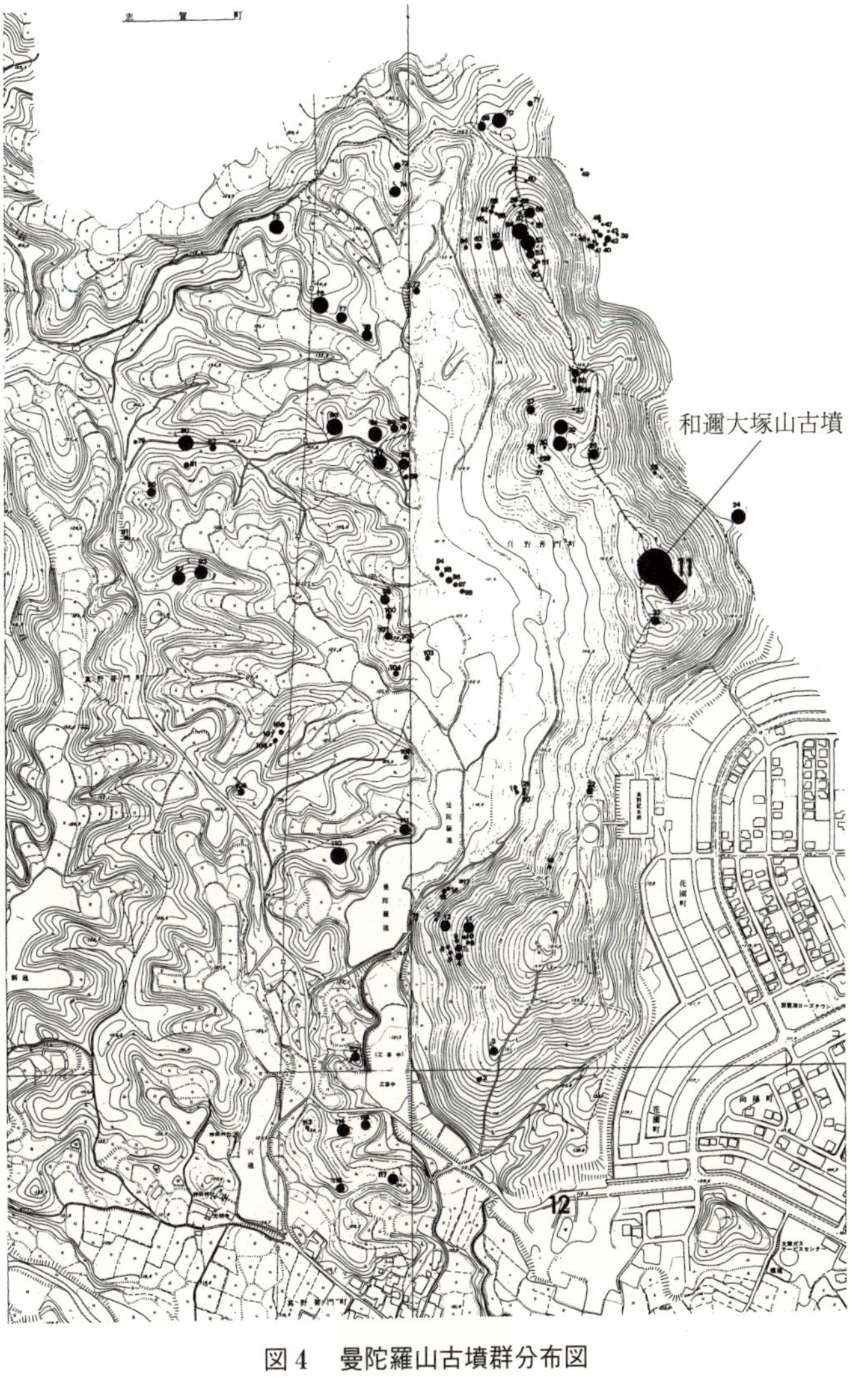

図４　曼陀羅山古墳群分布図

図５　和邇大塚山古墳墳丘測量図

われるものである。すなわち、大半が横穴式石室で、長方形の平面を持つごく普通の石室構造で、副葬品も特に変わったものは認められないようである。曼陀羅山の尾根筋や山麓に所在する、前間田古墳群（三基）、曼陀羅山北古墳群（五基）、大塚山北古墳群（三基）、曼陀羅山東古墳群（三基）などもその一部といえよう（『志賀町史』第一巻、以下同じ）。

和邇の古墳群

曼陀羅山の北、和邇川の流域では、右岸の丘陵先端に所在する全長六十五メートルの前方後円墳、不ヶ谷古墳が、墳形や自然地形を成形した築造方法などから四世紀代にさかのぼることが推定されている。従来五世紀後半以降とみられていた全長三十四メートルの前方後円墳、道風神社一号墳も、古式古墳の可能性がある。小野地区では、五世紀末から六世紀初頭ごろ、小野道風神社古墳群と小野神社古墳群が形成される。前者は、低い丘陵の先端を整形して築造したもので、高所に径二十八メートルの円墳（二号墳）が、その南に接して先の前方後円墳が所在する。これらは右にみたように四世紀代にさかのぼる可能性はあるが、未調査で詳細はわからない。後者は神社の建設により大きく改変されており詳細は明らかでないが、中期にさかのぼる可能性は低いとされている（図6）。

また、詳細を述べる余裕はないが、この地域では、六世紀中ごろから七世紀にかけて、道風神社古墳群の北に石神古墳群（四基）が、西に石釜古墳群（六基）・ヨウ古墳群（三基）などいわゆる近畿地方で一般的な横穴式石室を持つ後期古墳群が造られており、その一部の調査もなされている。径二十メートル前後の、やや大型の円墳も含んでおり、この地域の有力者の墓域と考えられる。そして、六

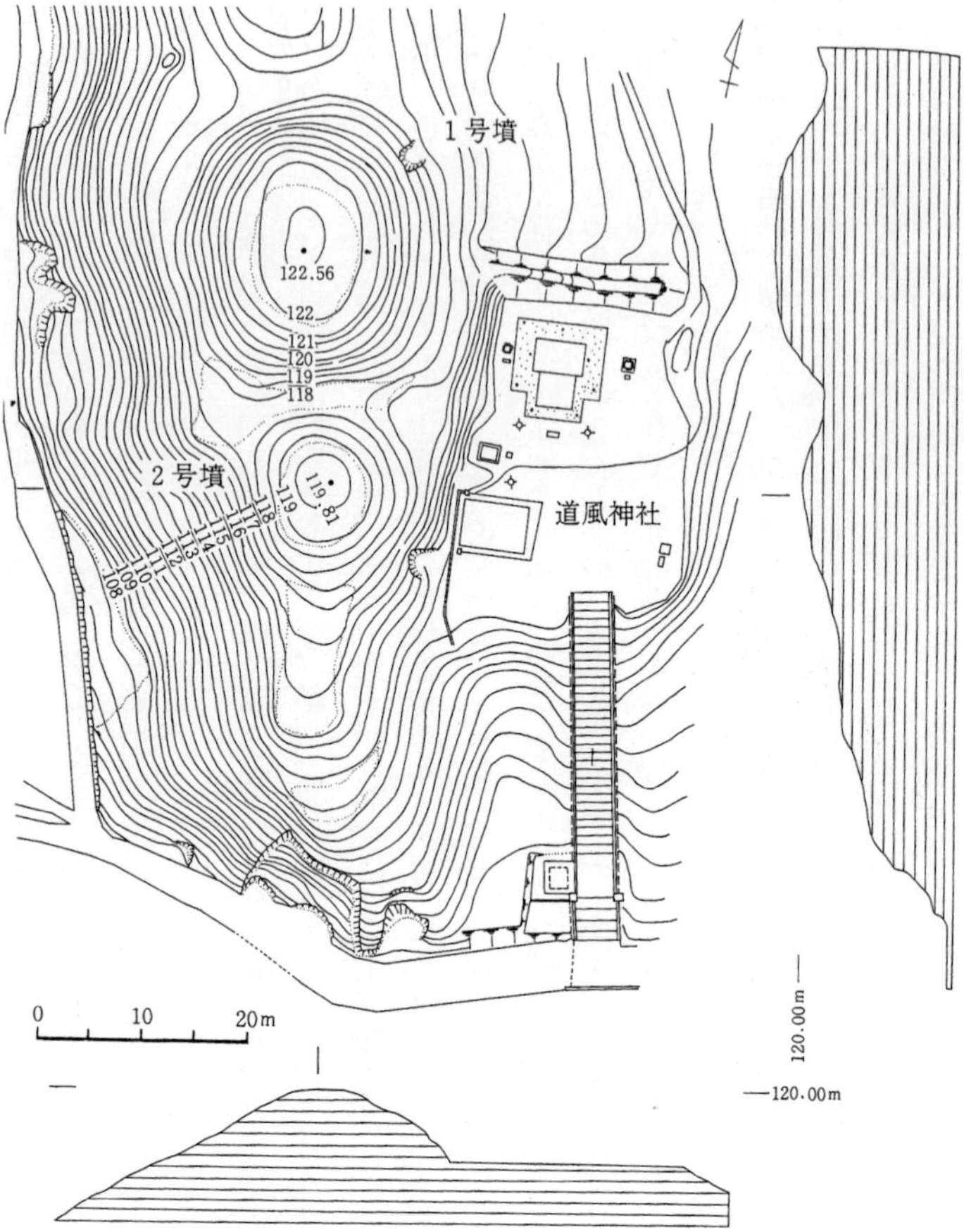

図6　道風神社古墳群測量図

世紀後半には、曼陀羅山古墳群の東山麓に径二十メートルの円墳、ゼニワラ古墳が築造されている。横穴式石室は全長八・七二メートル、玄室規模は長さ四・四二メートル、幅二・一七メートル、高さ二・四五メートルと、真野川流域では第二位の規模を誇っており、石室内から出土した須恵器杯身は六世紀後半のもので、この時期では最有力の首長が埋葬されているとみられる。

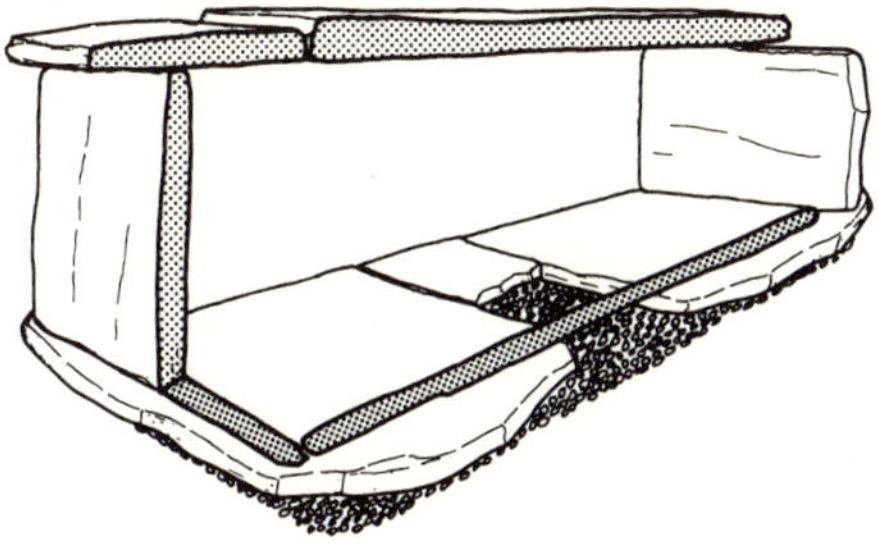

図7　唐臼山古墳石室復元図

唐臼山古墳

　ゼニワラ古墳の東五十メートルの丘陵の尾根筋上の、現在の小野水明一丁目（大字小野字堂ノ宮）に、小野妹子の墓として有力視される唐臼山古墳が所在する。先に述べたように、唐臼山古墳は未調査のため詳細はわからないものの、前方後円墳の可能性もある。一応径二十・五メートルの円墳とみられている（柴田實「小野神社と唐臼山古墳」『滋賀県史蹟調査報告　第八冊』、滋賀県史蹟天然記念物調査会、一九三九）。墳丘は大半が流出し、墳頂部には石材が散乱している。内部主体は横穴式石室に納めた家形石棺の側辺に入口を設けたもので、横口式石棺系古墳と呼ばれるものと考えられている。現存長五・七五メートル、幅一・五メートルと推測される。かつて床面付近から見つかった須恵器杯蓋・身、土師器片は、七世紀前半のものと推定される（図7）。

　この種の古墳は、古墳時代終末期の七世紀前半代に一般的なもので、すでに古墳の築造は天皇や一部の貴族・官人層に限定されているから、唐臼山古墳の場合もその被葬者は当然有力な貴族・官人であった可能性が高い。これらの点から、唐臼山古墳が小野妹子の墓である可能性はかなり高いといえよう。その子毛人の墓が山背国小野郷で発見されたように、晩年の妹子がその出身地に近い場所に墓所を求めたのではなかろうか。このように和邇の古墳群に、六世紀後半から七世紀前半再び有力な古墳が築造されていることは、小野氏の中央政府への進出、登用と関わるのであろう。

春日山の古墳群　いっぽう真野川の南の山塊春日山には、総数百十二基からなる春日山古墳群が所在する。この古墳群では、琵琶湖に面した山丘の先端部に、二十三基からなる首長墓群（E支群）が所在し、山丘の奥まったところに八十九基からなる後期群集墳が分布する。E支群は、全長六十五メートルの前方後円墳である春日山一号墳をはじめ、全長五十四メートルの前方後円墳春日山一二号墳のほかに、径三十メートルの円墳一八号墳・二二号墳、箱式石棺の五基などが築造されており、横穴式石室墳十八基がさらに後続すると考えられている（丸山竜平、前掲論文）。いずれも発掘調査がなされておらず詳細は不明であるが、このうち最高所に所在する春日山一二号墳は自然地形を最大限利用して築造されており、一号墳も典型的な柄鏡式の墳形を呈している。二基とも四世紀前半から中ごろにさかのぼることが指摘されている（細川修平「継体大王と琵琶湖を考える」平成二十四年度春季特別展図録『海を見つめた王――継体大王と琵琶湖』滋賀県立安土城考古博物館、二〇一二）。E支群の首長墓の周りには、横穴式石室を埋葬施設とする後期群集墳が築造されているが、ここでも、いわゆる渡来系とされるドーム型の石室ではなく、長方形の平面の近畿地方で一般的な石室構造のものであり、六世紀前半から末に造られたとみられている（図8・図9）。

五世紀の古墳

真野川流域では、このように四世紀代の、有力な首長墓が相次いで築造され、この地域に大和政権と繋がる有力な首長が、予想以上に早い段階から出現していたことが判明する。ところが、現在のところ、こうした首長墓に続く古墳は明らかでなく、やや大型の円墳が春日山古墳群などで認められるだけで、直接首長墓の系譜を引くものとは思われない。首長権が他の地域に移ったのであろうか。さらに、五世紀後半から末ごろになると、山塊の先端や山麓に、やや小型ではあるが前方後円墳や、帆立貝式の前方後円墳、造りだしを持った大型の円墳が出現する。

まず真野川右岸では、春日山古墳を含むE支群の周りに径三十メートルの円墳や春日山一八号墳・同二二号墳が造られ、詳細はわからないが、五世紀後半ごろに相次いで築造されたとされている。また右岸には、春日山古墳群の南一キロメートルの衣川地区の丘陵先端に、全長四十六メートルの帆立貝式古墳の西羅一号墳が築造されている。未調査ではあるが、おおよそ五世紀中ごろから後半とされている。近接して方墳もあったが、現在では消失している。西羅一号墳から五百メートル南の滋賀丘陵の先端部に、径二十三メートルの円墳の坂尻一号墳と、径十六メートルの円墳の二号墳が築造されている。主体部は木棺直葬とみられ、一号からは円筒埴輪が採取されている。円筒埴輪から五世紀前半とする見解もあるが、詳細は不明である（田辺昭三「古墳の出現と展開」『新修大津市史』第一巻、一九七八）。

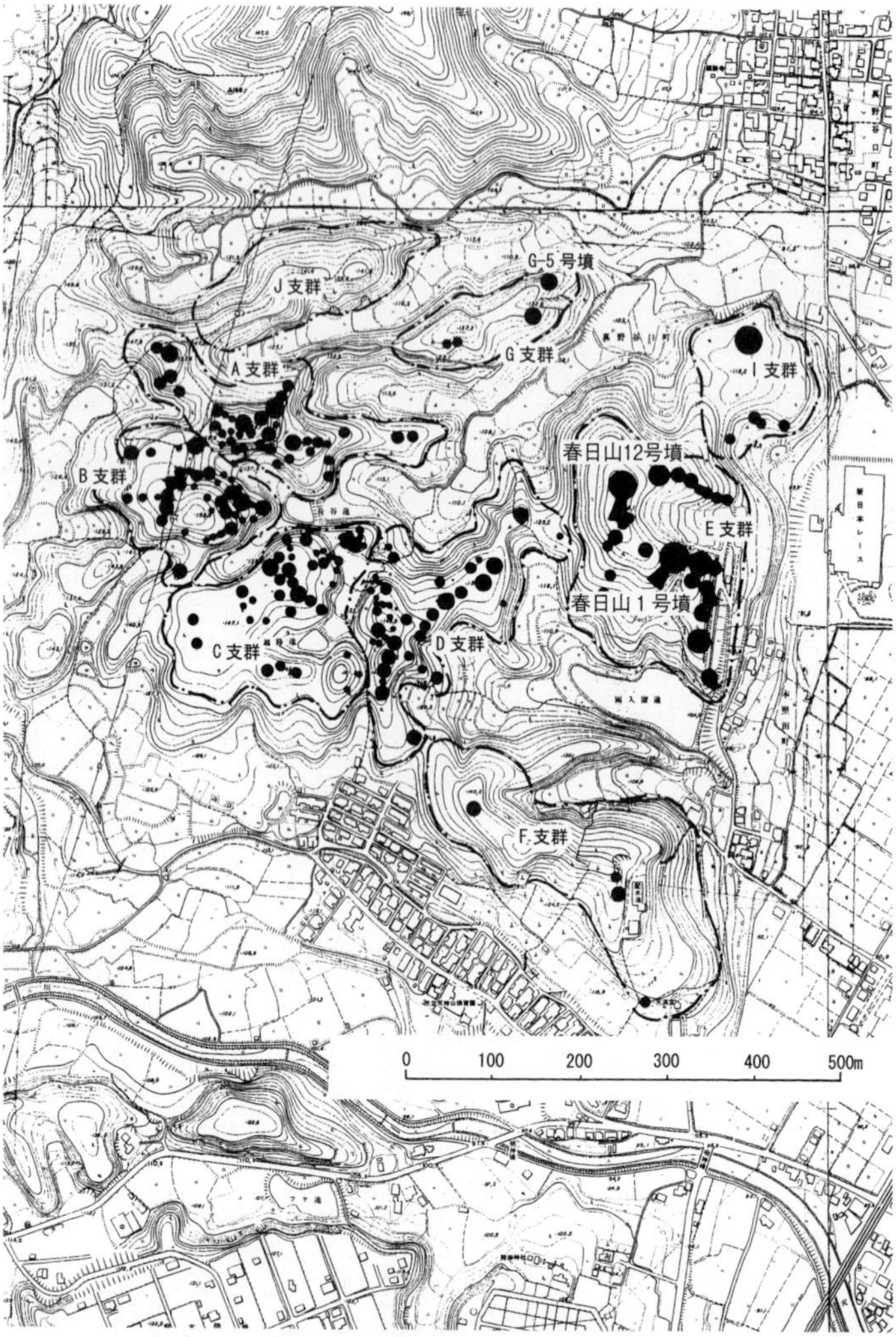

図8　春日山古墳群分布図

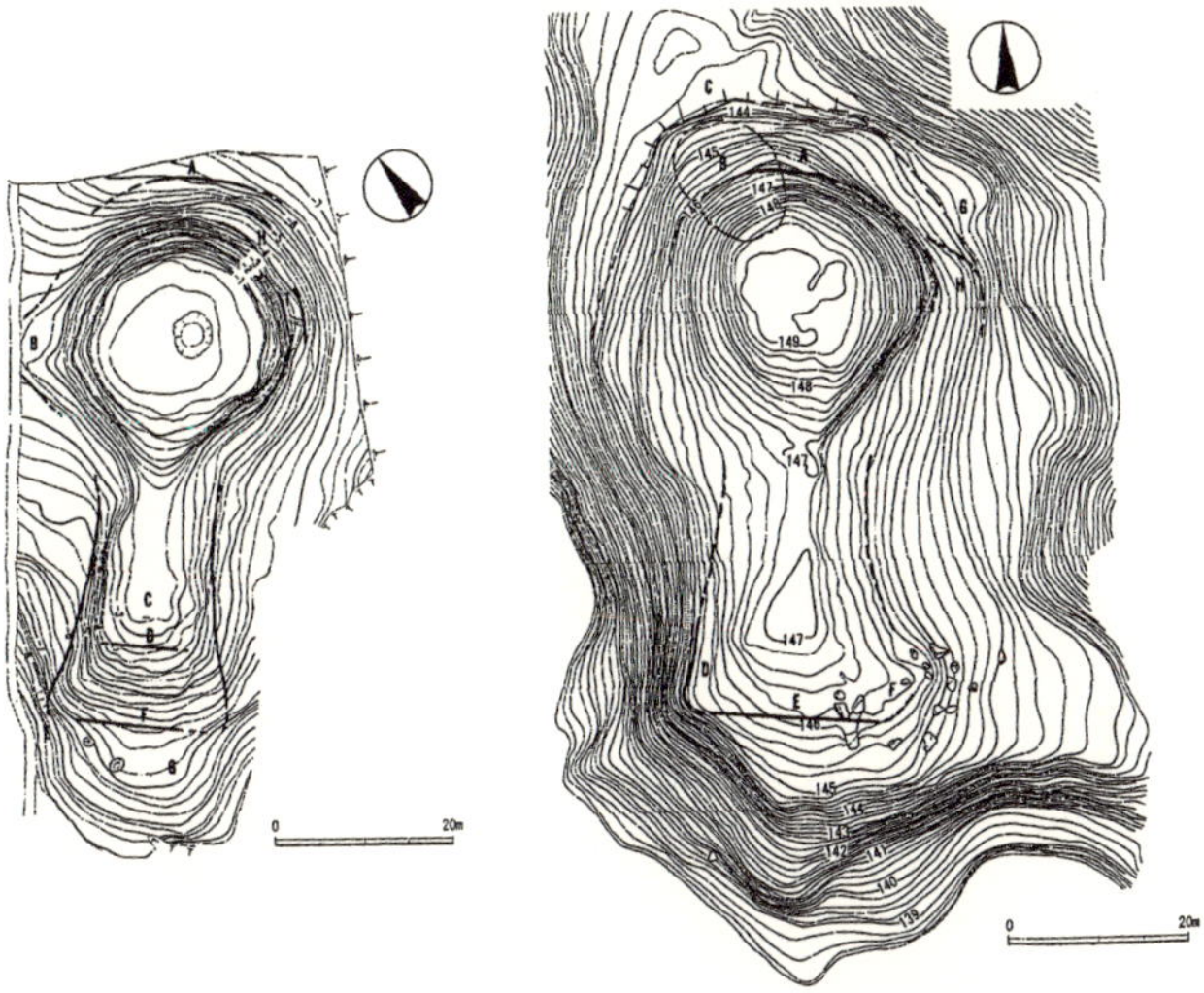

春日山１号墳　　春日山12号墳

図９　春日山古墳墳丘測量図

滋賀郡北部では四世紀代には有力な古墳が相次いで築造され、大和政権との関係が早い段階から始まっていたことがわかる。この段階では、先にみた真野川流域の両岸の曼陀羅山地域と春日山地域および北に隣接する和邇川右岸地域の首長たちが、連合して大和政権との連携を強めていたことがうかがえる。しかし五世紀段階になると規模は縮小しており、その勢力は低下したとみられる。連合体が機能しなくなったのではなかろうか。しかし、六世紀後半以降、それぞれの首長墓の周りには総数二百五十基以上の後期群集墳が造られており、いずれも南部にみられる平面方形で天井をドームとする特異なものではなく、近畿地方で一般的な横穴式石室を持つものであり、違いを際立たせている。そして、この時期になると、真野川の右岸と左岸の平地近くの各所において、再び有力な帆立貝式古墳や大型円墳が相次いで造られ、この地域の首長がまた活性化してきたことを示している。なお、真野川の左岸の曼陀羅山周辺の古墳群と右岸の春日山周辺の古墳群を、ここでは一体の関係にあると捉えているが、時期によっては左岸・右岸と和邇川右岸とは別勢力とみることも可能である。いちおう現時点では、両岸の勢力が連合していると考え、その首長墓の流れを次のように推定しておきたい。

（不ケ谷（ふけだに）古墳↓）和邇大塚山古墳↓春日山一二号墳↓春日山一号墳↓春日山一八号墳↓春日山二二号墳↓西羅一号墳↓坂尻一号墳↓ゼニワラ古墳↓唐臼山古墳

2　滋賀郡南部の古墳文化

滋賀郡南部の首長墓

滋賀郡南部は直接小野氏との関わりが少ないので概略にとどめるが、南部では三世紀後半に築造された出現期の古墳（墳丘墓）壺笠山（つぼかさやま）古墳・皇子山（おうじやま）古墳が、それぞれ後の錦織郷の比叡山地から突き出た低丘陵上に築かれている。壺笠山古墳は大津市滋賀里の西の山腹の高所に築かれた径四十八メートルの円墳で、墳丘の周辺で吉備地方から伝播した特殊器台形埴輪と庄内式土器が出土し、三世紀後半に築造されたとみられている。また大津市錦織の西、独立丘陵の山頂に築造された皇子山古墳は全長六十メートルの前方後方墳で、その威容を平野部から

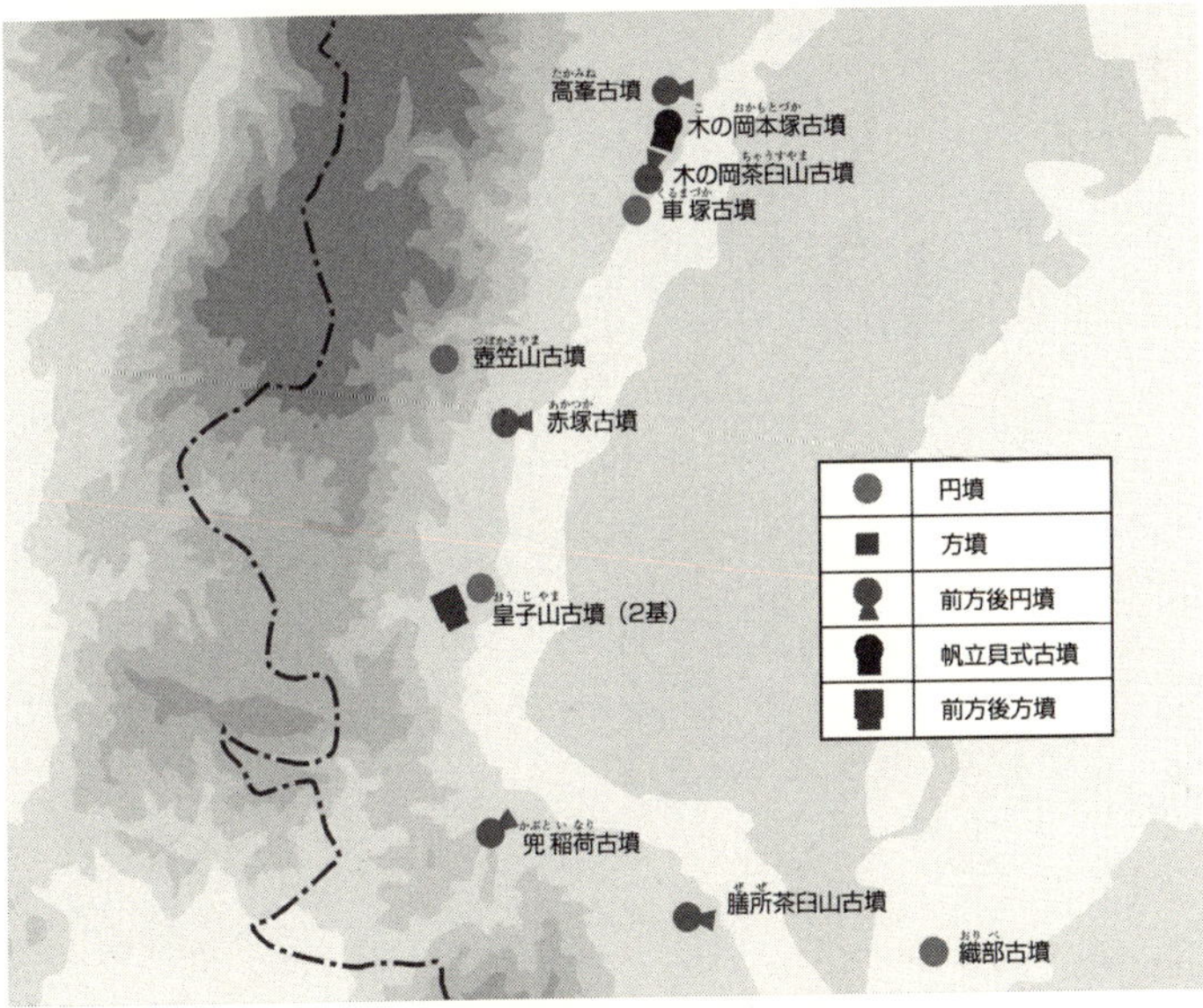

図10　滋賀郡南部の古墳分布図

望めるように琵琶湖側に側面を向けている。そして前方部を撥形に広げ、琵琶湖側のみ葺石を丁寧に施している。主体部からは遺物の出土はなく、そこから転落した葺石の間から出土した二重口縁壷などにより、三世紀末ごろに築造されたとされる（図10）。

本格的な前方後円墳として最も早く造営されたのは、さらに南の大津市膳所の丘陵上に築造された膳所茶臼山古墳で、全長百二十二・五メートル（県下第二位）を誇る。発掘はされていないが、墳形や立地などから四世紀後半に築造されたとみられている。これに続くのが、現在の滋賀里三丁目の扇状地に築造された赤塚古墳で、直径三十から四十メートルの円墳で竪穴式石室を持つことが推定されていて、前方後円墳の可能性も考えられる。詳細は明らかでないが、五世紀前半ごろに築造されたとみられている。そしてほぼこれと同じころに逢坂山の峠の上、現在の大津市神出開町に兜稲荷山古墳（かぶといなりやま）が築造され、全長九十一・五メートルの規模を持っている。

また、下坂本の木岡に所在する前方後円墳、木の岡本塚古墳（全長七十三メートル）、木の岡茶臼山古墳（全長八十四メートル）の二基が五世紀の中ごろに築造され、五世紀中ごろから後半にかけて現在の大津市苗鹿町の丘陵上に全長四十五メートルの前方後円墳、高峯古墳が造られている。古墳時代後期（六世紀前半代）には、一転、瀬田川右岸の台地上、現在の大津市国分町に全長四十六メートルの国分大塚古墳が造られ、大型の横穴式石室を持っている。このように、滋賀郡南部では前期から後期まで各時代の首長墓が分散しながらも造り続けられている。そして前期には南半の大津地域に築造されていた首長墓が、後半には坂本地域に集中する傾向がうかがえる（吉水真彦「近江湖西地域南部における古式古墳の様相」『滋賀考古』第6号、滋賀考古学研究会、一九九一）。その流れを表示すると、次の通りである。

壷笠山古墳↓皇子山古墳↓膳所茶臼山古墳↓赤塚古墳↓兜稲荷山古墳↓岡本塚古墳↓木の岡茶臼山古墳↓高峯古墳↓国分大塚古墳

滋賀郡南部の渡来人の墓

いっぽう、滋賀郡南部の大津北郊には、北部と異なり、首長墓とは別に、坂本以南、錦織までの山麓一帯の比較的急な斜面地からやや緩やかな傾斜地に墓域がある、大

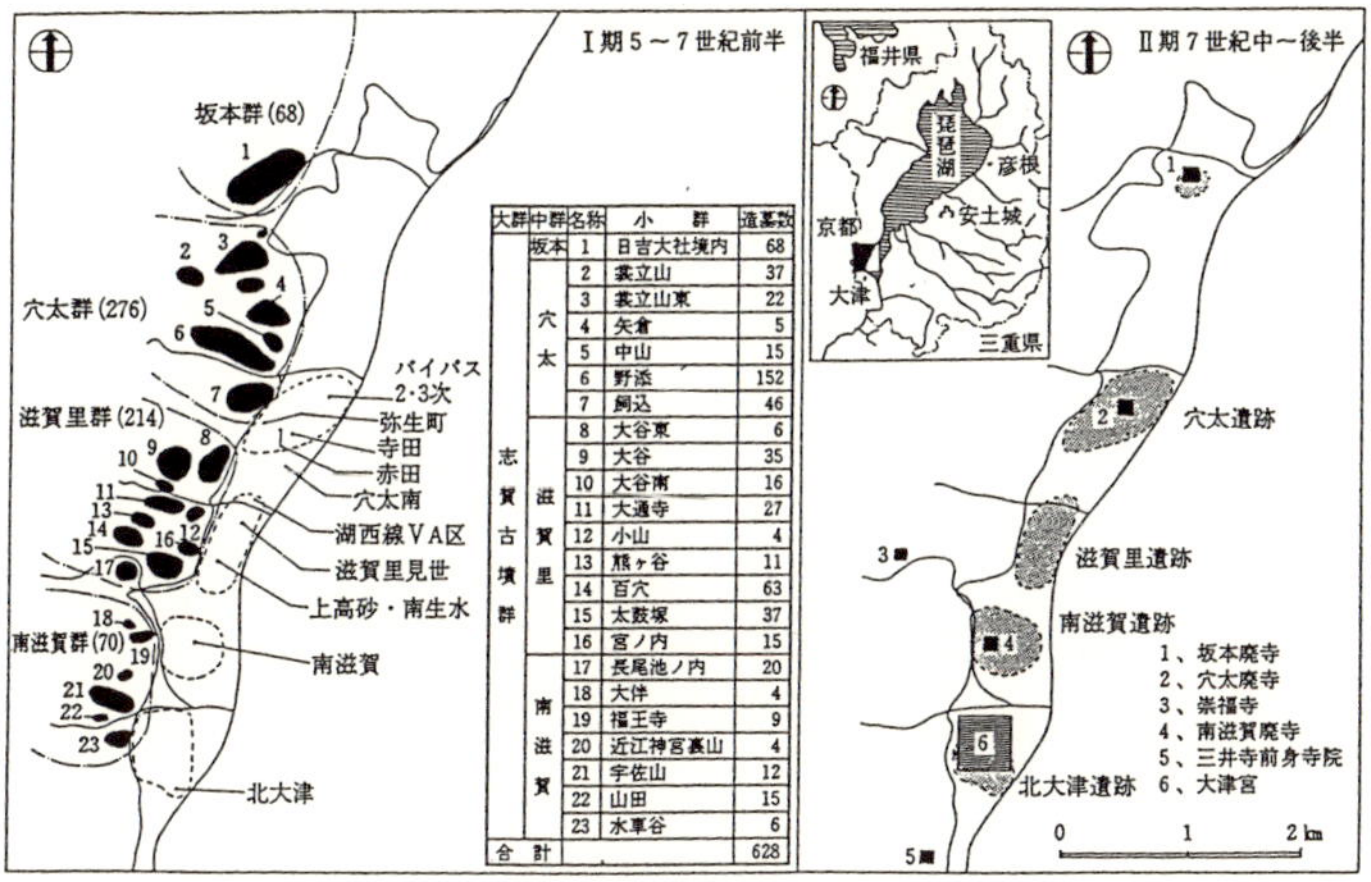

大群	中群	名称	小群	遺墓数
志賀古墳群	坂本	1	日吉大社境内	68
	穴太	2	裳立山	37
		3	裳立山東	22
		4	矢倉	5
		5	中山	15
		6	野添	152
		7	飼込	46
	滋賀里	8	大谷東	6
		9	大谷	35
		10	大谷南	16
		11	大通寺	27
		12	小山	4
		13	熊ヶ谷	11
		14	百穴	63
		15	太鼓塚	37
		16	宮ノ内	15
	南滋賀	17	長尾池ノ内	20
		18	大伴	4
		19	福王寺	9
		20	近江神宮裏山	4
		21	宇佐山	12
		22	山田	15
		23	水車谷	6
合計				628

図11　渡来人の古墳と集落分布図

規模な古墳時代後期の群集墳が分布している。かつては一千基以上あったとみられ、現在六百基余が確認されている。古墳群は、北から坂本支群・穴太支群・滋賀里支群・南志賀（錦織）支群の四つの地域に分かれ、それぞれいくつかの古墳群から構成される。坂本支群は総数百四十余基で、日吉古墳群七十余基、裳立山・裳立山東古墳群など、穴太支群は総数二百十八余基で、野添古墳群百五十二基、飼込古墳群四十六基など、滋賀里支群は総数二百十七基で、百穴古墳群六十三基、太鼓塚古墳群三十七基、大通寺古墳群二十七基など、南滋賀（錦織）支群は総数七十基で、長尾池内古墳群二十基、山田古墳群十五基などである。このうち坂本支群は、墓域の大半が日吉大社の門前町・延暦寺の里坊となっており、本来は穴太・滋賀里などに匹敵する規模を持っていたとみられる（花田勝広「渡来人の集落と墓域」『古代の鉄生産と渡来人』雄山閣、二〇〇二）（図11）。

大津北郊の古墳群については、他地域に類例がない方形プランのドーム形の横穴式石室を主体とし、ミニチュア炊飯具や銀ないし銅製の釵子（かんざし）を副葬する、独自の内容を持っている。こうした点から、この地の古墳に埋葬されたのは、在来の豪族や有力者ではなく渡来氏族・渡来人とする見方が、すでに早く水野正好により提起され、定説化している。水野は、滋賀郡南部には、古代の文献により、漢人を称する渡来氏族が多数居住しており、こうした特異な形態を持つ横穴式石室やミニチュアカマドなどの副葬品の源流が百済などにあることから、朝鮮半島から渡来した人々がこの地に故郷の墓制を持ちこんだとした（水野正好「滋賀郡所在の漢人系帰化氏族とその墓制」『滋賀県文化財報告書』第4冊、一九六九）。

古墳群の立地と特徴

大津北郊の古墳群については、その後多方面から分析が加えられており、現在把握される六百余基は、その立地や規模・構造、さらに副葬品の構成などにおいて一律に捉えられるのではなく、いくつかのタイプに分類されている。たとえば大崎哲人は、古墳群の立地と分布状況に注目して、大きく二つのタイプに分類することを提唱している。すなわち一つは、比較的急な斜面地に墓域を設定し、各古墳がきわめて近接して分布し、群としての密集度の高いもの（A類型）、もう一つは、扇状地や丘陵の比較的緩やかな傾斜地に墓域を設定し、各古墳の分布に余裕のある、群としての密集度の低いもの（B類型）である。さらに、A類型の場合には比較的短期間に築造される傾向がみられ、しかも古墳の墳丘・石室規模でも小さいものが多いのに対し、B類型の場合は比較的長く継続して築造され、墳丘・石室の規模も大きいものが多く、副葬品に豊富な馬具や装飾付き須恵器などを持つものが多いとも指摘している（大崎哲人「大津市北郊の後期古墳の再考」『滋賀県埋蔵文化財センター紀要』2、一九八七）。

大崎はこの二つのタイプを、渡来氏族の墓域（A類型）と渡来氏族を包摂した在地有力氏族（B類型）とする解釈を示すが、区別の基準が今一つ曖昧で納得できない。これに対し花田勝広は、石室構造や副葬品などからB類型を在地の渡来人集団、A類型を滋賀郡から各地に進出した一族の帰葬とする解釈を示している。興味深いが、この考え方も明確な基準とはいえず、憶測にとどまっている。そこでA類型・B類型の分布を具体的にみてみると、たとえば穴太グループ最大の野添古墳群の場合、二つの類型が別個に存在するのではなく、一つの古墳群の中に両者が併存し、統一した構成をとっていることである。すなわちA類型が平地を望む緩傾斜地に、B類型が谷の奥の急斜面地に分布しているのである。これはより小規模な長尾池ノ内古墳群にもいえることで、いちおう別の古墳群とみられている桐畑古墳群と百穴古墳群の場合にも適用できるのではなかろうか。

このようにみた場合、立地や規模・副葬品の違いにみえる二つの類型は、グループ＝一族内部における階層差を表現したものと捉えることができるのではなかろうか。また大通寺古墳群や太鼓塚古墳群の場合のように、A類型のみで完結する古墳群の場合などは、一族全体の首長の墓域と考えることも可能であろう。したがって、帰葬を想定する場合も、ある地域に進出したグループ内における階層差がその枝族の一族中における実力とも関連して、墓域の占地や立地・規模・構造を検討する必要がある。なお、こうした古墳群の変遷については、今日では五世紀末ごろから築造が始まり、六世紀中ごろにピークを迎えるとされており、六世紀末ごろからは石室の形態や副葬品における独自性が失われ、しだいに近畿の古墳と変わらないものに転換している。そして七世紀前半には古墳そのものが造られなくなっている。

渡来人のムラ

さらに、こうした古墳群に対応する居住域の実態が、その後の調査で明らかになっている。すなわち、穴太廃寺の周りに広がる穴太遺跡・穴太南遺跡、南滋賀廃寺の周りに広がる南滋賀遺跡、その北に展開する上高砂遺跡・大谷南遺跡・滋賀里遺跡、南に広がる北大津遺跡・畑尻遺跡などが、先にみた古墳群の支群に、時期的にも対応するとみられる。これらの地域には、他地域ではごく稀にしかみられない大壁建物や礎石建物が、オンドルとみられる遺構とともに広く分布しており、古墳のあり方から渡来氏族・渡来人に関わる村であることが確実になった（花田勝広「大壁建物集落と渡来人」前掲書）。この前後の日本列島では寺院や宮殿以外で礎石を使用する建物の例は知られておらず、また土壁造りの大壁建物も大和・河内などの一部でみられるだけである。しかも、従来は発見例がなかった韓国においても、近年類例が相次いで発見されるようになり、その系譜が明確になりつつある（『国立公州博物館学術調査叢書第7冊　百済の祭祀遺跡　艇止山』国立公州博物館、一九九九）。

穴太廃寺の周りに広がる穴太遺跡では、六世紀後半から七世紀初頭と七世紀中葉の二時期に、礎石建物二棟と大壁建物十九棟、オンドル状遺構一基、オンドルと関わる特殊カマド二基が見つかり、多数の掘立柱建物・竪穴建物とともに集落を形成していた。南滋賀廃寺の近辺では、その東端付近にあたる畑尻遺跡は一辺七メートルの大壁建物一棟が掘立柱建物群の一角で発見されたのをはじめ、北大津遺跡で七世紀前半の大壁建物一棟が、前後の時期の竪穴建物・掘立柱建物とともに発見されている。また南滋賀遺跡の北に広がる上高砂遺跡では、三地点で竪穴建物・掘立柱建物とともに六世紀前半と六世紀後半の大壁建物三棟とオンドル遺構と関わる焼土坑五基が発見され、その北に所在する滋賀里遺跡では、六地点で大壁建物十棟が掘立柱建物などとともに検出された。これらは六世紀末～七世紀初頭に造られたとみられる。滋賀里遺跡の北西の大谷東遺跡でも大壁建物一棟が検出されており、この地域が穴太遺跡周辺とともに、こうした遺構の集中地として注目されている（写真3）。

写真3　ミニチュア炊飯具セットとオンドル・大壁建物（大津市埋蔵文化財調査センター所蔵）

3　滋賀郡における首長の実態と特質

湖西地域の首長権の持ち回り説

滋賀郡の古墳文化について、北部と南部に分けてやや詳しくみてきた。そこで、こうした古墳文化をどのように理解するかということになるが、そのことを考える前に、これまでの滋賀郡における古墳文化、特に首長墓の変遷と捉え方について、ふれておく必要があろう。古墳時代における滋賀郡だけでなく、高島郡地域も含め、湖西地域全体の古墳文化についていち早く体系的な分析を加えたのは、丸山竜平であった（前掲論文）。丸山は、北は塩津から南は瀬田川南岸までを一つの地域として捉え、そこに分布する前方後円墳（首長墓）のあり方を詳細に検討し、湖西地域が水系などにより十の小地域に細分されること、その小地域には原則として前方後円（方）墳が一基しか築造されていないこと、したがって湖西地域の首長権はこのような小地域の首長によって一世代ごとに持ち回った可能性を指摘した。丸山は具体的な首長墓の変遷について、①皇子山一号墳、②膳所茶臼山古墳、③和邇大塚山古墳、④塩津丸山古墳、⑤木の岡茶臼山古墳、⑥熊野本古墳、⑦堅田春日山古墳、⑧苗鹿高峯古墳、⑨鴨稲荷山古墳、⑩国分大塚古墳という流れを示し、広域な首長権の移動を想定している。丸山は具体的には書いていないが、論文のタイトルにもあるように、その念頭に和邇系の近淡海国造を湖西全域の統括者とするイメージがあったのではないか。

こうした丸山の指摘は、その後の湖西地域の古墳や古墳群の捉え方に長く大きな影響を与えたが、歴史的・地理的な条件からみて、湖西地域を塩津から瀬田まで一括することは当初から疑問が出され、少なくとも後の高島郡と滋賀郡は古代豪族の動向や古墳群のあり方からみてそれぞれ別個の歴史的世界とすべきであって、古墳時代の初めからその終末まで、湖西地域をすべて含む地域的統合体があり、首長権の持ち回りがなされていたとする仮説についても、疑問が出されている。

湖西地域の首長権二分論

こうした丸山の見解が公表されて以降、湖西南部地域における踏査の進展と、いくつかの発掘調査の成果も明らかになり、この地域における首長墓の変遷についても、二、三の見解が示されている。まず、主として滋賀郡内の首長墓の動向を再検討した田辺昭三は、滋賀郡内に分布する前方後円墳（帆立貝式古墳も含む）十二基を一系列の首長墓として把握しうるとし、次の変遷案を提示した（前掲論文）。①皇子山古墳、②和邇大塚山古墳、③膳所茶臼山古墳、④赤塚古墳、⑤木の岡本塚古墳、⑥木の岡茶臼山古墳、⑦高峯古墳、⑧春日山古墳、⑨西羅古墳、⑩雄琴打越古墳、⑪稲荷山古墳、⑫国分大塚古墳。これは、従来知られていた前方後円墳に、新たに発見された打越・稲荷山の二古墳を加え、前方部を失ったと伝えられる赤塚古墳や大型の帆立貝式古墳である本塚・西羅の二古墳を加えて序列化したものである。そして、旧滋賀郡内の首長墓の特質として二つをあげている。①前期古墳は一定の墓域を形成せず、ほぼ単独で後の郷単位に築造されていること、②これに対して中期以降については、真野から坂本にかけて首長墓が集中する傾向があることである。ただここでも、湖西南部に縮小しながらも、首長権の持ち回り説が継承されている（前掲書）。

一方、湖西南部をフィールドとする京都教育大学考古学研究会も、踏査の成果を基礎に丸山の見解に疑問を唱え、湖西南部（滋賀郡）を一つの歴史的世界として把握すべきこと、帆立貝式古墳も、首長墓に含めて理解すべきことなどを指摘し、湖西南部の首長墓の特質として、①五世紀後半を画期として規模の縮少がみられること、②首長墓には後続するものはなく、墓域が変化していることなどを指摘した（京都教育大学考古学研究会「湖西南部の古墳時代」『史想』第一八号、一九七八）。

また、木の岡茶臼山古墳の調査を担当した吉水真彦は、滋賀郡内に所在する前方後円墳を令制の郷単位に検討し、①四世紀代には各郷に分散していた前方後円墳が、②五世紀代には真野郷に集中する傾向がみられることを指摘している。ただ、こうした議論もやはり丸山の首長権の持ち回り説を継承しており、再考が必要と考える（吉水真彦「大津市内に所在する前方後円墳の一考察」『近江地方史研究』九号、一九七九）。

これら首長権の持ち回りを湖西南部にとどめようとする動きに丸山も反論し、帆立貝式古墳に前方後円墳と同一の意味を持たせたり、十分な根拠に基づかず前方後円墳とされている例として、赤塚古墳の聞き取り・測量調査の成果を公表して持説に変更の必要のないことを主張している（丸山竜平「湖西地域最古の古墳はどれか」『皇子山だより』第二八号、一九八四）。

滋賀郡首長の南北別系統説

湖西の古墳と古墳群については、後の高島郡と滋賀郡を別個の歴史的世界とする点を支持すべきと考える。古墳時代の初めから後期に至るまで湖西地域が一つの政治的統合体の下にあったとする点についても、やはり従うことはできない。このことについては、近江における古代豪族の分布や同族関係などからも指摘しうると考えるが、『記紀』以前の古伝承を含むとされる『釈日本紀』所引の「上宮記一云」の有名な継体天皇の系譜と所伝に「弥乎国」という記載のあることは、高島郡が令制以前においても一つの「クニ」と意識されていたことを示している（大橋信弥「近江における和邇系氏族の研究」前掲書）。

すなわち、近江の首長墓群について、各地の古代豪族の動向と関連させて検討してみると、地域差はあるものの、首長墓が後の郡単位に一～二の群を形成するのが一般的であり、また、いっぽう古代の文献資料によると、近江の有力な古代豪族は、これも郡単位に一～二の氏族が分布し、郡の長官・次官（大領・少領）を世襲していることが明らかになった。そして大半の豪族が息長君や犬上君のように君（キミ）というカバネを持ち、大和政権と直接同盟関係を結び、大王に奉仕していたとみられる。近江における国造制の展開についても、いわゆる大国造制は成立せず、後の郡単位に勢力を持つ豪族の中から、大王と特に密接な関係にあった安直（近淡海安国造）と和邇部臣（近淡海国造）が国造になったと考えられる。そうした立場から滋賀郡の古墳文化を巨視的にみるなら、滋賀郡北部の真野郷と、南部の大友郷・錦部郷・古市郷の二地域に、それぞれ一系列の首長墓群が所在し、文献にみえる有力豪族、和邇部臣（近淡海国造）を前者に、後者に近江臣をその被葬者に想定すべきではないかと考える（大橋信弥「近淡海安国造と葦浦屯倉」『滋賀文化財論叢』第11輯、二〇一六）。

古代の文献資料にみえる滋賀郡に居住した住民を一覧にしたのが表2である。一見すれば明らかなように、文献・記録の八割近くを占めるのが志賀漢人と総称される渡来系の人々である。その主要のものをあげると、大友村主・大友曰佐・大友漢人・穴太村主・穴太史・穴太野中史、錦部

表2　古代滋賀郡の住民一覧

	氏　名	出　典	年　紀	その他	出身・身分
①	淡海臣	『古事記』	孝元天皇段		
	近江臣毛野	『日本書紀』	継体二十一・六・三	五二七	
	近江臣満	『日本書紀』	崇峻二・七・一	五八九	
	近江脚身臣飯蓋	『日本書紀』	推古三十一・是歳	六二三	
②	近淡海国造	『古事記』	孝昭天皇段		
	和邇部臣弓束	『和邇部氏系図』	天智三・二	六六四	
	和邇部臣君手	『日本書紀』	天武元・六・二十二	六七二	舎人
	和邇部臣濱主	『和邇部氏系図』			
	和邇部臣大石	『和邇部氏系図』			志我郡大領
	和邇部臣伯麿	『和邇部氏系図』			志賀郡大領
	和邇部臣弟足	『和邇部氏系図』			愛宕郡少領
③	真野臣鳥	『新撰姓氏録』	庚寅年（持統四年）	六九九	右京皇別下
	真野臣忍勝	『新撰姓氏録』	庚寅年（持統四年）	六九九	右京皇別下
④	小野臣	『古事記』	孝昭天皇段		
	小野臣妹子	『日本書紀』	推古十五・七・三ほか	六〇七	遣隋大使
	小野臣毛人	『小野毛人墓誌』	天武朝（天武六・十二）	（六七七）	太政官兼刑部大卿
	小野臣毛野	『日本書紀』・『続日本紀』	持統九・七・二十三ほか	六九五	中納言兼中務卿
⑤	神田臣泉承	『寺門伝記補録』	貞観十・三・十七	八六八	滋賀郡擬大領
⑥	車持君支麻須賣	『正倉院文書』	神亀二	七二五	滋賀郡古市郷人
⑦	酒部公刀自賣	『正倉院文書』	天平十四	七四二	滋賀郡古市郷人
⑧	下火首君麻呂	『正倉院文書』	天平十四	七四二	滋賀郡古市郷人

	氏　名	出　典	年　紀	その他	出身・身分
⑨	金作浄継	『寺門伝記補録』	貞観十・三・十七	八六四	近江国滋賀郡擬主帳
⑩	三上部阿閇	『正倉院文書』	天平元	七二九	近江国滋賀郡古市郷人
⑪	阿多隼人乙麻呂	『正倉院文書』	天平十四	七四二	近江国滋賀郡古市郷人
⑫	奴　乎麻呂	『正倉院文書』	神亀元	七二四	近江国滋賀郡古市郷人
	婢　都牟志賣	『正倉院文書』	天平元	七二九	近江国滋賀郡古市郷人
⑬	志賀漢人恵隠	『日本書紀』	推古十六·九·十一	六〇八	遣隋学問僧
⑭	志賀穴太村主	『新撰姓氏録』			未定雑姓　右京
	穴太主寸小国	『正倉院文書』	天平六・五	七三四	
	穴太村主雑物	『正倉院文書』	天平宝字二・二	七五八	
	穴太曰佐広万呂	『正倉院文書』	宝亀九・四・十九	七七八	近江国人
	穴太曰佐広継	『正倉院文書』	宝亀九・四・十九	七七八	近江国人
	穴太史老	『正倉院文書』	天平勝宝三・八	七五一	近江国員外少目
⑮	西大友村主	『新撰姓氏録』			
	大友主寸族宿奈尼賣	『正倉院文書』	天平元	七二九	近江国滋賀郡古市郷人
	大友村主人主	『続日本紀』	神護景雲元・五・二十	七六七	近江国人
	大友村主広道	『続日本紀』	延暦六・七・十七	七八七	右京人
	大友村主弟継	『続日本後紀』	承和四・十二・四	八三七	太政官史生
	大友村主夜須麻呂	『寺門伝記補録』	貞観八・五・十四	八六六	近江国滋賀郡擬大領
	大友村主黒主	『寺門伝記補録』	貞観八・五・十四	八六六	近江国滋賀郡擬大領

	氏　名	出　典	年　紀	その他	出身・身分
	大友曰佐広羽賣	『正倉院文書』	天平十四	七二五	近江国滋賀郡古市郷人
	大友曰佐田麻呂	『正倉院文書』	天平勝宝末	八世紀	近江国滋賀郡錦部郷人
	大友曰佐麻須良	『正倉院文書』	天平勝宝末	八世紀	近江国滋賀郡錦部郷人
	大友曰佐豊継	『平安遺文』	仁寿四·十二·十一	八五四	近江国滋賀郡真野郷人
	大友曰佐宮安名	『平安遺文』	仁寿四·十二·十一	八五四	近江国滋賀郡真野郷人
	大友漢人若子賣	『正倉院文書』	神亀二	七二五	近江国滋賀郡古市郷人
	大友氏	『新撰姓氏録』			未定雑姓　河内国
	大友醜麻呂	『長岡京出土木簡』		八世紀	近江国米網丁
	大友史	『新撰姓氏録』			未定雑姓　河内国
	大友但波史族吉備麻呂	『正倉院文書』	神亀二	七二五	近江国滋賀郡古市郷人
	旦波博士	『森ノ内遺跡出土木簡』		七世紀	衣知評平留五十戸
⑯	桑原村主	『新撰姓氏録』			右京諸蕃
	桑原史	『新撰姓氏録』			摂津國諸蕃
⑰	錦織村主	『新撰姓氏録』			右京諸蕃
	錦部村主	『新撰姓氏録』			
	錦部主寸人勝	『続日本紀』	承和四·十二·四	八三七	近江国人　越前少目
	錦織主寸□	『柿堂遺跡出土木簡』		八世紀	(神崎郡)
	錦氏	『日本文徳天皇実録』	斉衡二・九・二十三	八五五	近江国滋賀郡人
	錦部氏首	『寺門伝記補録』	貞観十・三・十七	八六八	近江国滋賀郡擬少領

	氏　名	出　典	年　紀	その他	出身・身分
⑱	志賀史常継	『続日本後紀』	承和四·十二·四	八三七	近江国人　左兵衛権少志
⑲	上主寸諸足女	『正倉院文書』	天平三・六	七三一	近江国滋賀郡古市郷人
⑳	登美史久御賣	『正倉院文書』	天平十四	七三一	近江国滋賀郡古市郷人
㉑	槻本連若子	『正倉院文書』	天平八	七三六	志我采女
	槻本連良棟	『続日本後紀』	承和四・三	八三七	右京人　遣唐知乗船事
	槻本連豊額	『続日本後紀』	承和四・三	八三七	右京人　民部少録
	槻本連	『寺門伝記補録』	貞観十・三・十七	八六八	近江国滋賀郡擬少領
	槻本村主勝麻呂	『日本書紀』	朱鳥元・六・一	六八六	
㉒	三津首浄足	『平安遺文』	宝亀十一・十一・十	七八〇	近江国滋賀郡古市郷戸主
	三津首広野	『平安遺文』	宝亀十一・十一・十	七八〇	近江国滋賀郡古市郷戸口
	（最澄）	『叡山大師伝』			滋賀の人
㉓	太田史加比麻呂	『正倉院文書』	神亀元	七二九	近江国滋賀郡古市郷人
㉔	丈安史法麻呂	『正倉院文書』	天平十四	七三一	近江国滋賀郡古市郷人
㉕	高史加太賣	『正倉院文書』	天平十四	七三一	近江国滋賀郡古市郷人
㉖	阿直史姪賣	『正倉院文書』	天平十四	七三一	近江国滋賀郡古市郷人
㉗	石寸村主	『新撰姓氏録』			
㉘	飽波漢人伊太須	『続日本紀』	養老六・三・一〇	七二二	近江国

村主・錦部曰佐、大友丹波史・大友桑原史、志賀史・登美史・槻本村主・三津首・上村主などで、滋賀郡南部の小地域名をウジ名とし村主・曰佐・漢人・史・首などを共通としている。後の滋賀郡大友郷を本拠とする大友村主一族、大友郷南部の穴太を本拠とする穴太村主一族、錦部郷を本拠とする錦部村主一族、古市郷を本拠とする大友丹波史一族がなかでも有力であった。

渡来系の人々を除くなら、淡海臣（近江臣）・近淡海国造・和邇部臣・真野臣・小野臣などカバネ臣を持つ有力豪族が確認される。詳細は後に検討するが、このうち近江臣は蘇我臣の同族で継体朝以降中央に進出しており、それ以外の豪族はいずれも和邇氏の同族で現在の大津市堅田から志賀町和迩あたりに本拠を持っている。このうち近淡海国造は「官職名」とみられ、和邇部臣が本姓とみられる。滋賀郡南部の首長は、後述するように近江臣とみられるが、滋賀郡北部の首長は、右にみた首長墓の変遷を参照するなら和邇系の諸氏であった可能性が高い。中央豪族の和邇氏は初期大和政権による国内の統一過程において中心的な役割を果たしたとされており、四世紀中ごろ以降、滋賀郡北部に首長墓が集中することから、その首長の一族が大和政権と親密な関係になったことがうかがえる。滋賀郡では四・五世紀には北部の和邇系の諸氏が、六世紀からは南部の蘇我系の近江臣が、そして七世紀以降は再び和邇系の和邇部臣と小野臣が有力になったと考える。

近江臣の出自と本拠

和邇部臣（近淡海国造）と小野臣・真野臣については後に詳しく検討するので、ここでは近江臣を中心に少しみておきたい。近江臣については『考元記』の「建内宿禰同祖系譜」に「淡海臣」がみえ、蘇我氏と関わりの深い古代豪族とみられていたが、岡田精司が『考昭記』の近淡海国造と『考元記』の淡海臣を同一氏の重複として、もともと蘇我氏の同族であった近江臣氏が、蘇我氏の没落後和邇氏同族に移ったと想定した（岡田精司「滋賀の古代豪族」『新修大津市史　第一巻』、一九七八）。しかし、和邇氏同祖系譜の分析から和邇部臣は近淡海国造の本姓で、近江臣についてはやはり蘇我氏と関わる滋賀郡南部の豪族で、坂本付近を本拠とする日吉大社の奉祭氏族とすべきと考える（山尾幸久「遣隋使のふるさと」『史跡でつづる古代の近江』法律文化社、一九七九）。

この近江臣氏の実像については、右の系譜的記載を除外すれば『書紀』に若干の記述がある。

（1）継体二十一年六月条　近江臣毛野は、六万の軍勢を率いて、「任那（南加羅＝金官国）の復興」をはかろうとしたが、従来より朝廷に不満を抱いていた筑紫国造磐井が乱を起こし、その行く手を遮ったため、北九州にとどまることを余儀なくされた。継体二十三年三月、物部氏などの活躍でようやく乱が鎮圧され、毛野は安羅に到り、羅・済二国王に「任那復興」についての天皇の「詔勅」を伝え、金官国（きんかんこく）の復興に向けて乗り出した。同年四月、羅・済二国の圧迫を受けた安羅王が朝廷に救援を求めたので、天皇は毛野に救援を命じ、毛野は羅・済二国王を熊川に招集するが、新羅王にかわって派遣された将軍伊叱夫（いしふ）の軍勢に驚き己叱己利城（こしこりのさし）に退去したため、伊叱夫は金官など四村を占領した。毛野はその後、久斯牟羅（くしむら）に舎宅をかまえ、二年余任那にとどまったが、継体二十四年九月、失政を訴えた任那王の依頼により、羅・済二国は毛野を討とうとした。

そしてその十月、ようやく毛野の失政を朝廷が認め、天皇は召還を命じたが、その帰途毛野は対馬で病死してしまった。

（2）崇峻二年七月条　近江臣満を「東山道使」として蝦夷の国境の、完人臣鴈を「東海道使」として東方の沿海諸国の、阿倍臣を「北陸道使」として越諸国のそれぞれ視察を命じた。

（3）推古三十一年是歳条　境部臣雄摩侶、中臣連国を大将軍に、河辺臣禰受、物部依網連乙等、波多臣広庭、近江脚身臣飯蓋、平群臣宇志、大伴連、大宅臣軍を副将軍として、数萬の軍勢をもって新羅を討たせた。

近江臣と軍事・外交

この（1）～（3）の所伝でまず注意を要するのは、いずれの場合も近江臣氏が、大和政権の対外・対蝦夷という重要な軍事行動に関与している点であろう。すなわち、毛野臣の失脚にもかかわらず、継体朝から推古朝に至るまで、近江臣氏が大和政権における対外軍事政策の立案・実行に関わっていたことは否定できない。周知のように（1）は、磐井の乱、継体・欽明朝内乱に関わる著名な記事であるが、従来においては、この所伝の内容から大和政権の半島政策の失敗を物語るものとする見解が支配的であった。ところがその後、この記事を再検討して、毛野臣を新羅と百済の挟撃にあって滅亡の危機にあった加羅諸国の自立政策を推進した倭国の外交担当者とみて、いわゆる「任那日本府」の創設者とする見解が有力となった（大山誠一「所謂

『任那日本府』の成立について」『日本古代の外交と地方行政』吉川弘文館、一九九九）。私も、毛野臣が、継体擁立に大きな力のあった近江の豪族であることから、実質的な継体朝における対外政策の立案者であり、「任那問題」で重要な役割を担っていたと推測している。

（2）は、いわゆる「国境」画定のため各地に派遣された使者の記事で、近年、これを国造制の成立に関わるものとする見解が有力になっている。ここで近江臣氏が阿倍臣氏や完人臣氏など、欽明朝以降台頭したとみられる有力豪族とともにこのような役割を果たしていることは、この時期の近江臣氏の政治的立場を示すものと考える。（3）については、これを近江の脚身臣と解して近江臣氏とは別系統の豪族とする見解もあるが、これはこのころから盛行する複姓と理解すべきであろう。近江脚身臣氏は、高島郡葦積郷（あしつみごう）に本拠を置く近江臣氏の支族ではないか。この新羅征討は、その顔ぶれからみて蘇我氏の領導になるものと考えられるが、（2）の所伝とともに、近江臣氏が、継体朝以降推古朝に至るまで、蘇我氏との良好な関係を軸に中央政府の中枢に有力な地位を得ていたことを示すものである。その役割は、ある意味で、小野妹子の活動の先駆けといってもいいと考える。近江臣のこうした活動を支えたのが、近江臣と同様に滋賀郡南部を本拠として活動した渡来人集団＝志賀漢人である。すなわち、先にみた滋賀郡南部地域に展開する、この地独特の古墳文化については、新たな移住民の居住を示すものであり、こうした新しい移住民の渡来人集団が、南部に本拠を置く近江臣だけでなく、北部の和邇部臣・小野臣・真野臣など和邇系の豪族たちの勢力拡大に、大きな役割を果したと考えられる。

4　滋賀郡南部の渡来人

志賀漢人の近江への移住

大津北郊で発見された、独特の性質を持つ渡来人のムラは、近年の調査で四世紀末から五世紀初めごろ、河内・大和の各地でも形成されていることが明らかになっている（大橋信弥「安羅加耶と倭国の初期交流——倭漢氏の出身地をめぐって」『韓国民族文化』第51集、二〇一四）。また、ミニチュアのカマドや銀製の釵子など特異な遺物を副葬する古墳も、少なからず発見されている。したがって、大津北郊に居住する渡来氏族・渡来人が、五世紀末から六世紀初頭に、最初に定着した大和・河内などから移住して集落を形成するとともに、山麓から傾斜地にかけて墓地を形成していたことが想定される。そして、この地に移住した渡来人集団は、『姓氏録』逸文が引用する「坂上系図」に大和の檜前が手狭になったため近江などの諸国に分置されたとある「漢人村主」にほかならない。移住した渡来人集団は、当初はこの地域の地名をとり志賀漢人と呼ばれたこと、後に大津北郊の穴太・大友・錦織などの小地域名により、穴太村主・錦織村主・大友村主（曰佐・史・漢人など）のウジ名を称するようになったとみている。

その移住の事情については、文献や近年出土の出土文字資料から明らかになった志賀漢人一族の近江各地における分布やその役割からしだいに判明してきている。すなわち、志賀漢人の近江における分布をみてみると、あくまでその本拠は滋賀郡南部であるが、それだけでなく浅井郡・坂田郡・犬上郡・愛知郡・神崎郡・野洲郡・栗太郡そして蒲生郡など近江各地に濃密な分布が知られる。またその居住地を詳しくみてみると、浅井郡では川道里（郷）に大友史氏、益田郷に錦曰佐氏、坂田郡では朝妻郷に穴太村主氏、犬上郡では「某」郷に穴太村主・錦村主・大友曰佐の諸氏が、愛知郡では平流五十戸（郷）に丹波博士（史）氏、神崎郡では雄諸郷大津里に大友氏、野洲郡では馬道郷に大友・登美史・石木主寸・佐多（直）らが、栗太郡でも木川郷に大友曰佐・志賀史らが居住しており、いずれも郡内で琵琶湖に隣接した地域に集中している。そして、その居住地には坂田郡の朝妻湊や神崎郡雄諸郷大津里、衣知評平流五十戸（郷）、野洲郡馬道郷のように港湾施設を伴っている場合が多い。これらの点から琵琶湖の水運のカナメである滋賀郡の大津に本拠を置く志賀漢人が琵琶湖の水上交通を活用した物流ネットワークを構築するため、近江各地の主要な港湾施設のある地に進出し、その周辺に拠点を拡大していった様相が推測されてくる。なお、先にみたように、大津北郊の古墳群の立地や構造から、渡来氏族の首長の墓や近江各地に進出した一族の「帰葬」を想定したが、現時点で具体的にどの古墳群が穴太村主や錦部村主氏一族の首長の墓域で、どの古墳群が穴太曰佐や錦部曰佐氏の、またどれが坂田郡の穴太村主一族の、浅井郡の錦部村主氏一族のとというように、特定できる段階ではない。今後の調査・研究の進展により、そうしたことも可能になるかもしれない（図12）。

志賀漢人の近江各地への進出

志賀漢人一族の近江への進出、近江各地への配置は、五世紀末から六世紀初めと考えられるが、周知のように六世紀以降の大和政権の内政・外交を領導したのは名実ともに蘇我大臣家であり、それを実質的に支えたのが、渡来氏族の雄倭漢氏であった。そ

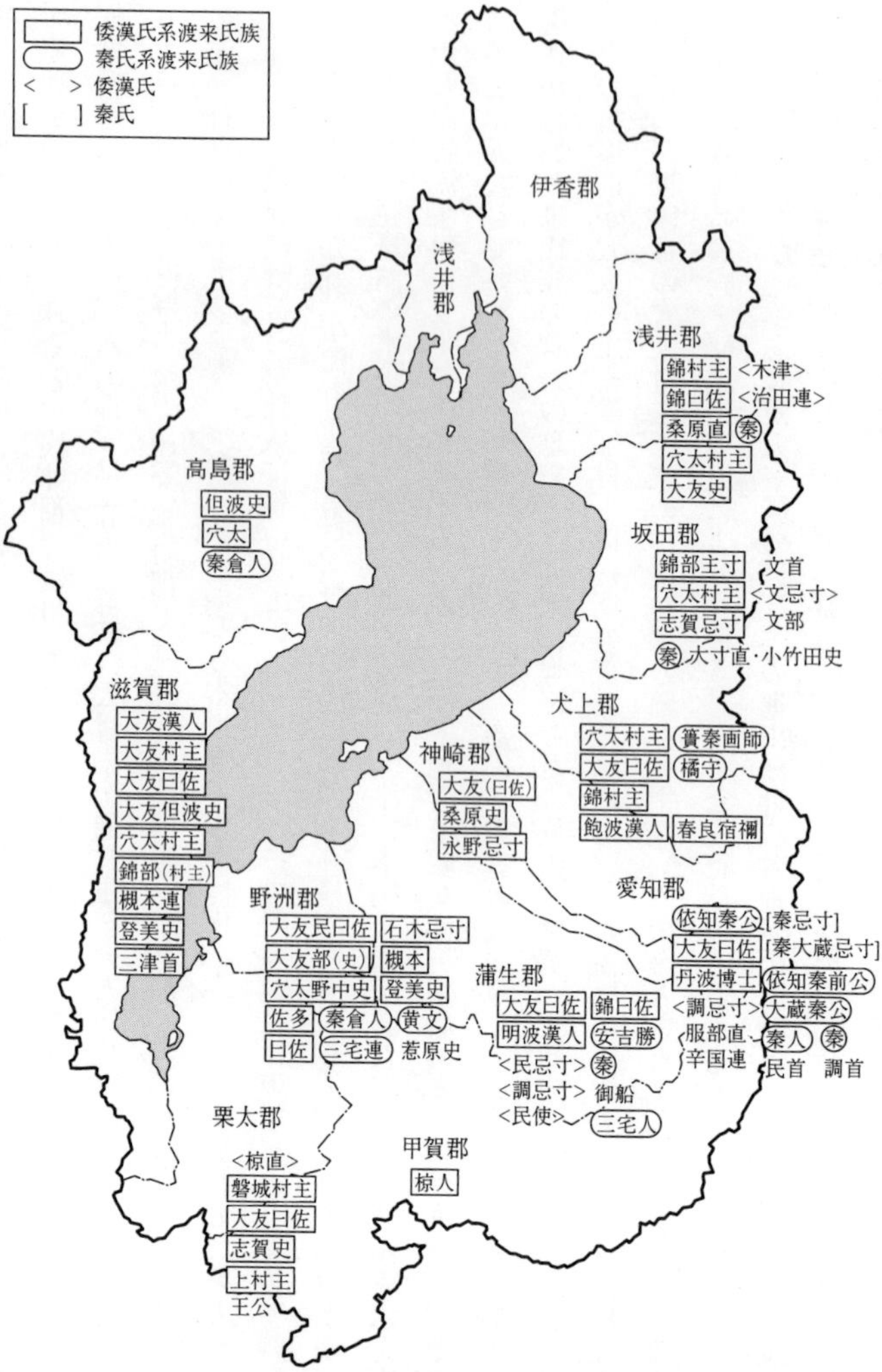

図12　古代近江渡来氏族分布図

してその倭漢氏を強力に支えていたのが近畿を中心に各地に拠点を構える漢人村主であった。おそらく六世紀以降、東国・北国と大和政権中枢を結ぶ物流システムの確立および日本海ルートの対外交渉を推進しようとする蘇我氏の指示により、倭漢氏が、河内・大和に拠点を持っていた大友村主・錦部村主・穴太村主など後の志賀漢人の一族を大津北郊に配置し、北陸・東海からの物資を集積する志賀津（後の大津）と、近江各地の積み出し地点やその港湾施設の一括管理を目指したものと考えられる。志賀漢人が大津北郊にとどまらず近江の各地に分布したのは、かかる物流システムを維持・管理するためであったと考えられる。

　こうしたシステムの確立に、この地の有力豪族近江臣がまったく無関係とは考えられない。近江臣は、先にみたように、蘇我氏同族として、継体朝以降その対外・対蝦夷などの重要政策に関わる軍事的な行動に携わっており、その地元である滋賀郡南部の渡来人集団の配置・管理にも当然関わっていたことが想定される。また先に少しふれたように、最初の遣隋使である小野妹子を出した小野氏の本拠は滋賀郡でも北部ではあるが、こうした滋賀郡南部の渡来人集団＝志賀漢人との連携があったことは、第二回の遣隋使にあたり同行した遣隋学問僧の中に、志賀漢人（しがのあやひと）恵隠（えおん）が加わっていることから裏付けられる。

5　滋賀郡の古代寺院と豪族

こうした古代豪族と古墳の関係は、飛鳥時代末から白鳳時代にこの地域に建立された古代寺院の分布と内容からも確認される。すなわち、近江には古代寺院跡とみられる古瓦の出土地が六十数箇所知られており、その多くが白鳳時代の創建になるものとされている。そして白鳳時代の近江では天智天皇の近江大津宮が造営され、大津北郊だけでなく、対岸の草津市北西部の湖辺に所在する古代寺院なども近江遷都と深く関わることが指摘されている。こうした考え方は、一般論としては理解できるが、近江大津宮に近接して造営されたからといって必ずしもその造営と関わったとはできないであろう。

大津北郊の寺院群

近江大津宮の所在する滋賀郡南部の大津北郊には、天智天皇が創建したとする崇福寺跡（すうふくじあと）をはじめ、穴太廃寺・南滋賀廃寺・園城寺遺跡・坂本八条廃寺の五つの古代寺院跡が確認されている（図13）。これらの寺院のうち、崇福寺の建立が朝廷と深く関わることはいうまでもないが、他の四寺院については、先に少しみたように、それぞれ集落跡の中心部に造営されており、基本的にはそれぞれの地域に居住する渡来氏族の氏寺とすべきであろう（大橋信弥「錦部寺とその造営氏族――南滋賀廃寺試論」前掲書。大橋信弥「再び錦部寺とその造営氏族について――『錦寺』刻書土器の発見に接して」『近江地方史研究』第44号、二〇一三）。飛鳥時代の諸宮が所在する飛鳥地域においても、蘇我氏に関わる飛鳥寺・山田寺な

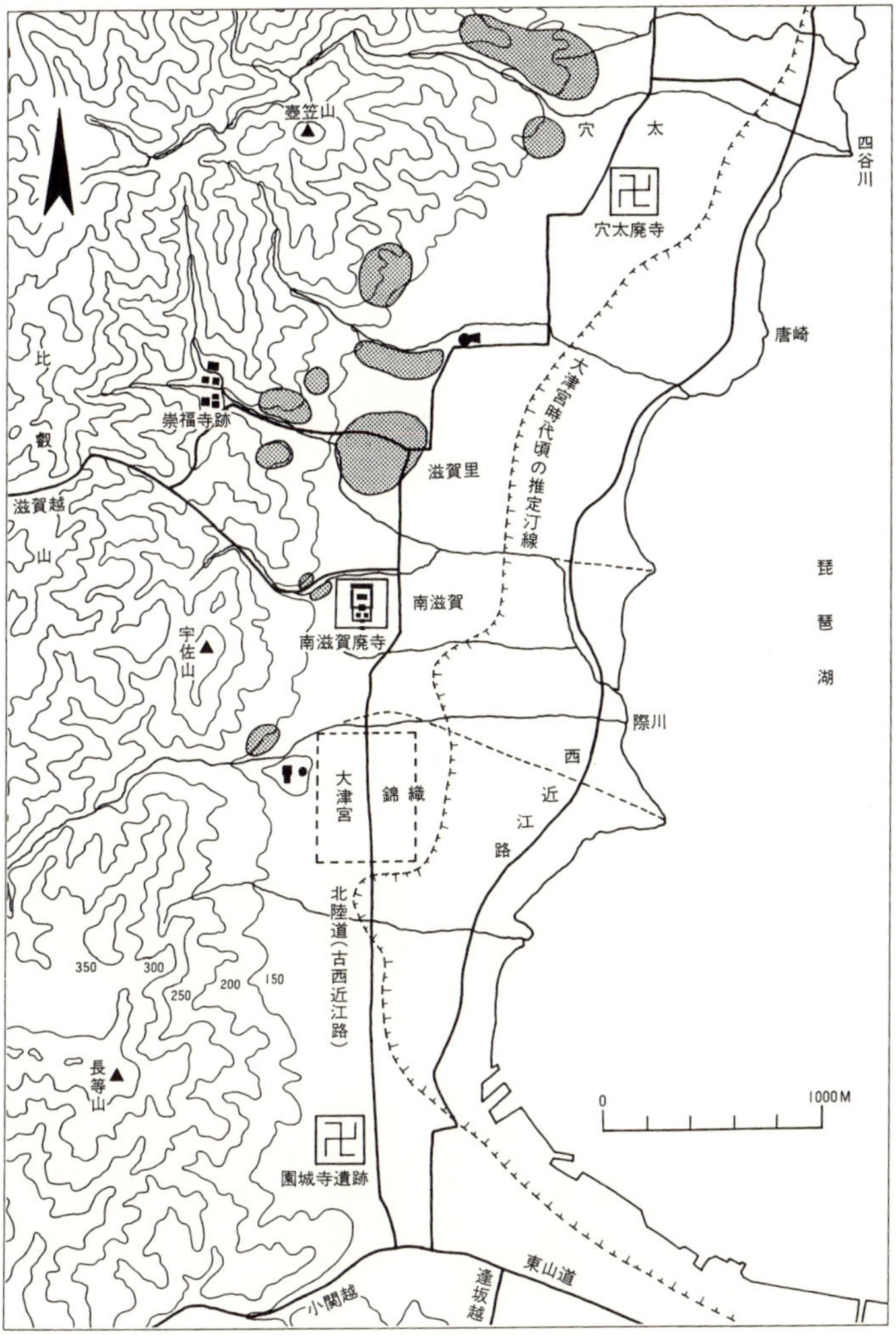

図13　大津北郊の古代寺院分布図

写真４　大津北郊の古代寺院出土軒瓦（滋賀県教育委員会所蔵）

ど氏寺が造営されており、必ずしも宮の造営と氏寺の造営を関係付けて考える必要はないのである。

これらの古代寺院と近江大津宮が関わるとする大きな論点の一つは、この地域に集中して分布する軒丸瓦（のきまるかわら）・軒平瓦（のきひらかわら）の文様構成・規格の共通性である。この地域の白鳳時代の瓦には、大きく二系統のものがあり、蓮華文方形軒瓦（いわゆるサソリ文瓦）・大ぶりの単弁八弁蓮華文軒丸瓦と素文方形軒平瓦のセット（Ⅱ期）と、いわゆる大和川原寺式の系譜を引く、複弁八弁蓮華文軒丸瓦と重弧文軒平瓦からなるセット（Ⅲ期）の二系統が共用していたとされている。しかしながら、四つの寺院のうち、崇福寺跡ではⅡ期の瓦群は使用されておらず、Ⅲ期の瓦が若干出土しているにすぎない。しかも瓦の出土そのものが少なく、天智朝創建の寺院には瓦が葺かれていなかった可能性も考えられている。

崇福寺跡を除く三つの寺院は共通した瓦群を使用しているが、寺院の規模や伽藍配置、使用瓦のデザインなどはまったく同一ではなく、少しずつ異なっており、それぞれの個性を持っている。先にみたように、大津北郊には志賀漢人と総称される渡来氏族の一団が多数居住し、滋賀郡南部の居住者の大半を占めている。文献で確認されるのは推古朝が古く、多くが奈良・平安時代のものであるが、この地域独特の後期群集墳の分布や、それに対応して独自の集落構成をとる集落・建物群のあり方から、こうした渡来人集団の集住は五世紀末以降さみだれ的になされ、いくつかの集団に分かれて居住していたことが推定される（写真4）。

渡来人の寺

こうした大津北郊に居住する志賀漢人と総称される渡来氏族の一団は、先にみたように、その居住地や職掌などによりいくつかの氏族に分枝しているが、そのいっぽう自分たちの始祖を「後漢献帝」とする同族的な結合も長く維持している。崇福寺跡を除く三つの寺院が使用する瓦を共通にしているのは、こうした氏族としての一体性を示すものである。

ただ、これらの中でやや異質な性格が指摘されているのが、坂本に所在する坂本八条廃寺である。この寺院についてはその一部の調査がなされただけで、発見されたのは、大量の白鳳時代の瓦と周りに溝をめぐらせた大型の掘立柱建物・平安時代の梵鐘鋳造遺構などで、直接寺院に関わる建物跡は知られていない。軒丸瓦のデザインはほぼ南滋賀廃寺・穴太廃寺・園城寺前身寺院などと共通するが、この地域に特徴的な方形瓦の出土はなく、未発見の滋賀郡衙とする意見も出されている（細川修平「4．坂本八条遺跡発掘調査報告」『大津市埋蔵文化財調査報告書10　滋賀里・穴太地区遺跡群発掘調査報告書3』大津市教育委員会、一九八五）。この地域は大友郷の中心でもあり、志賀漢人の有力氏族である大友村主の氏寺という可能性もあるが、滋賀郡南部の首長とみられる近江臣の氏寺とすることも一案かと考える。ただ、近江臣は壬申の乱において近江朝廷側について没落したとみられ、ここでは保留しておきたい。

いっぽう、滋賀郡北部の堅田地域では、真野川右岸の春日山古墳群の東、琵琶湖よりの山麓に、真野廃寺、衣川廃寺がある。

衣川廃寺　衣川廃寺については、すでに数次にわたる調査がなされ、史跡整備もされている。穴太廃寺の前身寺院と同じように、飛鳥時代の末、七世紀に建立された近江でも最古の古代寺院である。年代的にも、小野妹子の時代に関わる可能性も指摘されている。琵琶湖の西約九百メートル、標高約百六メートルの堅田丘陵の東端に所在し、寺院中軸のほぼ中央の西よりと南半分の東よりの二ヶ所に基壇があり、それぞれ金堂と塔のものと推定されている。南側の斜面から瓦窯が一基見つかっており、金堂基壇の下からは、寺院造営時に使用された工房とみられる竪穴建物が見つかっている（『衣川廃寺発掘調査報告』滋賀県教育委員会、一九七五。『大津市埋蔵文化財調査報告書30　史跡衣川廃寺跡整備事業報告書』大津市教育委員会、二〇〇〇）。

衣川廃寺出土の軒丸瓦は単弁蓮華文軒丸瓦や複弁蓮華文軒丸瓦、忍冬文軒丸瓦などで、多様な種類のものがあり、衣川廃寺の特徴である。他に瓦塔の出土もみられる。塔の基壇は平面形が正方形を呈し、版築は五十センチメートルほど確認されている。基壇の周囲は特別な外装を施さない簡素なもので、基壇上からは心礎や礎石などは見つかっておらず、規模などは不明である。また金堂の基壇は東西約十八メートル、南北約十五メートルで、南を正面とする横に長い建物があったと思われる。塔基壇と同様に版築により築かれ、基壇周囲の外装も認められない。基壇上には礎石は見つかっていないが、根石の痕跡が一部で見つかっている。なお、金堂基壇北辺では、瓦片と石を敷き詰めた遺構が見つかっており、基壇築成過程の痕跡ないし基壇裾に敷かれたものと考えられている。これが基壇裾になるなら、金堂基壇の北東部は二・三メートル以上の高さを持つことになる。瓦窯は斜面にトンネル状に掘り築造された「穴窯」と呼ばれるものである。鳥居形の石組を持つ焚口・燃焼部は階段状に成形され、上部に煙出しが造られ、排水施設が燃焼部床下で確認されている。塔は当初計画通りには完成しなかった模様で、その後も新たな堂塔の建設をみることなく、何らかの事情で中断したようである。金堂のみの小規模な寺院として細々と存続し、平安時代の終わりころには廃寺となったようだ。

衣川廃寺の西側の山麓には、先にみたようにおおよそ五世紀中ごろから後半とされている全長四十六メートルの帆立貝式古墳、西羅一号墳が築造されており、西羅一号墳から五百メートル南の滋賀丘陵の先端部に、採取された円筒埴輪から五世紀前半とされる径二十三メートルの円墳、坂尻一号墳と、径十六メートルの円墳、同二号墳が築造されている。こうした有力な古墳を築造した一族が築いた寺であろう。

真野廃寺

真野廃寺（中村廃寺）は、真野川の右岸、現在の大津市真野一丁目・二丁目（旧真野町中組）に所在し、かつてこの地からは古瓦が出土していた。小字名に観音堂などの名称が残っており、この付近には条里地割と異なる正南北の地割が残されているところから、古代寺院の存在が想定されていた。しかしこれまで寺院に関わる遺構の発見はなく、出土の瓦も現在では実物が失われ、写真が残されているだけであった。これまでに発見された瓦は、弁間に珠文を持つ単弁八葉蓮華文軒丸瓦と、素文縁複弁八葉蓮華文軒丸瓦の二種類で、六世紀中ごろから七世紀前半にかけての白鳳時代に建立されたと考えられていた（西田弘「真野廃寺」『近江の古代寺院』近江の古代寺院刊行会、一九八九）。ところが、近年、この地域に道路建設が計画され、平成二十一・二十二年度におこなわれた発掘調査により瓦窯が発見され、寺院に関わる遺構こそ発見されなかったが、有力な手がかりを得ることができた。窯跡は全長約七メートル、幅約一・四メートル、高低差二メートルで、寺の中枢部の推定地から南約二百メートルの位置にある。六世紀初めの円墳（直径約十七メートル）の墳丘斜面を利用して構築されていた。「焚き口」を墳丘の裾に築き、墳丘の斜面をトンネル状に掘って焼成部を造っていたが、焼成部の奥は天井部分が粘土や瓦で造られており、途中で突き抜けて地上に口が開いた平窯の形式で、屋根などを別に備えたらしい。壁面の裏込めとして積まれた瓦には、白鳳時代の瓦にみられる格子目のたたきがあり、また瓦窯の北側からは、真野廃寺と先にみた衣川廃寺から出土した三種類の単弁八葉蓮華文軒丸瓦が出土しているが、この窯で焼かれた瓦かどうかは不明である（『真野廃寺発掘調査報告書　都市計画道路3・4・21号道路改良事業に伴う』大津市埋蔵文化財調査報告書、大津市教育委員会、二〇一四）。

真野廃寺の南西三百メートルには、先にみた総数百十二基からなる春日山古墳群が所在する。この古墳群では前方後円墳である春日山一号墳・一二号墳をはじめ、径三十メートルの円墳一八号墳・二二号墳、箱式石棺の五基などが五世紀代に築造されており、横穴式石室墳十八基が後続している。さらに山丘の奥まったところに八十九基からなる後期群集墳が分布しており、いずれも真野廃寺に関わる豪族の奥津城とも考えられよう。ただ、真野廃寺の平成二十一・二十二年度の発掘調査で、古墳時代後期初頭の、規模の大きい円墳三基が発見されている。一号が二十六メートル、二号が十七メートル、三号が二十メートルである。墳丘は削平されているが、周濠と一号墳では木棺直葬の主体部が検出され、棺内からは金環二点・銀環・ガラス小玉・碧玉製管玉・滑石製臼玉が、棺外で須恵器各種が出土している。春日山古墳群の有力墳にも引けをとらない規模・内容であり、真野廃寺を造営した豪族に直接関わる可能性もある。

滋賀郡北部の古代寺院

真野廃寺・衣川廃寺はいずれも真野川右岸に築造されており、左岸の小野・和邇地域では、現在のところ、瓦の出土は知られておらず、古代寺院の空白地域となっている。これをどのように考えるかは大きな課題といえる。左岸の勢力が右岸に寺院を造営したのか、中核となる勢力が左岸から右岸に居住地を変更したのか多くの謎が残る。何よりもこの時期は小野妹子が中央政界に進出し、大きな役割を果たしているころであり、小野氏に関わる寺院がないのも不思議なことといわざるを得ない。

この点については後に詳しく考えたいが、『姓氏録』の真野臣に関わる所伝が手がかりとなる。すなわちそこには、和邇氏の祖、考昭天皇の皇子天足彦国押人命（あまたらしひこくにおしひとのみこと）の三世孫彦国葺命（ひこくにぶきのみこと）の子大矢田（おおやた）宿禰（すくね）が新羅国王の娘を妻とし、佐久命（さくのみこと）・武義命（むぎのみこと）の二人の男子をもうけ、その佐久命の九世孫である和珥部臣鳥と務大肆忍勝らが、「近江国志賀郡真野村に居往す。庚寅年、真野臣姓を負ふなり」とあり、持統朝の前後に真野村に居住していた和邇部臣氏の一族が、真野臣に改氏姓したことが述べられている。少し先走って述べるなら、この所伝から、持統朝より前に、本来、北の和邇川流域を本拠としていた和邇部臣の一派が真野村に移住し、居住地にちなんで真野臣を称することになったと考えるか、そうではなくもともとこの地に居住していた和邇部臣の一族が、持統朝ごろに和邇部臣から自立して真野臣を称することになったと考えるかは慎重に判断する必要があろう。ただいずれにしても、真野廃寺・衣川廃寺のいずれかが和邇部臣の一族真野臣の氏寺であることには間違いないだろう。

以上、小野氏の出身地である滋賀郡北部の古墳文化と、古代寺院の様相をみてきた。それによるなら、この地では真野川の右岸と左岸、一部和邇川の右岸に四世紀代には有力な古墳が相次いで築造され、大和政権との関係が早い段階から始まっていたことが判明する。この真野川の左岸と右岸の勢力が、同一の政治勢力であるのか、別勢力であったのかについては、決定的な資料はないが、ともに和邇部臣を称していたことは間違いなく、細部はともかく、一つの政治グループ（連合体）として、後に和邇部臣＝近淡海国造となる勢力であったと考えられる。五世紀段階になると、その規模はしだいに縮小し、勢力は低下したとみられるが、六世紀後半以降、それぞれの地域の勢力が再び活性化し、有力な首長墓を築造しており、六世紀後半ごろには右岸に衣川廃寺・真野廃寺という二つの古代寺院が造営されている。この時期には、右岸に政治的な重心が移動していることがうかがえる。しかしながら、左岸には現在のところ古代寺院は発見されておらず、小野臣に関わる寺院をどのように考えるかという問題が残っている。二つの寺院のうちいずれかを小野氏に関わるとするのも一案ではあるが、真野臣・小野臣と真野廃寺・衣川廃寺との関係性が明確でなく、現時点では保留とするほかない。

小野氏の氏寺

小野臣の氏寺については、推古朝のころにはその中枢は中央に進出し、和邇氏一族の本拠地である大和国添上郡の和爾の地に造営されていたとも考えられる。そのことを必ずしも裏付けるわけではないが、先に少しふれたように、『東大寺要録』の末寺条には、和銅元年（七〇八）に天武天皇の病の平癒を祈り小野中納言為忠が願興寺を建てたとあり、この寺は大和国添上郡の上津和邇の地にあったとしており、小野氏が和邇氏の本拠に寺院を造営していることがうかがえる。実際、小野氏一族に中納言為忠なる人物はいないし、また、天武は和銅年間には生存しないから、明らかに誤伝である。しかし、和銅元年は元明女帝の治世で、当時の中納言は小野朝臣毛野であるから、この時願興寺を建立したのは毛野であった可能性が高い。もしそうなら、毛野のころには小野氏の本拠は、すでに和爾の地であったことになる。また、『三箇院家抄』という文献には、興福寺大東院門跡領の大宅庄の四至について、「東の限は、故小野卿の墓。南の限は、山。西の限は、上限。北の限は、八嶋山陵」とあり、八嶋山陵は崇道天皇陵であるから、和邇一族の大宅氏の本拠に近い場所といえる。したがって、必ずしも「故小野卿」が毛野とはいえないが、小野氏の墓地が和邇一族の集住する土地にあったことがうかがえる。小野氏は、妹子が朝廷で枢要の地位につき、和邇氏同族の中で「氏上」的な地位についたことからその本拠を大和和爾の地に移し、その氏寺を近江でなく大和和爾に造営した可能性は高いと思う（岸俊男、前掲論文）。

本章では小野氏の出身地における動向をみる前提として、主として考古資料によって五世紀から七世紀の「滋賀郡」を北部を中心にみてきた。この地が地勢的にも近江のカナメとなる地域で、近畿から北と東への出入り口であり、琵琶湖という物流の大動脈の起点となる場所であることは特に注目されるところであろう。大和政権にとって物流・軍事における要衝であったことは、古代史上、倭国がその存立の最大の危機であった百済救援戦争後において、近江大津宮が置かれたことからも理解されるであろう。この地に大和政権の中枢を構成する、和邇氏と蘇我氏が深く関与していたことはそのためであったとみられる。そして、両氏に関わる和邇系の諸氏と近江臣が、この地において勢力を持っていたのは当然であろう。そこで次に、この地の和邇系諸氏の実態を中央豪族和邇氏との関わりの中で考えてみたい。

第三章　小野氏と和邇氏の同族——和邇氏同祖系譜の形成

1　まぼろしの古代豪族和邇氏

和邇氏同祖系譜

小野妹子を出した小野氏のルーツを調べるにあたって、まず取り上げなければならないのは、その同族のことである。小野氏は、和邇氏という古代の名族の一員という記録があり、日本の古代では、こうした同族、その始祖を同じくする同祖氏族が大きな役割を担っていた。すなわち和邇氏は、小野氏も含む、多くの古代豪族の集合体であり、それがその政治的・経済的な大きな勢力基盤でもあった（和邇氏については、和迩・和爾・和珥など表記されるが、引用史料以外は便宜的に和邇と記す）。

『古事記』の孝昭天皇のところには天皇の第一皇子である天押帯日子命（あめおしたらしひこのみこと）を始祖とする春日氏など十六の氏族名が書かれていて、その中に小野氏がみえる。

此ノ天皇（孝昭）、尾張連之祖、奥津余曽之妹、名は余曽多本毘売命に娶して、生みませる御子、天押帯日子命。次に大倭帯日子国押人命。（二柱。）故、弟帯日子国忍人命（孝安）者、天下治しき。兄天押帯日子命者、〈春日臣・大宅臣・粟田臣・小野臣・柿本臣・壱比韋臣・大坂臣・阿那臣・多紀臣・羽栗臣・知多臣・牟耶臣・都怒山臣・伊勢飯高君・壱師君・近淡海国造之祖ソ。〉

この始祖系譜はいわゆる和邇氏同祖系譜と呼ばれるものである。詳しくは後にみるが、この系譜には、当然あるはずの和邇氏の名がみえないことから議論がある。しかしながら、これに対応する『書紀』の孝昭天皇二十八年正月条には、「天足彦国押人命、此は和珥臣等の始祖なり」とあり、『古事記』の系譜も和邇氏同祖の系譜であることが確認できる。いっぽう、古代豪族の来歴をまとめた、『新撰姓氏録』（以下『姓氏録』と略記）という書物には、左京皇別下に小野朝臣、山城皇別に小野朝臣と小野臣がみえ、それぞれその始祖を、天押帯日子命（天足彦国押人命）の子大彦命、孫の建沼河別命・比古伊那許士別命・波多武日子命・紐結命、曽孫の彦屋主田心命・磐鹿六雁命・稚子臣などとしている。『古事記』の系譜と重複するものも含め、四十一氏という多くの氏族が同族関係にあることが書かれており、和邇氏が大きな同族団を形成していたことがわかる。こうした同祖系譜はどのような歴史的背景を示しているのか。また、小野氏はその中で、どのような位置・性格を持っていたのであろうか。

古代の氏族と同族

そのことを具体的に考える前に、古代の氏族について、その特徴と独自性について、簡単にみておく必要がある。律令時代においては、中国から取り入れた高度な官僚機構が優先されることで変質するが、それ以前においては、大王を頂点とする政府は、ウジとカバネ、いわゆる氏姓に基づく秩序により組織されていたとみられている。すなわち、必ずしも自明のことではないが、当時の古代豪族は、中央・地方を問わず、血縁・非血縁（擬制）に関わりなく、蘇我氏・物部氏のように、政治組織としてのウジを形成し、政府の一角に何らかの地位を得て、大和政権を構成していたとみられる。ウジの名は、その中核を構成する豪族の居住する地名や、政府において役割を担う「職」名からなるものが多く、本来列島内に基盤のなかった渡来氏族も同様に氏族組織を形成し、政府に登用される道を歩んでいる（平野邦雄『大化前代社会組織の研究』吉川弘文館、一九六九）。

カバネは、そうした氏族を階層的に秩序化する機能を持つとみられるが、ウジとカバネは不可分に連動する側面もあるようである。たとえば、蘇我のような中央氏族の有力者は臣・君などを、物部・大伴などの職能に関わる氏族は連・造などを称しており、伝承上では、こうした氏姓は、大王から賜るものとされている。こうした制度がいつごろ出来たかについては議論が分かれるが、埼玉県稲荷山古墳出土の鉄剣銘（てつけんめい）にはまだウジ名はみられないが、地方豪族の子弟が「杖刀人（じょうとうじん）の首（おびと）」という「職」をもって代々大王に奉事していたとあり、合わせてその始祖系譜を載せていることから未熟ながらも制度として五世紀代から形成されていたことがわかる。今日では六世紀ごろには制度化されたとみられている。氏族は、このように、もともと擬制的な同族組織ではあるが、その組織の拡大過程において、地方豪族も含めた広い同族組織へと拡充されたとみられる。こうした制度は、大和政権が、大王を頂点とし中央・地方の有力豪族を糾合した、豪族連合であったことを明確に示しているといえよう。

岸俊男の先駆的業績

古代史上の和邇氏の存在が注目されるようになったのは、それほど古いことではない。『古事記』『書紀』に、少なからず所伝を残す氏族であっても、葛城氏（かつらぎし）・蘇我氏・平群氏（へぐりし）・大伴氏・物部氏などのように政治史上に顕著な活躍がみえないところから、それほど注目されなかったのであろう。そうした中で、古代豪族研究に新局面を切り開いた、葛城氏についての井上光貞の研究（「帝紀からみた葛城氏」『日本古代国家の研究』岩波書店、一九六五）に触発された岸俊男が、初めてその基礎的な考察を試み、その意外に大きい存在感を明らかにした（「ワニ氏に関する基礎的考察」『日本古代政治史研究』塙書房、一九六六）。岸は、和邇氏に関わる伝承をはじめ、同祖系譜・皇妃に関する記載・和邇部の分布などについて、包括的な分析を加え、次のように指摘している。

（1）和邇氏は、記紀の后妃に関する記載によるなら、おおよそ五世紀前半と六世紀に大王家の外戚として政局を左右した葛城氏と蘇我氏の中間にあり、五世紀後半から六世紀に多くの后妃を輩出しており、外戚として朝廷で重要な位置を占めていたとみられる（表3）。

（2）和邇氏出身の后妃は、他の后妃と異なり、その所生した皇子の即位は武烈（ぶれつ）のみで少ないが、「その皇女が多くまた再び后妃となるように、后妃関係が重複されて」おり、政治の表面に現れない勢力

表3　記・紀にみえる豪族出身の后妃

天　皇 (　)は女帝	葛城氏 記	葛城氏 紀	ワニ氏 記	ワニ氏 紀	蘇我氏 記	蘇我氏 紀	その他の豪族 記	その他の豪族 紀
神　武								
綏　靖							師木県主1	〔磯城県主1，春日県主1〕
安　寧							師木県主1	〔磯城県主1〕
懿　徳							師木県主1	〔磯城県主1，磯城県主1〕
孝　昭							尾張連1	尾張連〔倭1，磯城県主1〕
孝　安								〔磯城県主1，十市県主1〕
孝　霊			1（春日）	〔1(春日)〕			十市県主1	磯城県主1，倭1，〔十市県主1〕
孝　元							穂積臣2 河内1	物部氏1，穂積臣1　河内1
開　化	1		1	1			穂積臣1，丹波大県主1	物部氏1，丹波1
崇　神							尾張連1，木国造1	尾張1，紀伊1
垂　仁							丹波？3，山代2	山背2，丹波4
景　行							吉備臣2，日向1	阿倍氏1，三尾氏1，播磨1，日向1
成　務							穂積臣1	来熊田造1
仲　哀								
応　神	1		2	2			桜井田部連1　日向1	桜井田部連1，日向1
仁　徳	1	1	(2)	(1)			日向1	日向1
履　中	1	1						
反　正			2	2(大宅臣)				
允　恭								

天皇 ( )は女帝	葛城氏		ワニ氏		蘇我氏		その他の豪族	
	記	紀	記	紀	記	紀	記	紀
安康								
雄略	1	1	1	1(春日和珥臣)				吉備上道臣1
清寧								
顕宗								
仁賢			1	1 (1)				
武烈				〔1？〕				
継体				1			阿倍1 尾張連1 茨田連1 三尾君2	尾張連1，茨田連1，三尾君2
安閑				(1)				許勢臣2，物部連1
宣化							川内1	大河内1
欽明			1（春日）	1(春日臣)	2	2		
敏達			1（春日）	1(春日臣)	(1)	(1)	伊勢大鹿首1	伊勢大鹿首1
用明					1(1)	1(1)	当麻倉首1	葛城直1
崇峻								大伴連1
(推古)								
舒明						1		吉備1
(皇極)								
孝徳						1		阿倍臣1
(斉明)								
天智						3		阿倍臣1，忍海造1，越道君1 栗隈首1，伊賀1
天武						1(2)		藤原氏2，宍人臣1，胷形君1
(持統)								

備考：(数字) はその氏から出た后妃の女子が再び后妃となった場合の人数を示す。
〔 〕は書紀の一書の記載

を、王権内部（内廷）に築いていた。
（3）和邇氏に関わる伝承の中で注目されるのは、反乱の鎮圧など国内の征討に関わるものが顕著なことで、大和政権による国内統一に重要な役割を果たしたことが推測される。
（4）その同族や和邇部の分布は、山城南部から北部、近江から東国・北国、西国へも広がって、国内の統一過程の範囲や継体天皇の擁立勢力の分布と重なっており、和邇氏の役割をうかがわせる（表4）。
（5）その本拠地については、今日残されている資料によるなら、現在の天理市櫟井町大字和爾を中心とする地域とみられ、同祖系譜にみえる有力な同族の本拠も、奈良盆地東北部から山城・南近江に集中しており、和邇氏の勢力拡大過程がうかがえる（図14）。
（6）『古事記』の和邇氏同祖系譜に和邇氏の名はみえず、変わって春日氏の名がみえるところから、和邇氏本宗が、欽明朝以降、その本拠を和爾の地から北の春日に移し、春日と称することになり、和邇氏の名は使用されなくなったとした。ただ、『古事記』の同祖系譜のように、和邇氏同族を総称する時には、引き続き用いられたとする。

その後の研究と課題

このように和邇氏は、歴史の表舞台にはそれほど大きな存在として登場しないが、王権を内部から支える重要な存在であることが明らかになった。その後、岸の指摘を継承していくつかの論点が深められている。
（1）和邇氏の伝承については、和邇氏による「旧辞」の述作を詳細に追及した、黒沢幸三の研究が

表4　和邇氏同族・和邇部分布図

国	郡	郷	人名	身分	年紀	出典
大和	添上郡	某郷	丸部	家地売人	弘仁七・十一・二十一	「雄豊王家地相伝券文」『平遺』一—一二八
		某郷	丸部男人	保証刀祢	延喜五・十・六	「辛人稲守家地売券」『平遺』一—一八六
		某郷	和邇部福貴	刀祢	延喜十一・四・十一	「東大寺上座慶賀愁状」『平遺』一—三一七
		某郷	和邇部貞心	刀祢	延喜十一・四・十一	「東大寺上座慶賀愁状」『平遺』一—三一七
		楢中郷	丸部宿禰時忠	家地売人	康保五・三・二十二	「藤原某家家地売券」『平遺』一—四二四
		某郷	丸部大平	家地売人	天元三・二・七	「丸部大平家地売券」『平遺』二—四五七
		春日郷	大春日朝臣難波麻呂		延喜・十二・二十三	「大和国添上郡司解」『平遺』一—三
		春日郷	大宅朝臣船人	出雲国員外掾	宝亀・八・十一	「大宅朝臣船人牒」『大日古』六—三八九
		志茂郷	大宅朝臣賀是麻呂		天平十三・閏三・七	「右京職移」『大日古』二—二八二
		大宅郷	大宅朝臣可是麻呂	戸主	天平勝宝元・十一・三	「大宅朝臣可是麻呂貢賤解」『大日古』三—三二六
		某郷	大宅金方	郡老	延喜十一・四・十一	「東大寺上座慶賀愁状」『平遺』一—三一八
		某郷	大宅真演	擬主政	延喜十一・四・十一	「東大寺上座慶賀愁状」『平遺』一—三一八
		楢中郷	粟田朝臣勝麻呂	戸主	天平宝字八・十□・	「祝園郷地賣買券」『大日古』五

					□□	—五一一
		上津和邇	小野中納言為忠		（和銅元年）	『東大寺要録』六
		大岡郷	柿本臣佐賀志	戸頭	天平十四・十一・十五	「優婆塞貢進解」『大日古』二—三一四
		大岡郷	柿本臣大足	戸口	天平十四・十一・十五	「優婆塞貢進解」『大日古』二—三一四
		某郷	柿本朝臣安吉	郡老	貞観十四・十二・十三	「石川瀧雄家地売券」『平遺』一—一六五
	添下郡	佐紀郷	丸部国足		宝亀三年	『京北班田図』
		佐紀郷	丸部石村		宝亀三年	『京北班田図』
		佐紀郷	丸部白麻呂		宝亀三年	『京北班田図』
	（十市郡）		和仁部貞行	大工		「桜井市青木廃寺出土瓦銘」
	平城京内		粟田吉売		天平五年	「右京計帳」『大日古』一—四九九
			粟田臣族宿奈麻呂　他に、三田麻呂・太麻呂・沙弥・三嶋売の四名		天平五年	「右京計帳」『大日古』一—四九九
山背	愛宕郡	出雲郷	丸部袁美奈売		神亀三年	「山背国愛宕郡雲上里計帳」『大日古』一—三六〇
		鳥部郷	粟田朝臣弓張		天平十五・正・七	「優婆塞貢進解」『大日古』八—一六一
		小野郷	小野朝臣毛人		天武六・十二	墓誌
		小野郷	小野朝臣当岑		天平五年	「右京計帳」『大日古』一—五〇九
		小野郷	小野臣		弘仁四・十・二十八	『類聚三代格』巻一
		某郷	小野臣袁射比売		天平五年	「右京計帳」『大日古』一—五二五
		某郷	櫟井朝臣牛甘		天平五年	「右京計帳」『大日古』一—五〇九

		某郷	櫟井朝臣刀自売		天平五年	「右京計帳」『大日古』一—五〇九
		某郷	櫟井朝臣奈等売		天平五年	「右京計帳」『大日古』一—五〇九
		某郷	和邇部臣弟足	少領		「和邇部氏系図」
		某郷	和邇部臣大居	主政		「和邇部氏系図」
		某郷	和邇部臣男人	少領		「和邇部氏系図」
		某郷	和邇部臣真楫	擬少領		「和邇部氏系図」
	宇治郡	山科郷	大宅豊宗		康保元・十二・十三	「醍醐寺牒」『平遺』一—四一〇
		小栗栖郷	大宅広門		康保元・十二・十三	「醍醐寺牒」『平遺』一—四一〇
		某郷	大宅臣園継	主政	嘉祥三・四・十一	「土地売券」『東大』二—四〇〇
	紀伊郡	某郷	大宅広足	画工司画師	天平宝字二・二・二十四	「画工司移」『大日古』四—二五九
	葛野郡	檜原郷	和邇部常川	戸主	天長五年	『葛野郡班田図』
		檜原郷	和邇部真富	戸主	天長五年	『葛野郡班田図』
		檜原郷	和邇部福貴永	戸主	天長五年	『葛野郡班田図』
		檜原郷	和邇部酒人	戸主	天長五年	『葛野郡班田図』
	乙訓郡		葉栗（臣）翼		宝亀七・八・八	『続日本紀』
	某郡		大宅臣福主	遣唐史生	承和三・五・二	『続日本後紀』
	京内	左京	和邇部太田麻呂	雅楽少允	貞観五・八・八	『日本三代実録』
近江	滋賀郡		淡海臣		孝元天皇段	『古事記』
			近江臣毛野	征新羅将軍	継体二十一・六・三	『日本書紀』
			近江臣満	東山道使	崇峻二・七・一	『日本書紀』
			近江脚身臣飯蓋	新羅征討副将軍	推古三	『日本書紀』
			近淡海国造		孝昭天皇段	『古事記』
			小野臣		孝昭天皇段	『古事記』
		小野村	小野臣妹子	遣隋大使	推古十五・七・三ほか	『日本書紀』『新撰姓氏録』左京皇別下
		某郷	丸部国足		天平宝字二・二・二	「画工司移」『大日古』四—二五九

					十四	
		真野村	真野（和珥部）臣鳥		庚寅年（持統四年）	『新撰姓氏録』右京皇別下
		真野村	真野（和珥部）臣忍勝	務大肆	庚寅年（持統四年）	『新撰姓氏録』右京皇別下
		和邇村	和邇部臣		弘仁四・十・二十八	『類聚三代格』巻一
		某郷	和邇部臣弓束		天智三・二	『和邇部氏系図』
		某郷	和邇部臣君手	舎人	天武元・六・二十二	『日本書紀』『和邇部氏系図』
		某郷	和邇部臣濱主			『和邇部氏系図』
		某郷	和邇部臣大石	志我郡大領		『和邇部氏系図』
		某郷	和邇部臣伯麿	志賀郡大領		『和邇部氏系図』
	高島郡		都怒山君		孝昭天皇段	『古事記』
			角山（君）家足	前少領	天平宝字八・九・十八	『続日本紀』
		川上里	丸部臣安麻呂			「長屋王家木簡」『平木概』二一—三二
	坂田郡	上坂郷	丸部豊嶋	戸主		「二条大路木簡」『平京木』三ほか
		長岡郷	丸部今継	郷長	弘仁十四・十二・九	「近江国長岡郷長解」『平遺』一—三三
	犬上郡	尼子郷	羽栗臣国足	戸口	天平十八・四・二十五	「写経所解」『大日古』三—七九
			羽栗臣伊賀万呂	戸主	天平十八・四・二十五	「写経所解」『大日古』三—七九
	愛智郡		丸部光成	愛智荘荘司	康保三・四・二十一	「近江国愛智荘司等解」『平遺』三—一〇〇八
	蒲生郡		丸部臣黒（満）		天平三年～天平十一年	「二条大路木簡」『平木概』二九—三二
	某郡		丸部男公		天平宝字六・正・十五	「造石山院所公文案帳」『大日古』一五—二四〇
若狭	遠敷郡		丸部臣真国			『平木概』二一—三二〇一

越前	三方郡	竹田部里	和爾部大伴	戸主		『評制下荷札木簡集成』一三七
		耳郷	丸部真前	戸主		『平木概』三二―一三
	足羽郡	安味郷	丸部月足	戸主	天平神護二・十・二十一	「越前国司解」『大日古』五―五八五
		上家郷	丸部五百嶋	戸主	天平神護二・十・二十一	「越前国司解」『大日古』五―五九一
		道守村	丸部孫麿		天平神護二年	「越前国足羽郡道守村開田地図」『東南』四―五
	坂井郡	桑原駅家	丸部　度	戸主	天平神護二・十・二十一	「越前国司解」『大日古』五―五九八
		高屋郷	丸部　僧	戸主	天平神護二・十・二十一	「越前国司解」『大日古』五―六〇三
		某郷	丸部	坂井郡主政	宝亀十一・四・三	「越前国坂井郡司解」『大日古』六―六〇三
	大野郡	出水郷	丸部五百国			『長岡京出土木簡』
	加賀郡	某郷	丸部臣人麻呂	主帳	天平二年	「越前国正税帳」『大日古』一―四三九
		富樫郷	丸部諸上	戸主	延暦八年	『長屋王家木簡』一―八一
加賀			丸部広刀自売	節婦	斎衡元・五・二十六	『文徳天皇実録』
越後	古志郡		□（丸）部□□万呂		八世紀末～九世紀中葉	「八幡林遺跡出土木簡」木研一六―一五八
伊勢	飯高郡		飯高公笠目	采女	天平十四・四・十	『続日本紀』
	壱志郡	嶋抜郷	壱師君族祖父	戸主	天平勝宝末年	「西南角領解？」『大日古』一三―一二一〇
美濃	肩県郡	肩々里	丸部嶋売		大宝二年	「美濃国戸籍」『大日古』一―四一
	山方郡	三井田里	丸部妹売		大宝二年	「美濃国戸籍」『大日古』一―五二
		三井田里	丸部古妹売		大宝二年	「美濃国戸籍」『大日古』一―五二

		三井田里	丸部刀自売		大宝二年	「美濃国戸籍」『大日古』一―五二
		出石郷	丸部□万呂			『平木概』三四―二五
	味蜂間郡	春部里	丸部安 他に大山・荒山・足山・国山・忍山・志支栐・阿麻売・乎多支売・五百嶋売・毛々知売・黒売の十一名		大宝二年	「美濃国戸籍」『大日古』一―九
尾張	智多郡		知多臣		孝昭天皇段	『古事記』
		富具郷野間里	和爾部臣牟良			『平木』一―三一八
		富具郷野間里	丸部安麻呂		天平七年	「二条大路木簡」『平木概』二二―二〇
		富具郷野間里	丸部石寸			『平木』一―四三三
		富具郷	和邇部安倍	郷長		『平木』一―三一八
		富具郷	和邇部臣人足			『平木概』一九―二〇
		贄代郷朝倉里	和爾部色夫智	戸主		『平木』一―三三〇
		贄代里	丸部刀良			『藤木』二―六五五
		贄代里	丸部泥慈			『平木概』一二―一〇
		番賀郷花井里	和爾部龍麻呂			『平木』一―三一九
		番賀郷	和邇部古麻呂			『平木』三―二八九七
		英比郷	和邇部□□			『平木』二―二一八九
		某郷	和爾部臣若麻呂	少領	天平六年	「尾張国正税帳」『大日古』一―六一九
	愛智郡	中村郷	丸部今赤	戸主		『平木概』三三―一三
		中村郷	丸部真魚女	同戸口		『平木概』三三―一三

			丸部大名		天平勝宝二年ころ	「伊賀山作所仕丁注文？」『大日古』一一五—一二二
参河	額田郡	新木郷	丸部諸背	戸主	天平宝字四年	『平木』二—二一九二
			丸部五月			『平木』一—四二六
遠江	敷智郡	栗原駅	委爾部足結			『伊場木簡』二一
			委爾部長			『伊場木簡』二一
			委爾部干支鞨			『伊場木簡』二一
			委爾部酒人			『伊場木簡』二一
			丸爾□（部）			『伊場木簡』五一
甲斐	巨麻郡	栗原郷	丸部千万呂		天平宝字六・六・三	「造石山院所公文案」『大日古』五—一三八
丹波	多紀郡	宗部郷	和爾部黒麻呂	戸主		「平城京跡出土木簡」『木研』二〇-四〇
	多紀郡？		和邇部稲売		天平宝字元年～天平神護元年	「国郡未詳戸籍」『大日古』一—三二二～三二五
	多紀郡？		和邇部兄売		天平宝字元年～天平神護元年	「国郡未詳戸籍」『大日古』一—三二二～三二五
	多紀郡？		和邇部色夫売		天平宝字元年～天平神護元年	「国郡未詳戸籍」『大日古』一—三二二～三二五
	多紀郡？		和邇部玉足		天平宝字元年～天平神護元年	「国郡未詳戸籍」『大日古』一—三二二～三二五
			和爾（部）臣竜人		承和四・三・二十	『続日本後紀』
	多紀郡？		多紀臣		孝昭天皇段	『古事記』
	多紀郡？		多紀臣広隅		天平宝字元年～天平神護元年	「国郡未詳戸籍」『大日古』一—三二二～三二五
			他に嶋依・嶋成・嶋国・弟兄・			

因幡	法美郡		丸部臣百世 田人・田君・九月売・広調売・家主売・嶋刀自売・家成売・白刀自売・小月売・成刀自売・弟成売・豊日売の十六名		元慶六・十一・一	『日本三代実録』
		広湍郷清水里	丸部百嶋		天平八年	「二条大路木簡」『平木概』三一—四〇
出雲	神門郡	朝山郷	丸部角売		天平十一年	『出雲国大税賑給歴名帳』『大日古』二—二二五
摂津			和邇部	大春日朝臣同祖		『新撰姓氏録』摂津国皇別
			物部首	大春日朝臣同祖		『新撰姓氏録』摂津国皇別
			物部	物部首同祖		『新撰姓氏録』摂津国皇別
			井代臣	大春日朝臣同祖		『新撰姓氏録』摂津国皇別
			羽束首	天足彦国押人命男彦姥津命之後也		『新撰姓氏録』摂津国皇別
和泉			津門首	櫟井臣同祖		『新撰姓氏録』摂津国皇別
			葦占臣	大春日同祖		『新撰姓氏録』和泉国皇別
			物部	布留宿禰同祖		『新撰姓氏録』和泉国皇別
			網部物部	(布留宿禰同祖)		『新撰姓氏録』和泉国皇別
			根連	(布留宿禰同祖)		『新撰姓氏録』和泉国皇別
			櫛代造	(布留宿禰同祖)		『新撰姓氏録』和泉国皇別
播磨	讃容郡	中川里	丸部具			『播磨国風土記』
	飾磨郡		和邇部臣宅嗣		貞観五・九・十	『日本三代実録』

			和邇部臣宅貞	宿禰賜姓	貞観六・八・八	『日本三代実録』
			和邇部臣宅守	宿禰賜姓	貞観六・八・八	『日本三代実録』
	赤穂郡	高田駅家	丸部虫麿	戸主	天平勝宝九年	『正倉院宝物銘文集成』帯年号銘文三一〇
備前	上道郡	居都郷	和仁部太麻呂			『平木概』一五―八
備中	都宇郡	建部郷岡本里	丸部得麻呂	房戸主	天平十一年	「大税負死亡人帳」『大日古』二―二四八
	賀夜郡	日羽郷宍粟里	鰐部小足	房戸主	天平十一年	「大税負死亡人帳」『大日古』二―二五二
周防	玖珂郡	玖珂郷	和邇部白虫売		延喜八年	「周防国戸籍」『平遺』一―一九九
		玖珂郷	和邇部浜刀自売		延喜八年	「周防国戸籍」『平遺』一―一九九
		伊賓郷	和邇部今男	戸主	延喜八年	「周防国戸籍」『平遺』一―一八九
紀伊	伊都郡		和仁部貞次		元暦二・三・五	「金剛峯寺下政所三方百姓等起請文」『平遺』八―三一六八
讃岐	大内郡	入野郷	丸部房吉	戸主	寛弘元年	「讃岐国入野郷戸籍」『平遺』二―五六三～五八八
		入野郷	丸部誦師丸	戸主	寛弘元年	「讃岐国入野郷戸籍」『平遺』二―五六三～五八八
		入野郷	丸部元安	戸主	寛弘元年	「讃岐国入野郷戸籍」『平遺』二―五六三～五八八
		入野郷	丸部安成	戸主	寛弘元年	「讃岐国入野郷戸籍」『平遺』二―五六三～五八八
			他に松見・松則・閇女・合女・小夏女・安町・衣女・町女・糸女・有男・春利・			

			衣永・戌子女・稲女・安女・衣女・秋光・逆直・里崇・衣町女・糸女・逆女・黒女・衣女・三屎女・衣女・好女・小乙女・豊刀自女の二十九名			
	多度郡	吉原郷	丸部利方		康平五・四	「讃岐国曼荼羅寺田地宛行状案」『平遺』九―三五六八
		吉原郷	丸部則時		治暦二年	「讃岐国曼陀羅寺僧善芳解案」『平遺』三―一〇四一
	三野郡	阿麻郷	丸部宮目	戸主		「二条大路木簡」『平木概』二四―三〇
		阿麻郷	丸部古君	戸口		「二条大路木簡」『平木概』二四―三〇
			丸部豊捄		宝亀二・三・四	『続日本紀』
			丸部臣明麻呂	三野郡大領	嘉祥元・十・一	『続日本後紀』
			丸部臣己西成	三野郡大領	嘉祥元・十・一	『続日本後紀』
讃岐？		御野郷	（丸部臣）犬	郷長		『平木概』三二―一三
		中村郷	丸部今赤	戸主		『平木概』三二―一三
		中村郷	丸部真魚女			『平木概』三二―一三

注：『平安遺文』＝『平遺』、『平城宮発掘調査出土木簡概報』＝『平木概』、『東南院文書』＝『東南』、『大日本古文書』＝『大日古』、『木簡研究』＝『木研』、『藤原宮木簡』＝『藤木』、『平城京木簡』＝『平京木』、『東大寺文書』＝『東大』、『平城宮木簡』＝『平木』。

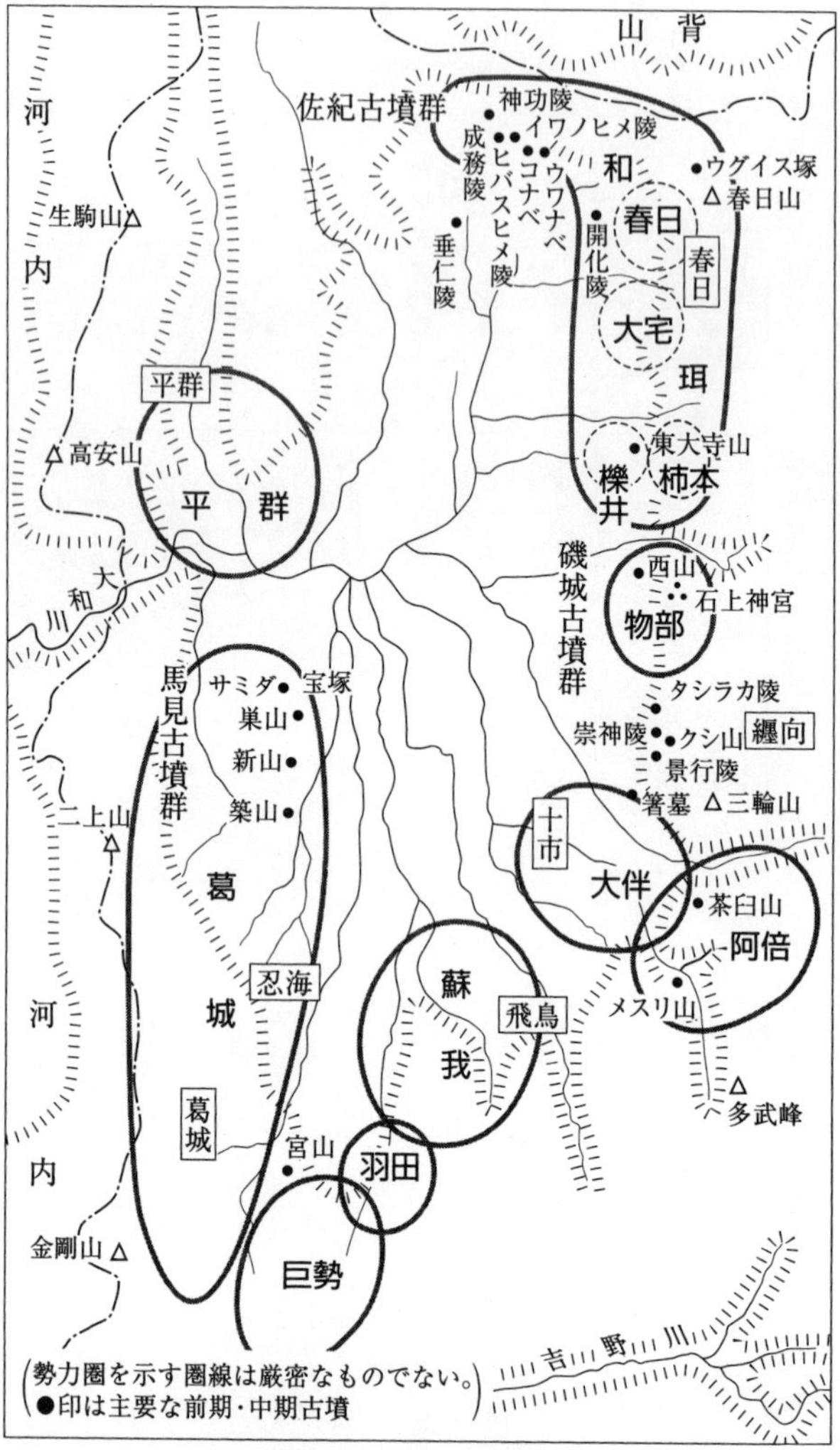

図14　大和の古代豪族の勢力圏

ある（「ワニ氏の伝承」『日本古代の伝承文学の研究』塙書房、一九八六）。「旧辞」は『古事記』に採用された朝廷の古い伝承であるが、和邇氏の伝承を古代文学の立場から分析した黒沢は、その多くが宮廷における天皇と后妃に関わっており、大半が歌謡を含んでいることから、大王の内廷での儀礼に和邇氏が深く関わっていたことを推測している。私は、和邇氏がこうした伝承を生み出したのは、后妃を輩出したことと深く結びついており、和邇氏の祖先功業の物語として、内廷において作成・伝承されたと考えている。政治の表舞台に関わる伝承が少ないことは、こうした和邇氏の特質と無関係とは思われない。『古事記』の基礎となった「帝紀」「旧辞」の形成にあたり和邇氏の伝承が多く採用されたのは、その伝承のいくつかが系譜的記載とともに伝えられていたこともその原因と考えられる。

（2）和邇氏の性格として岸が重視した軍事的性格については、その後あまり検討されていないが、伝承の多くが皇位継承に関係するものであり、そこから初期国内征討における役割まで想定するのは、やや過剰な解釈ではなかろうか。ただ和邇氏が初期大和政権の重要な構成員として、政権を脅かす反対勢力の鎮圧に乗り出す軍事力を持っていたことは間違いないだろう。

（3）和邇氏の后妃輩出や「帝紀」「旧辞」作成との関わりについては、その後平野邦雄が、王権の双系的な継承という視点から、和邇氏を普通の氏族ではなく、息長氏（おきながし）とともに、〝皇親的氏族〟として捉えることを提唱している。この両氏が、母系で王統譜に繋がる一族であり、実質的な王族とみる見解を示している（「六世紀、ヤマト王権の性格」『東アジアにおける日本古代史講座四』学生社、一九七七）。ただこうした系譜や、伝承が史実であったかどうかは、「帝紀」「旧辞」の形成に関わって検討が必要であろう。

「帝紀」の記載で注目されるのは、岸も重視した后妃に関わる所伝である。和邇氏は岸が明らかにしたように、五世紀後半から六世紀にかけて、多くの后妃を輩出した記録がある。これは史実として認められるのであろうか。すなわち、和邇氏の后妃は開化后を筆頭に、応神・反正に各二人、雄略・仁賢・継体・欽明・敏達と、この時期の大王の過半数を占めている。そしてさらに、和邇氏系の后妃で顕著な点は、その所生した皇子の即位例は少ない（武烈のみ）にもかかわらず、皇女を介在して后妃の関係が重複していることである。たとえば、和邇氏腹の雄略皇女の春日大娘皇女が仁賢后となって、武烈・手白香皇女・橘皇女などをもうけていることや、また継体后となった手白香が欽明をもうけていること、宣化后となった橘皇女が欽明后の石姫皇女をもうけ石姫が敏達を生んでいるというのが、その代表例である。

また和邇氏に関わる王統譜をみると、和邇氏腹の雄略皇女春日大娘皇女が仁賢后となり、武烈・手白香らを生むことによって、履中皇統と允恭皇統の統合がなされる。そして手白香が継体后となり、欽明を生むことにより、仁徳皇統と応神皇統の合一がなされる。また仁賢皇女と宣化の間に所生した石姫皇女が欽明后となって敏達を生んだことにより、欽明と安閑・宣化の王統が統合されている。このように五世紀の王統の統合の結節点に和邇氏出身の后妃が配されているのである。このことは、川口勝康が指摘したように、王統譜の一系主義的統合の意図・作為が明確に示されているといえよう（「五世紀の大王と王統譜を探る」『巨大古墳と倭の五王』青木書店、一九八一）。事実、和邇氏に関わる系譜には少なくない混乱があり、作為の痕跡を明らかにしている。

和邇氏と王統譜

たとえば、仁賢妃の糠君娘（あらきみのいらつめ）は和珥臣日爪（ひつま）の女とあって、後の安閑后春日山田皇女（かすがのやまだのひめみこ）を生んだとあるにもかかわらず、欽明妃の糠子（あらこ）も春日日抓臣の女で、春日山田皇女を生んだとあること、継体妃の荑媛（はえひめ）が『書紀』に和珥臣河内の女とあるのに対し、『古事記』は阿倍之波延比売（あべのはえひめ）とするように、異説が存在し、王統譜に対する作為の過程がうかがえる。ただその場合、異説の存在からも明らかなように、王統譜の整理・改変と再統合が図られている形跡がうかがえる。ただ和邇氏が五世紀の王統と深い関係にあったことは、必ずしもすべて否定し得ないところであり、慎重な検証が必要になると考える。

このように和邇氏に関する系譜については、王統の一系主義的統合の立場から作為が加えられており、「帝紀」「旧辞」が作成・整備される際、和邇氏が伝えていた伝承とともに採用されたことがうかがえるであろう。したがって、その伝承はすべて「机上の述作」とはいえないが、そこから史実を抽出する際には、慎重な配慮が欠かせない。平野は、和邇氏を「皇親氏族」と捉えるにあたって、その娘を后妃として入内させてはいるものの、外戚として政治の表舞台に登場しないことを指摘しているが、和邇氏の一族はすべて「臣」を姓としており、天武朝においても、「朝臣」を賜うなど、蘇我氏や葛城・平群などの「臣」を姓とする豪族と、大きな違いのないことも注意すべきである。そうした視点でみるなら、葛城氏や平群氏なども、和邇氏と同様に、歌謡を伴う旧辞的な物語を『記紀』に少なからず載せており、和邇氏をあえて「皇親氏族」とする必然性はないのではなかろうか。小野氏には后妃を出したとする所伝こそないが、ここではその同祖系譜を検討して和邇氏同族の中における、小野氏の立ち位置を考えてみたい。

2 『古事記』の同祖系譜

孝昭天皇段の同祖系譜

和邇氏同祖系譜とは、狭義には『古事記』孝昭天皇段の始祖系譜のことをさすが、『姓氏録』や他の文献にも同祖系譜が収載されている。岸は、後者についても必要に応じてふれてはいるものの、和邇氏の全体像の基礎的な論究を目指す論文であることもあり、あくまで前者を中心に論究している。これに対し、近年和邇氏について一書をまとめた加藤謙吉は、両者を一括して同祖系譜全体の分析をすすめている（『ワニ氏の研究　日本古代氏族研究叢書③』雄山閣、二〇一三）。しかし、本書においては、両者の史料系統は必ずしも同じではないと考えるから、あえて、まず両者を区別してみていくことにしたい。

すなわち、『姓氏録』の系譜は、もともと対象が畿内であるから、一部を除き、基本的には地方豪族は含んでいない。ただ、政府に登用された地方豪族の場合、畿内に居住することになったとみられるから、当然登載されたと考えられよう。したがって、『姓氏録』は、比較的有力な地方豪族は登載するが、一部にすぎないことは考慮すべきである。また『記紀』の記事を参照して記載したことは明記しているが、氏族本系帳など独自の所伝も多く含んでおり、そうした所伝の由来についても、考える必要があろう。さらに、なぜ『古事記』が多くの同族の中から十六氏を選ぶところとなったかといった視角も必要である。まず、同祖系譜の根幹となる『古事記』孝昭天皇段の始祖系譜をみることにしたい。

兄天押帯日子命者、〈春日臣・大宅臣・粟田臣・小野臣・柿本臣・壱比韋臣・大坂臣・阿那臣・多紀臣・羽栗臣・知多臣・牟耶臣・都怒山臣・伊勢飯高君・壱師君・近淡海国造之祖ソ。〉

先にみたように、ここでは同族の筆頭であるべき和邇臣の名はなく、この系譜と和邇氏の関わりを疑わせるごとくであるが、『記紀』の歴代天皇の后妃に関する記載をみると、反正天皇の后である都怒郎女（津野媛）の父について、『古事記』は丸邇之許碁登臣とし、『書紀』は大宅臣之祖木事と記している。また、所伝の錯簡の可能性は高いが、『記紀』ともに、仁賢天皇の妃糠若子郎女（糠君娘）の父と、欽明天皇の妃糠子郎女（糠子）の父を、それぞれ丸邇日爪臣（和珥臣日爪）と春日之日爪臣（春日日抓臣）と表記していることは、大宅臣・春日臣が、いちおう和邇臣と相互に通用すること示している。

「和邇氏本系」と春日氏

岸は、春日和珥臣・春日小野臣・春日粟田臣という複姓を取り上げ、春日・和珥・小野・粟田の諸氏が同族であることを示すとするが、複姓の通例からは、和珥・小野・粟田の諸氏が春日氏の一族であることを示しているだけで、そこまではいえない。また、岸は、複姓の存在と、欽明朝以降、和邇氏という表記がみえなくなることから、そのころ和邇氏が春日氏に改称した可能性を指摘している。『古事記』の始祖系譜に春日氏が筆頭にあがっていることが、それを裏付けるとし、また、『書紀』が同祖系譜の代表として「和珥臣」をあげたのは、これが和邇氏の最初の記事であるからとしている。『姓氏録』が、小野氏・柿本氏への改氏姓を敏達朝とすることも、和邇氏から春日氏への改氏姓に続き、他の諸氏への分枝が、そのころ始まったことを示すとしている。

ただ、阿倍氏の場合などを考えるなら、こうした複姓は、春日氏から和邇・小野・粟田の諸氏への分枝を示すもので、和邇氏からの分枝を示すものではない（加藤謙吉「複姓成立に関する一考察」『大和政権と古代氏族』吉川弘文館、一九九一）。そもそも分枝が、実際に親氏族から枝分かれしたことを示すのか、同族結合の結果、それを説明するために後から分枝伝承が作為されたかは、慎重な検討が必要となる。また、和邇氏が欽明朝の前後に春日氏に改名したことについても、岸も指摘しているように、複姓の春日和珥臣の存在は大きな障害となる。これによるなら和邇氏は春日氏の一派となるからである。

そこで、この複姓についてもう一度考えてみると、もとの所伝では春日和珥臣ではなく、単に和珥臣とあった可能性がある。すなわち、『書紀』の雄略天皇の帝紀的記載では「本采女」とある次妃童女君の父は、「春日和珥臣深目」とあるが、仁賢天皇の帝紀的記載では、皇后春日大娘郎女の分注に、単に雄略が「和珥臣深目が女童女君を娶して、生しませるところなり」とあり、これが本来の所伝を忠実に表記したものと考える。雄略紀の記事は、編者がその当時（天武八姓以降）、同族の筆頭であった「春日」をあえて付け加えたと考える。

雄略の帝紀的記載の「春日和珥臣深目」がこのように理解されるなら、岸が推定したように、欽明朝の前後に、和邇氏同族の中核であった和邇臣氏が、本拠を移したことにより、春日氏に改名した可能性は強まるのではないか。和邇臣の本宗が、ある時期に春日臣に固定されていたからであろう。実際、推古朝以降、和邇氏同族の氏上は、実質的には小野氏・粟田氏に移っていたのにもかかわらず、『古事記』の系譜が春日氏を同族の筆頭としているのは、そうした春日氏の特殊な地位を示すものではなかったか。『書紀』の始祖系譜が、あえて、「春日臣等始祖」とせず「和珥臣等始祖」としたのは、岸が指摘したように、分枝後もこの同族の総称が依然和邇氏であったためであり、一祖多氏で表記する『古事記』と異なり、一祖一氏という表記形式に規制されたためであろう。

同祖系譜の中核氏族

さて、和邇氏同祖系譜の構造の検討に移るが、まず『古事記』の同祖系譜にみえる十六氏は、必ずしも同じ性格でないことに注目したい。いちおう、大きく二つのグループに分類されよう。

A　春日臣・大宅臣・粟田臣・小野臣・柿本臣・壱比韋臣

B　大坂臣・阿那臣・多紀臣・羽栗臣・知多臣・牟耶臣・都怒山臣（君）・伊勢飯高君・壱師君・近淡海国造

Aとしたのは、同族の中核を構成する一族といえる。岸が指摘するように、『書紀』天武十三年十一月一日条にみえるいわゆる天武八姓の直後に、朝臣の姓を賜った五十二氏の中にみえる六氏であり、その記載順は、大春日臣(おおかすがのおみ)・大宅臣・粟田臣・小野臣・櫟井臣(いちいのおみ)（壱比韋臣）・柿本臣と、ほぼ右の系譜の順序とも一致するからである。そして、その本拠も、大和・山背・近江という後の畿内近国であるとともに、六氏のうち櫟井臣を除く五氏は、『書紀』をはじめ、六国史にその事績を残す有力な同族であった。岸は、これらの諸氏がもともと和邇臣という一つの氏族で、その居地により後に分枝したと考えている。ただ、大宅臣・粟田臣・小野臣の三氏については、山背、一部近江にも大きな拠点を持っており、山背・近江が本貫で、同族結合後に大和に進出した可能性も指摘している。また、Bに分類した都怒山臣（君）・近淡海国造は、近江の湖西北部を本拠としており、小野氏とよく似たあり方を示すので、その場合はAに入れる必要があるかもしれない。右の三氏を除けば、その本拠地は、諸資料から大和国添上郡和爾の地の周辺に集中しており、もともと親族であった可能性がある。これらの諸氏については、すでに岸と加藤が詳しくふれており、小野氏に関わる点を中心に、後に少し考えることにしたい。

地方に本拠のある同族

いっぽうBについては、岸は簡単にふれるだけであるが、明らかに地方豪族である。加藤がすでに詳しく検討しており、その研究を参照して、説明を加えたい。すなわち大坂臣・阿那臣は、『先代旧事本紀』（以下『旧事紀』と略記）の「国造本紀」に、「吉備穴国造(きびのあなのくにのみやつこ)。纏向日代朝(まきむくのひしろのみかど)の御世に、和邇臣と同じき祖彦国服命の孫、八千足尼を国造に定め賜ふ」とあり、次章で扱う「和邇部氏系図」の八千足尼命の注記（譜文）に、「巻向日代大宮朝(まきむくのひしろのおおみやのみかど)に、吉備穴国造に定め賜ふ。安那公・大坂臣等が祖」とあるから、瀬戸内海の要衝、吉備穴海＝穴済(あなのわたり)に関わる、後の備後国安那郡・同郡大坂郷を本拠とする国造クラスの地方豪族とみられる。

多紀臣は丹波国多紀郡の豪族とみられるが、多紀郡には、平城京出土木簡（『木簡研究』第二十号、一九九八）に「宗部郷戸主　和爾部黒麻呂」が、また、『続日本後紀』（以下『続後紀』と略記）承和四年（八三七）三月二十日条に、「丹波国人、右近衛府将曹和邇臣龍人」がみえる。龍人は、おそらく和邇部臣の誤りとされる。多紀臣は、丹波国多紀郡の郡司クラスの豪族で、その一族に和邇部臣がおり、「和邇部」の管理をおこなっていたとみられる。

羽栗臣(はぐりのおみ)は、山背国久世郡羽栗郷に因むとされるが、この地での居住は確認できず、乙訓(おとくに)郡人として、葉栗翼に臣姓を賜った記事がみえる（『続日本紀』（以下『続紀』と略記）宝亀七年（七七六）八月八日条）。また、近江国犬上郡尼子郷戸主に、羽栗臣伊賀麻呂、その戸口に国足がみえ（天平二十年（七四八）四月付「写書所解」、『大日本古文書』三－七九）、また、鎌倉時代の中ごろに書かれた『塵袋』巻五には、「尾州葉栗郡」の尼寺を「丁丑年（天武六年＝六七七）」に建立した人物を、「小乙中葉栗臣人麻呂」とする記載がみえ、ここから、『和名類聚抄』にみえる尾張国葉栗郡葉栗郷に因むとする見解もみられる。羽栗臣は、山城・近江・美濃・尾張などの諸地域に分布しており、いずれとも決しがたいが、山背の葉栗氏はもともと無姓であり、「和邇部」の分布も顕著な、近江・美濃・尾張に広く分布する、国造（郡司）クラスの地方豪族とみておきたい。

知多臣は、そのウジ名から尾張国智多郡を本拠とする地方豪族とみられるが、同郡での居住は確認できない。しかしながら、同郡には、藤原京・平城京出土木簡などから、和邇部・和爾部・丸部が十一例も分布しており、天平六年（七三四）の『尾張国正税帳』には、少領外従八位上勲十二等、和爾部臣若麻呂がみえ、知多郡の郡司クラスの豪族の可能性が高い。若麻呂は知多臣の一族であろう。ここでも和邇部臣の共存が確認される。

牟耶臣は、『旧事紀』「国造本紀」にみえる「武社国造」で、「志賀高穴穂朝に、和邇臣の祖意邪都命の孫、彦忍人命を国造に定め賜ふ」とあり、牟耶臣はその本姓であろう。上総国武射郡を本拠とする国造クラスの地方豪族とみられる。上総国武射郡での居住は確認できないが、『続紀』神護景雲三年（七六九）三月十三日条に、陸奥国牡鹿郡人の外正八位下春日部奥麻呂等に、「武射臣」が賜姓されており、上総国武射郡の郡司クラスの豪族である牟耶臣の一族として、陸奥に派遣された「春日部」の可能性が推測され、牟耶臣が「春日部」の管理にあたっていたことを示すのではないか。

伊勢飯高君と壱師君

伊勢飯高君・壱師君は、『皇大神宮儀式帳』や『倭姫命世紀』に、飯高県造・壱師県造がみえ、『続紀』天平十四年（七四二）四月十日条に、飯高君笠日の親族である県造が飯高君の姓を賜ったとあり、もとは県造を称していたのであろう。また、「和邇部氏系図」の、彦国葺命の孫乙加豆知命の譜文に、「伊勢国に居ます。飯高宿祢・壱師宿祢・伊部造等が祖」とあり、伊部造等を含め、これらの豪族が同族であったことがわかる。また、『旧事紀』「天孫本紀」にみえる「市師宿祢祖穴太足尼」も、「和邇部氏系図」にみえる乙加豆知命の子穴太足尼命と一致しており、伊勢飯高君・壱師君が、伊勢国飯高郡・壱志郡を本拠とする地方豪族であることがわかる。

壱志郡に居住する壱師君としては、天平末年の文書（『大日本古文書』十三―二二〇）に、壱志郡嶋抜郷戸主の壱師君族祖父が知られるのみであるが、その一族とみられる壱師君吉野が、嘉祥二年（八四九）から斉衡二年（八五五）までに宿祢を賜姓され、嘉祥二年には外従五位下に、斉衡二年には越後権介とあるから（『続後紀』嘉祥二年正月八日条、斉衡二年正月十五日条）、中央に出仕していたことが確認できる。

飯高君の場合も、『続紀』宝亀元年（七七〇）十月二十五日条に正五位上の飯高宿祢諸高を従四位下に昇叙したことがみえ、同八年五月二十八日条の薨伝に「典侍従三位飯高宿祢諸高薨しぬ。伊勢国飯高郡の人なり。」とあり、いっぽう『続紀』天平十四年（七四二）四月十日条には、飯高君笠目を「伊勢国飯高郡采女正八位下」とし、以後昇進を重ね、天平宝字五年（七六一）六月二十六日条には正五位上となっており、磯貝正義は、その出身・身分・官位の変遷から、笠目と諸高を同一人物とみている。そして、飯高というウジ名がヒタカとも読め、諸高が最初に出仕した奈保山天皇＝元正女帝が、飯高皇女・日高皇女と呼ばれていたことから、皇女の養育にあたった飯高君から采女の貢進があったとみている（『郡司及び采女制度の研究』吉川弘文館、一九七八）。いずれにしても、飯高君（宿禰）が、伊勢国飯高郡を本拠とする郡領氏族で、有力な地方豪族であることが確認できる。神護景雲三年（七六九）には君から宿禰に、承和三年（八三六）には朝臣へと改姓しており、異例に早い昇進といえる。

なお、先の「和邇部氏系図」にみえた伊部造も、『姓氏録』山城諸蕃に「百済国の人、乃里使主自り出づ」とあるように、百済系の渡来氏族とみられるが、『三代実録』貞観十五年（八七三）十二月二日条には、天足彦国押人命の後裔と主張し、飯高朝臣を賜姓されたとあり、飯高朝臣の一族に加えられたことがわかる。

都怒山臣と角山君

都怒山臣は、臣姓のものは他にみえないから、臣は君の誤記とみられる。系譜の記載順をみると、都怒山臣までは臣姓で、次の伊勢飯高君からは君姓となっており、書写の際に誤った可能性が高い。実際、他の文献記録では角山君と表記されることが多い。その本拠は、『続紀』天平宝字元年（七五七）九月八日条の、藤原仲麻呂の乱に際し孝謙側に近江国庁を押さえられ、越前国庁へ逃れようとした仲麻呂が高島郡の前少領角家足（角山君家足）の家に宿したとあるところから、近江国高島郡角野郷と考えられる。角山君は近江国高島郡の郡領氏族であった。ここにおける仲麻呂と家足の関係は官の上・下関係というより、私的な主従関係のごとく推定される。

周知のように、これより先、『続紀』天平宝字六年（七六二）四月条には、大師藤原恵美朝臣押勝に近江国浅井高嶋二郡の鉄穴各一所を賜うとあり、この仲麻呂所有の鉄穴の現地における管理者として、角山君家足の存在が浮かび上がってくる。鉄穴は、日本列島では珍しく、七・八世紀を中心に鉄鉱石による鉄生産を広くおこなっていた近江の鉄原料の供給地であり、北牧野A遺跡などの生産遺跡も所在しているからである。さらに、先にみた角山君家足については、『平安遺文』に収録される高島郡河上庄に関わる二通の文書に、「天平十二年（七四〇）、従七位上角山君家足領墾田を、小野石根に賜う」とする記載があり、小野氏とも関わりのある、郡内に多くの墾田を開発できる有力豪族であることがわかる。

また、和銅四年（七一一）から霊亀二年（七一六）ごろとみられる平城京「長屋王家木簡」に、王家に関わる人物として角山君安麻呂の名がみえるほか、『続紀』神亀元年（七二四）二月二十二日条に、私穀を陸奥国鎮所に献上し、外従五位下に叙せられた地方豪族十二人の中に、外従七位上角山君内麻呂の名がみえるなど、中央に出仕するものも少なくなかったとみられる。そして、『三代実録』貞観五年（八六三）正月八日条には、無位角山公成子（しげこ）が外従五位下に叙せられたことがみえ、采女として出仕し、その後に女官に登用され宮人となったことが推測される。ここからも、角山君が高島郡の郡領氏族であったことが裏付けられる。なお、八世紀ごろの高島郡北部には、先にみた平城京「長屋王家木簡」により、川上里（郷）に、丸部臣安麻呂の居住が知られている（『平城宮出土木簡概報（十九）――長屋王家木簡』奈良文化財研究所、一九九一）。ここでも、角山君と和邇部臣の共存が確認されるのである。

角野郷と日置前遺跡群

角山君の本拠とみられる角野郷は、『延喜式』神名上にみえる「津野神社」が、現在の高島市今津町北仰（きとげ）所在の津野神社に比定されるから、高島郡北部の石田川（角河）流域の一帯とみられる。北仰の南には今津港が所在し、北陸道から弘川付近で分岐する若狭街道は、石田川に沿って西上しており、高島郡北部の中心地であった。北仰の西の酒波（さなみ）から日置前には、王塚古墳・日置前（ひおきまえ）遺跡・日置前廃寺からなる日置前遺跡群が広がり、この地域の政治的

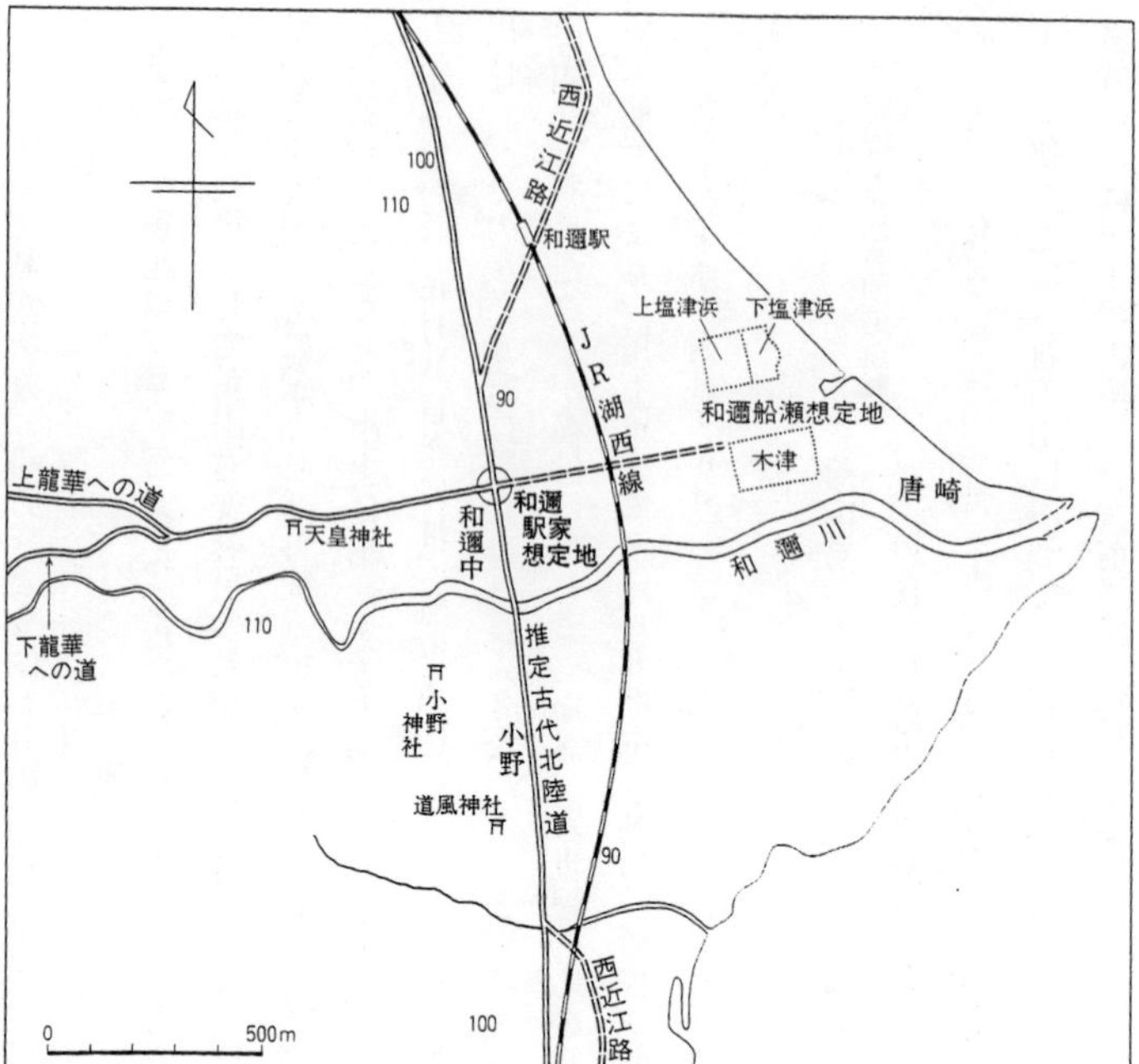

図15　古代の和邇地域

な中枢とみられている。五世紀中ごろとみられる大型の円墳の王塚古墳は、角山君に関わる可能性があるだろう。また、七世紀末から九世紀末の官衙（役所）跡と考えられる日置前遺跡は、八世紀の前半から中ごろには、高島郡庁であった可能性もある、都市的な広がりと機能を持った大規模な官衙である。建物や柵などの主要遺構の主軸方向が寺院の遺構と一致することから、日置前廃寺は、役所に付属する寺院として同時に整備された可能性がある。金堂とみられる石積み基壇と礎石建物が検出され、十世紀代に火災に遭い焼失したとみられ、火災によって焼けてしまった塑像（土製の仏像）の破片や、全国で二例目となる彩色画の描かれた堂内の土壁が発見され、その一部が具体的に復元可能な貴重な遺跡として注目された。角山君の勢力を示すものであろう。日置前廃寺で使用された軒丸瓦は、創建時には大和川原寺の重弧文のものであったが、後に近江国庁で使われた飛雲文のものに差し替えられており、藤原仲麻呂との関係が想起される。そうした場合、日置前遺跡は、角山君の豪族居館的な位置づけができるかもしれない（大橋信弥「文献から古代高島の鉄生産を考える――藤原仲麻呂の鉄穴と角山君」『古代近江の鉄生産――継体大王から藤原仲麻呂の時代』高島市教育委員会、二〇一五）。

近淡海国造と和邇部臣

近淡海国造は、この系譜以外に古代の文献に記載はなく、近江の古代豪族とみられるだけで手がかりはない。ただ、近江の古代豪族の中で著名な、継体末年に新羅を討つため朝鮮半島南部の安羅（あら）に六万の大軍を率いて派遣された近江臣毛野（おうみのおみけの）を出した近江臣は、ウジ名からみて近淡海国造の本姓としてふさわしいことから、以前に私もこれを支持したことがある（岡田精司「滋賀の古代豪族」『新修大津市史1　古代』大津市役所、一九七八。大橋信弥「近淡海国造について」『滋賀考古学論叢』第二集、一九八五）。しかしながら近江臣は和邇氏の同族ではなく、『古事記』孝元天皇段の「武内宿禰同祖系譜」にみえる「淡海臣」の可能性が高く、その後、山尾幸久が提起した和邇部臣説を支持して、旧説を訂正した（「遣隋使のふるさと」『史跡でつづる古代の近江』法律文化社、一九七九）。その根拠は、和邇部臣が、小野氏と隣接する滋賀郡和邇村を本拠とし、山城国愛宕郡にも小野氏とともに拠点を持っていたからである。すなわち、詳細は次章でふれるが、和邇部臣氏の拠点が近江国和邇村にあったことは、『類聚三代格』巻第一に収める弘仁四年（八一三）十月二十八日付の太政官符により裏付けられている。この文書の中には、「猿女の養田は近江国和邇村、山城国小野郷にあり。今、小野臣、和邇部臣等は、すでにその氏にあらずして、猿女を供せらる」とあり、和邇部臣の本拠が、この地にあったことがわかる。そしてこのことは、『延喜式』巻二八兵部省に、西近江路（北陸道）の穴太駅に次ぐ第二番駅として「和邇駅」がみえ、また『類衆三代格』巻十六所収の貞観九年（八六七）四月十七日付太政官符には、「和迩船瀬」（和迩泊）の修理が近江国司に命じられていることから、和邇村がこの地に所在し、水陸交通の要衝であることがわかる（図15）。こうした史料のほかにも、和邇部臣氏が滋賀郡に居住していたことは、画工司の画師として近江国滋賀郡人丸部臣国足（『正倉院文書』四―二二七・二五九・二六〇）がみえることから確認できる。

後述するように、いわゆる「和邇部氏系図」の尻付けによるなら、和邇部臣君手の子大石と伯麿はともに志賀郡大領とあり、伯麿の子石積が「近江少丞」、孫の稲敷が「近江目」とあり、君手の弟濱主の子大居が山城国愛宕郡主政、大石・伯麿の弟の弟足が山城国愛宕郡少領とあり、弟足の子男人も愛宕郡少領、孫の海足が山城大目、真楫が愛宕郡擬少領とある。このことから和邇部臣氏が、山城国愛宕郡と近江国滋賀郡の二つの郡の郡領家であることを示すとともに、国郡の領域を越え、二国にまたがり、勢力を持っていたことがうかがえるのである。

和邇部臣氏は、そのウジ名からみて、中央和邇氏に所属する「和邇部」を管理する地方的管掌者とみられ、後の郡司クラスの地方豪族で、令制以前においては各地の国造クラスの一族であったとみられ、後述するように、庚午年籍以前は臣姓ではなく、単に和邇部を称していたと考えられる。中央の和邇氏と同族関係を結び、その支配下の民を管掌していたのではないか。壬申の乱で重要な役割を果たした和邇部臣君手が東宮舎人とされているのは、君手が国造クラスの子弟であることを示しており、近江の和邇部臣氏もともと近淡海国造として「和邇部」を管理していたとみるのである。

和邇氏同祖系譜の構成

以上のように、同族Bは、その多くが国造クラスの有力な地方豪族であって、同族Aとはその同族としての成り立ちが異なる可能性が高くなった。葉栗臣や知多臣のように地名を負うものでも、同じ地域に和邇部臣が共存していることも注目される。それとともに、同族A・Bの検討から、こうした括りでは収まらない点のあることも明らかになってきた。すなわち同族Aとした諸氏の中で、大和東北部の添上郡を本拠とする春日臣・大宅臣・柿本臣・壱比韋臣のグループと、山城北部および近江の湖西北部に拠点を持つ粟田臣・小野臣のグループに大きく区分されること、いっぽう同族Bの場合も、明らかに地方に本拠を持つ大坂臣・阿那臣・多紀臣・羽栗臣・知多臣・牟耶臣・伊勢飯高君・壱師君と、山城北部および近江の湖西北部を本拠とする都怒山臣（君）・近淡海国造の二つのグループに区分されるからである。したがって、和邇氏同祖系譜は、A・Bではなく、次のようにA・B・Cに分類した方が、理解しやすいと考える。

A　春日臣・大宅臣・柿本臣・壱比韋臣

B　粟田臣・小野臣・都怒山臣（君）・近淡海国造

C　大坂臣・阿那臣・多紀臣・羽栗臣・知多臣・牟耶臣・伊勢飯高君・壱師君

すなわちグループAは同族の中核を構成する一族で、大和東北部の添上郡を本拠とするもの、同族Bは山城北部と近江の湖西北部に拠点を持ち、同族の中核を構成する一族およびそれと深く関わる同族からなる。同族Cは、明らかに地方に本拠を持つ国造クラスの地方豪族で、同族に和邇部臣・「和邇部」を称するものがあり、地方で「和邇部」の管理にあたっていたものとみられる。ただし、同族Bも、一面では地方に本拠があると考えられるから、同族Cと重なる点があることも注意すべきであろう。そこで節を改め、こうした視点から、こんどは、『姓氏録』にみえる同祖系譜を検討して、その構造をさらに考えることにしたい。

3　『姓氏録』の同祖系譜

『姓氏録』の同族

『姓氏録』には、①左京皇別下に、大春日朝臣・小野朝臣・和安部朝臣（わやすべのあそん）・和爾部宿禰（わにべのすくね）・櫟井臣・和安部臣・葉栗臣・吉田連・丸部・丈部、②右京皇別下に、粟田朝臣・山上朝臣・眞野臣・和邇部・安那公・野中、③山城国皇別に、小野朝臣・粟田朝臣・小野臣・和邇部・大宅・葉栗・村公・度守首、④大和国皇別に、柿本朝臣・布留宿禰（ふるのすくね）・久米臣、⑤摂津国皇別に、井代臣（いてのおみ）・津門首（つとのおびと）・物部首・和邇部・物部・羽束首、⑥河内国皇別に、大宅臣・壬生臣・物部、

⑦和泉国皇別に、葦占臣(あしうらのおみ)・物部・網部物部・根連(ねのむらじ)・櫛代造(くしろのみやつこ)の諸氏が同祖系譜に連なっている（佐伯有清『新撰姓氏録の研究　考証編第一～第六』吉川弘文館、一九八一―一九八三）。これらを始祖とする人物により先の『古事記』の系譜にみえる同族は重複するので除外し、同じような基準で分類整理してみた。

D　和安部朝臣・山上朝臣・久米臣・井代臣・壬生臣・布留宿禰・物部首・物部・網部物部・丈部

E　和爾部宿禰・眞野臣・丸部・和邇部

F　吉田連・安那公・野中・村公・度守首・津門首・羽束首・葦占臣・根連・櫛代造

まず、Dグループのうち、和安部朝臣・和安部臣は、本居宣長の考証以降、和邇部朝臣・和邇部臣の誤記とする説が有力になっていたが（『古事記伝』二二之巻）、加藤謙吉は、阿倍氏には十市郡阿倍を本拠とするもののほか、春日の地を本拠とする和邇系の阿倍氏があり、和安部朝臣・和安部臣を称していたとし、唐で客死した阿倍仲麻呂は和安部朝臣の一族であったとする。また、その氏人の例として『続日本紀』神護景雲二年（七六八）閏六月五日条にみえる「左京人従六位下和安部臣男綱等三人」をあげる。しかしながら、「和安部」という表記は左京皇別下と『続紀』の一箇所にみえるだけで、大和国皇別をはじめ、他の古代の文献には、まったくみえない。田中卓が言うように、「安」は「尒」ないし「尒」の誤記の可能性も考えられるから、ここでの検討から除外しておきたい（田中卓「『新撰

姓氏録考証』の解題」「『和安部』の是非」『新撰姓氏録の研究』田中卓著作集九、国書刊行会、一九九六)。

万葉歌人山上憶良

山上朝臣は『書紀』には記載がなく、『続紀』神護景雲二年(七六八)六月二十日条に、右京人山上臣船主ら十人に「朝臣」を賜うという記載があり、その初見である。また、万葉歌人として著名な山上憶良も、当初は山於憶良と無姓でみえ(大宝元年(七〇一)正月条)、和銅七年(七一四)正月条以降は「山上臣憶良」とみえることから、本来無姓であったとする見方もある。『姓氏録』右京皇別に「粟田朝臣同祖」(「同氏」と省略)とあるから、粟田臣の有力な同族と考えられるが、「和邇部氏系図」には物部首の祖である「市河臣」の子「大島臣」を山上臣・井代臣(いてのおみ)の祖とし、「大倭添縣山辺郷」と注記し、その子である「健豆臣」を「山上朝臣祖」、「宮手臣」を「井代臣」とし、「大倭添縣井出村」と注記している。

なお、『姓氏録』摂津皇別には、「井手臣」を「大春日朝臣同祖」とし、大和国井手村に居住していたので「井出臣」姓を負うことになったとしている。井代臣は、流布本の『大同類聚方』に、「大和国添上郡井出臣弘峰」とあるのが唯一の実例である。岸が明らかにしているように、添上郡には山辺郷のほか春日郷・大宅郷もあり、和邇氏同族の春日・大宅・粟田・小野・柿本の諸氏が集中して居住しており、弱小氏族ではあるが、山上朝臣・山上臣・井代(井手)臣も中央和邇氏の同族であったことを示している。

次に久米臣は、『姓氏録』大和国皇別に「柿本同祖。天足彦国押人命五世孫大難波命之後也」とあり、「和邇部氏系図」には、ワニ氏本系の「佐都紀臣(さつきのおみ)」の子で、「日爪臣」の弟「河内臣」の孫の「山栗臣」が「高市評久米里」に居住していたことにより、「久米臣姓を負ふ」とあり、中央和邇氏の同族とするが、このほかに史上にみえる人物はない。壬生臣は、『姓氏録』河内国皇別に「大宅同祖」とあり、詳細はわからないが、臣姓でもあり、中央の和邇氏の同族か。

以上のように、山上朝臣・山上臣・井代（井手）臣・久米臣・壬生臣ら、添上郡とその近くに居住する「臣」姓の同族たちは、弱小氏族ではあるが、中央和邇氏の同族に包摂されていたのであろう。

「春日臣族」の布留宿禰・物部首・神主首

次に、布留宿禰は、『書紀』垂仁三十九年十月条には「春日臣族」の「市河」に石上神宮を治めさせたとし、「是今物部首之始祖也」とあるのをはじめ、『姓氏録』大和国皇別布留宿禰条に「柿本朝臣同祖。天足彦国押人命七世孫米餅搗(たがねつき)大使主命(おおおみのみこと)之後也」とし、仁徳朝にその子「市川臣」を石上布留社の神主にしたとある。斉明朝に、その四世孫「武蔵臣」を「物部首」と「神主首」の祖としたため、臣姓を失ったが、その子日向は天武朝に布留宿禰に改姓することを許されたとある。「和邇部氏系図」には、物部首の祖である「市河臣」の子「大島臣」の兄「櫛事臣」を物部首・布留宿禰の祖とし、その子である「荒健臣」を「物部首」の祖、「麻目臣」を「細（網）目物部」の祖とする。また、『姓氏録』和泉国皇別物部条には、「布留宿祢同祖」、「網部物部(よさみのもののべ)」の祖とある。これらのことから、布留宿禰・物部首・神主首(かんぬしのおびと)・物部・網部物部らが、首・宿禰姓ながら、和邇氏本系に近い一族と考えられよう。

丈部は『姓氏録』左京皇別に「大春日朝臣同祖」とあり、大春日氏に近い同族といえるが、佐伯有清が指摘するように、『薬師寺文書』の「東大寺上座慶賛愁状」からうかがえる大和国添上郡春日里の居住者に、丈部氏のほか和邇部氏・櫟井氏がみえ、郡司の主政・郡老に大宅氏がみえるから、「丈部」の管理にあたる和邇氏の一族と解することができるのではないか（佐伯有清「丈部氏および丈部の研究」『日本古代氏族の研究』吉川弘文館、一九八五）。ただ、「丈部」は阿部氏や物部氏の配下も多く、区別できない。このように、『姓氏録』のDグループの場合も、その系譜や居住域から「和邇氏本系」に近い一族と考えられ、同族系譜のAに準ずる位置にあったとすべきであろう。これらの諸氏が『古事記』の同族系譜に載せられなかったのは別に詳しく検討が必要であるが、やや「和邇氏本系」からは遠いことが考慮されたのではないか。

和邇部臣の一族・和爾部宿禰と真野臣

Eグループでは、左京皇別下にみえる和爾部宿禰は、元は和邇部臣で、『続紀』天平神護元年（七六五）七月甲辰（十四日）条に、「左京の人、甲斐の員外目丸部臣宗人等二人に姓宿禰を賜ふ」とあり、「和邇部氏系図」にも、宗人の譜文に「天平神護元年七月、臣を改め宿祢姓を賜ふ」とし、「神護景雲二年（七六八）四月、駿河掾に任ず」とある。この時、和邇部臣の一族が宿禰姓を得たとみられる。この和邇部臣については先に『古事記』の系譜を検討して、近淡海国造の本姓とし詳しくみたので繰り返さないが、和邇部臣は滋賀郡北部の和邇川左岸の和邇村を本拠とする地方豪族で、近淡海国造として大和政権の一翼を担うとともに、和邇氏の重要な同族として「和邇部」の管理にあたっていたと考えている。

この和邇部臣と関わるのが真野臣であり、『姓氏録』右京皇別下には、和邇氏の祖、考昭天皇の皇子天足彦国押人命の三世孫彦国葺命（ひこくにぶくのみこと）の子に大口納命（おおくたみのみこと）・難波宿禰（なにわのすくね）・大矢田宿禰（おおやたのすくね）があり、大矢田宿禰は氣長足姫尊に従い新羅を征伐し、凱旋する日、鎮守将軍としてとどまったこと。その時、その国王猶榻の娘を妻とし、佐久命・武義命の二人の男子をもうけ、その佐久命の九世孫である和珥部臣鳥と務大肆忍勝らが、「近江国志賀郡真野村に居住す。庚寅年、真野臣姓を負ふなり」とある。これによって、持統朝の前後に真野村に居住していた和邇部臣氏の一族が、真野臣に改氏姓したことがわかる。この改氏姓については次章で詳しく考えるのでこれ以上ふれないが、佐久命の九世孫である和珥部臣鳥と務大肆忍勝は、和邇部臣氏の一族でありながら、滋賀郡真野村を本拠としていたことになる。真野村の故地については、『和名抄』の滋賀郡四郷の一つに真野郷があり、滋賀郡北部の堅田平野一帯、現在の大津市堅田町全域を含むとみられるが、狭義には真野川左岸の大津市真野町付近をさしている。これらの点から、もともと和邇川左岸の和邇村を本拠としていた和邇部臣の一族とは別に、真野川左岸を本拠とするものもいたことになる。この真野村の和邇部臣と、和邇村の和邇部臣との関係については、後に考えることにしたい。

次に、それと関連して、カバネのない丸部・和邇部については、左京皇別・右京皇別・摂津国皇別に「和安部同祖」「小野朝臣同祖」「大春日朝臣同祖」とあり、いわゆる「部民」ではなく地方の有力豪族で、もとは臣姓でなかった和邇部臣に準ずるといえよう。ただ、岸や加藤が指摘するように、丸部・和邇部はほぼ全国に広く分布しており、またその分布地域には、Cグループにみえる同族や、和邇部臣の分布がみられ、その性格は別に考える必要があろう。したがって、丸部・和邇部のうち、一部を除けば、大半は地方に拠点を持っていたとみられる。このように、EグループはBグループに準ずる同族といえよう。

百済王族の子孫、吉田連と吉大尚

Ｆグループでは、まず吉田連は『姓氏録』左京皇別下に、崇神朝のころ、その始祖である塩乗津彦命が加耶の一国、己汶に派遣され、その地を平定し定住したこと、その子孫が「吉」を称したこと、その後帰朝し、大和の田村里に居住したことから、神亀二年（七二五）に吉知須が「吉田連」を賜姓され、弘仁二年（八一一）に宿禰姓に改姓したことがみえる。また、『続後紀』承和四年（八三七）六月己未条には、吉田宿禰書主・高世らに「興世朝臣」を賜姓したとあり、その始祖「塩乗津」が政府の命令で、「三己汶」の地に派遣され居住していたが、その地はその後百済に併合されたこと、「塩乗津」の八世孫吉大尚・少尚の時、故郷を思い、ようやく帰朝を果たし、医術・文芸に優れ登用され、田村里に居住したことから、「吉田連」を賜姓されたことがみえる。

吉大尚については、漢詩集『懐風藻』に、大友皇子の立太子に際し「学士」として皇子の賓客になったことがみえ、『書紀』天智十年（六七一）正月条には、「小山下」の冠位を賜り、「解薬」とみえる。この時吉大尚は、「達卒」という百済の官位十六位中の第二位を称しており、加藤謙吉は、己汶の併合後、百済の貴族になっていたと推定し、もともとは己汶の王族であったとする。そして、百済滅亡後、他の百済の貴族とともに倭国に亡命したのであろう。

したがって吉田連は、渡来氏族であり、何らかの理由で和邇氏の同族に加えられることになったのであろう。加藤は、吉大尚らが来日後、大和国添上郡に居住し、和邇氏同族との交流を深めた結果、同族に組み込まれたことを推測する。私はそれより、この時期に和邇氏の本宗家を構成していた小野・粟田の両氏が、政権内で外交関係の立案に携わっていたことと無関係とは思えない。吉大尚らの持つ経験・知識を一族内部に取り込むことが、同族化の目的ではなかったか。

畿内近国に居住するその他の同祖氏族

安那公は、先にみたように、『古事記』孝昭天皇段の系譜の「阿那臣」に関わる一族とみられ、備後国安那郡に関わる地方豪族とみられる。穴君弟公・穴君秋丸・穴君御室などの人名が確認できる。『旧事紀』「国造本紀」に、「吉備穴国造。纏向日代朝の御世に、和邇臣と同じき祖彦国服命の孫、八千足尼を国造に定め賜ふ」とあり、吉備穴国造の本姓は阿那臣か安那公であったとみられる。備前・備中・周防にも和邇部の分布が知られ、その地方管掌者の系譜を引くか。

野中は、『姓氏録』右京皇別に「同じき彦国押人命の後なり」とあるが、河内国丹比郡野中郷に関わる可能性が高く、この地域を本拠とする渡来氏族船史の一族野中史との関わりが想定されている。

村公も、『姓氏録』山城国皇別に「天足彦国押人命の後なり」とあるが、同族とみられる都祁村公を「吉田連同祖」とする所伝があり（『石上神宮略抄』）、一族のものに村君東人（大倭国宇太郡波坂郷）、村君庭麻呂・辛兄（紀伊国牟婁郡栗栖郷・岡田郷）などがいる。ただし渡来系ではないようである。

度守首は、『姓氏録』山城国皇別に「村公同祖」とあり、そのウジ名から、『古事記』安康天皇段にみえる「兎道の渡」の所在する山背国宇治郡宇治郷ないし同久世郡宇治郷と関わるとし、渡の管理者とみる見解もある。

津門首は、『姓氏録』摂津国皇別に「櫟井臣同祖。米餅搗大使主命の後なり」とあるが、そのウジ名から、武庫水門の所在する武庫郡津門郷に本拠を置き、津の管理にあたったとする見解もある。

羽束首は、『姓氏録』摂津国皇別に「天足彦国押人命の男、彦姨津命の後なり」とあるが、土器生産や瓦生産に関わる泊橿部（泥部）の伴造とする見解が有力である。摂津国有馬郡羽束郷が本拠とされる。ただし、史上にみえる人物はなく、『姓氏録』摂津国神別に「羽束」があり、『書紀』天武十二年（六八三）九月二十三日条に連姓を得た羽束造の可能性が高い。周知のように、『古事記』崇神天皇段に征討を命じられた丸邇臣の祖日子国夫玖命が、「忌瓮」を丸邇坂に据えて出発したとあるように、その職掌が和邇氏同族とされた理由であろうか。

葦占臣は、『姓氏録』摂津国皇別に「大春日同祖。天足彦国押人命の後なり」とあり、そのウジ名は、備後国葦田郡葦浦郷に因むとされるが、その一族とみられる葦占臣東人・葦占臣人主は、山城国宇治郡加美郷の人であった（『正倉院文書』二五—七三）。備後国葦田郡は、同族の安那公の本拠備後国安那郡に近く、同族の度守首の本拠とみられる山背国宇治郡宇治郷に近いことと関連するか。

根連は、『姓氏録』和泉国皇別に「上に同じ」とあり、原文には「布留宿祢同祖。天足彦国押人命の後なり」とあったとみられる。その一族には、根連金身・根連石未呂・根連靺鞨などがいる。「和邇部氏系図」に、天足彦国押人命の五世孫、大難波宿祢命の弟、彦汝命の子彦武宇志命の尻付けに、「葦占臣・根連・櫛代造・猪甘首の祖」とあり、近い一族か。

櫛代造は、『姓氏録』和泉国皇別に「上に同じ」とあり、原文には、「布留宿祢同祖。天足彦国押人命の後なり」とあったとみられる。佐伯有清は、『和泉志』にみえる日根郡櫛代祠の鎮座地、現在の大阪府貝塚市沢と関わるとみている。その一族には、『正倉院文書』に、河内国大鳥郡日部郷人櫛代造池守が知られ、和泉の豪族である。

以上のように、Fには、雑多な氏族が包括されているが、同祖系譜のBと異なり地方豪族は少なく、いわゆる畿内近国に居住する渡来氏族や伴造系の氏族を多く含むようである。これは、『姓氏録』が対象とするのが畿内の氏族だけであることから、当然の結果であろう。ただ、一部を除いて、本来的な同族結合というより、すでに同族結合自体が本来的な機能を失った状況において、吉田連のように、別途の政治的・経済的事情により同族の範囲が拡大していく事情を示しているのではないか。

4　和邇氏同祖系譜の成立過程

それでは、このような同祖系譜はどのように成立したのであろうか。といっても、右にみたように複雑で重層的に形成されており、明快には説明できないであろう。

「和邇氏本系」

したがって、ここでは欲張らず、小野氏の位置づけに必要な範囲において、同祖系譜の成立過程をみることにしたい。その場合、和邇氏同祖系譜として取り上げるのは、基本的には『古事記』孝昭天皇段にみえるA・B・Cの同族と、『姓氏録』にみえる同族のうちDとEの一部ということになる。

先にみたように、AとBとしたのは、『書紀』天武十三年（六八四）十一月一日条にみえるいわゆる天武八姓の直後に朝臣の姓を賜った五十二氏のうちにみえる六氏であり、その記載順は、大春日臣・大宅臣・粟田臣・小野臣・櫟井臣（壱比韋臣）・柿本臣の系譜とほぼ一致する。そして、その本拠も大和・山背・近江の後の畿内近国であるとともに、六氏のうち櫟井臣を除く五氏は、『書紀』をはじめ六国史にその事績を残す有力な同族であった。岸がいうように、これらの諸氏は、もともと和邇臣という一つの氏族で、その居地により分枝したと考えられる。ただ、大宅臣・粟田臣・小野臣の三氏については、山背、一部近江にも大きな拠点を持っており、山背・近江が本貫で、同族結合後に大和に進出した可能性を指摘した。いずれにしてもこれらの諸氏が、和邇氏同族の中核を構成していたことは間違いないところであろう。

まず、Aのうち春日臣・柿本臣・壱比韋臣と、Dにみえる和安部朝臣・山上朝臣・久米臣・井代臣・壬生臣などが、居住地や所伝からみて、「和邇氏本系」とかなり近い関係にあったことは否定できない。そして大宅臣も、『古事記』の系譜や、天武八姓に伴う「朝臣」賜姓記事において、春日氏に次ぐ二番目にみえることや、反正妃の津野媛・弟媛の父を、『書紀』は「大宅臣祖、木事の女」とし、『古事記』は「丸爾之許碁登臣」としており、和邇氏・春日氏以外で唯一后妃に関する記載にそのウジ名がみえることなどから、「和邇氏本系」に近い位置を占めるものと思われる。またその本拠についても、山背国宇治郷の大宅説もあるが、大和国添上郡大宅郷の地が有力である。大和から山背への進出と解すべきであろう。

小野臣と粟田臣

いっぽう、Bの粟田臣と小野臣については、岸と加藤が指摘するように、大和国添上郡における居住の痕跡が希薄で、山背国愛宕郡粟田郷・小野郷や、近江国滋賀郡小野村などにおける居住が確認され、山背・近江から大和に進出したとする見方が有力である。粟田臣は『書紀』では、推古十九年（六一一）五月五日条に兎田野で薬猟がおこなわれた時に「前部領」とみえ、皇極元年（六四二）に小徳の冠位で舒明の大葬で軽皇子に代わり誄した細目を初見とし、白雉元年（六五〇）に白雉の輿を執った飯虫、白雉四年、入唐学問僧としてみえる春日粟田臣百済の子道観、天武十年（六八一）の小錦下の冠位でみえ、その後、政府の中枢で大きな役割を果たす真人など、推古朝以降、史上で活躍していることがわかる。このことは、大宅臣や小野臣と共通するところであり、和邇氏同族の中核を構成していたことが推定される。このころ春日氏はすでに史上から姿を消しており、推古朝の前後に勢力の交代があったのであろう。その本拠は、岸が指摘するように、山城北部の愛宕郡・宇治郡が有力で、加藤が言う近江における勢力は大きくないと考える。近江の古代豪族の検討からは、粟田臣が特に有力な地域はなく、その分布も顕著とはいえないからである。政治的な上昇と山城から大和への進出が連動している可能性が高い。

小野臣の場合も同様で、推古朝に遣隋使として派遣された大禮の妹子を初見とし、その子で天武朝の大錦上「太政官兼刑部大卿」であった毛人、毛人の子で、持統朝に遣新羅使となり、後に参議・正三位、中納言まで昇進した毛野と、推古朝以降、中央政界で大きな地位を築いている。小野氏の場合は、それまでの氏族的な伝統でその地位を築いたというより、妹子の活躍が一族の政治的上昇に繋がった可能性が高いのではないか。その本拠については後に詳しく検討するので、ここでは、山城北部から近江滋賀の北部として話をすすめたい。粟田氏と同様、大和東北部や山城南部への進出は、中央政界への登用に関わるものであるが、加藤のように、それを継体朝までさかのぼらせることには賛成できない。同じく近江西北部を本拠とする都怒山臣と近淡海国造も、同じような立場にあったとすべきであろう。ただ粟田氏の場合は、和邇氏同祖系譜に加わったのはそれほど新しいことではなく、和邇氏本宗家の全盛期である五世紀代としてもおかしくないと考える。粟田・小野の両氏が和邇氏同族の中で有力になったのは、その中央政界への進出以前のことであり、和邇氏の同族であることを梃子として中央政界へ乗り出したとみるべきではないか。

以上のように、和邇氏同族の中核を構成するAとBの大春日臣・大宅臣・粟田臣・小野臣・櫟井臣(壱比韋臣)・柿本臣と、その一族とみられるB・Dの諸氏が一義的に同族結合を形成したのは、和邇氏が多くの后妃を入内させていた五世紀代で、大和東北部から近江西部の広い範囲に勢力圏を広げた時期であったと考える。そして、こうした中核的氏族の一族や配下なども、その間同族として組み込まれていったとみられるが、その過程は一度のことではなく、長い期間を要したとすべきであろう。そこで次にCの同族をみることにしたい。

和邇部臣と「和邇部」　先に指摘したように、Cの同族は明らかに地方豪族である。すなわち大坂臣・阿那臣のウジ名は後の備後国安那郡・同郡大坂郷の地名に基づくとみられるし、多紀臣の場合も丹波国多紀郷の、羽栗臣の場合は山背国久世郡羽栗郷ないし尾張国葉栗郡葉栗郷の、知多臣も尾張国智多郡の、牟耶臣の場合も上総国武射郡の、伊勢飯高君・壱師君の場合は伊勢国飯高郡・壱志郡のそれぞれ地名に基づくと考えられる。岸は、これらの諸氏が同祖系譜に含まれたことについて、「和邇部」の分布を検討して、それがこれら諸氏の本拠と重なることを指摘し、「和邇部」の地方的管掌者であったことから中央に進出し、同族に組み込まれることを許されたのではないかとしている。この点についていては、先にみたように、「和邇部」だけでなく、その管理にあたったとされる和邇部臣がCの同族と併存することが注意される。

すなわち、丹波国多紀郡の豪族とみられる多紀臣の場合は、先にみたように、多紀郡に「宗部郷戸主　和邇部黒麻呂」がみえるほか、「丹波国人」として「右近衛府将曹和邇臣竜人」がみえる。竜人は和邇部臣の誤りとみられ、多紀臣－和邇部臣－「和邇部」の共存が推定される。多紀臣と和邇部臣は、いずれも多紀郡の郡司クラスの地方豪族で、同族であったとみられる。多紀臣の一族が「和邇部」を管理し、和邇部臣と称したのではないか。

また葉栗臣の場合も山背国久世郡羽栗郷・近江国犬上郡尼子郷・尾張国葉栗郡葉栗郷などを本拠とする豪族とされているが、そのうち、「和邇部」が顕著に分布する尾張には、少領外従八位上勲十二等和爾部臣若麻呂がみえ、尾張の国造（郡司）クラスの地方豪族であることがわかる。葉栗臣の場合も、「和邇部」を管理する一族が和邇部臣を称したのではないか。

知多臣の場合もそのウジ名から尾張国智多郡を本拠とする地方豪族とみられるが、同郡には、木簡資料から「和邇部」・「和爾部」・「丸部」が十一例もみえ、先の少領、和爾部臣若麻呂だけでなく、平城京木簡に智多郡富具郷人の和爾部臣牟良・人足（『平城宮出土木簡概報（19）――長屋王家木簡』前掲）がみえるから、智多郡においても知多臣―和爾部臣―「和邇部」の共存が確認され、和邇部臣が知多臣の一族であった可能性が出てくる。

また、先に検討した、近江高島郡の角山君の場合も、同郡河上里に丸部臣安麻呂が居住しており（『平城宮出土木簡概報（19）――長屋王家木簡』前掲）、その一族とみることができよう。なお、加賀国加賀郡の主帳丸部臣人麻呂（天平三年（七三一）二月「越前国正税帳」『正倉院文書』一―四三九）や讃岐国三野郡大領丸部臣明麻呂（『続後紀』嘉祥元年（八四八）十月一日条）・同郡人丸部臣豊捄（『続紀』宝亀二年（七七一）三月条）など、郡司クラスの丸部臣と、播磨国飾磨郡の和邇部臣宅嗣・宅貞・宅守（『三代実録』貞観五年・六年（八六三・八六四））・若狭国遠敷郡の丸部臣真国（『平城宮木簡』二―二二〇一）・近江国蒲生郡の丸部臣黒満（『平城宮出土木簡概報（29）――二条大路木簡』）らも、同族Cの中に名はみえないが、同様のことが推測されよう。

以上のように、同族Cとしたものの多くは、後に郡司となる国造クラスの地方豪族であり、基本的に後の郡名をウジ名としている。そして、その地域には「和邇部」を管理していたとみられる和邇部臣が「和邇部」とともに分布することが、少なからず確認される。おそらく郡名を負う一族がその地域の本宗家であり、和邇部臣はその一族で「和邇部」を直接管理していたと理解されている。ただ、ここまで、「和邇部」を括弧つきで表記してきたのは、豪族支配下の農民を仮にそのように表記しただけで、実態としては、庚午年籍が造られた天智九年（六七〇）以前には、そうした農民に某部といった「部姓」は付されておらず、「和邇部」を称していたのは、後に和邇部臣を称することになる農民を支配下に置き管理する豪族かその一族のものであったと考えている。庚午年籍以前に「和邇部」を称していた豪族は、後に和邇部臣を称することになったと考えるのである。それはそれとして、同族Cの諸氏が同祖系譜に採録されたのは、地方で「和邇部」を管理していた国造クラスの地方豪族の中で特に有力な氏族が選ばれたのではないか。その場合、後の郡名を負う氏族が選ばれたのは、一族の中の本宗家であったからと考えられる。

和邇氏同祖系譜の形成過程

以上のように、和邇氏同族を構成するAの四氏とBの粟田臣・小野臣の二氏は、天武十三年（六八四）のいわゆる天武八姓により朝臣の姓を賜った五十二氏の中にみえる六氏であり、同族の中核といえる。そして、その本拠も大和・山背・近江の後の畿内近国であるとともに、六氏のうち櫟井臣を除く五氏は、『書紀』をはじめ六国史にその事績を残す有力な同族であった。したがって、最も早い段階で同族関係を形成したことは間違いないところであろう。これらの諸氏は、もともと和邇臣という一つの氏族で、その居地により後に分枝したとする見方もあるが、大宅臣・粟田臣・小野臣の三氏については山背と一部近江にも大きな拠点を持っており、山背・近江が本拠で、同族になってから大和に進出した可能性も指摘されている。この三氏を除けば、その本拠地は諸資料から大和国添上郡和爾の地の周辺に集中しており、もともと親族であった可能性もあろう。そして、Aの大宅臣とBの粟田臣・小野臣・都怒山臣（君）・近淡海国造の五氏は、和邇氏が大和東北部から近江西部の広い範囲に勢力圏を広げた段階に、同族に組み込まれたのであろう。同族

Dとした山上朝臣・久米臣・井代臣・壬生臣・布留宿禰・物部首・物部・網部物部・丈部などは、こうした中核的氏族の一族や配下とみられ、やや遅れて同族に組み込まれたものもあったとみられるが、その過程はそれぞれの事情により長い期間を要したのではなかろうか。

同族Cの大坂臣・阿那臣・多紀臣・羽栗臣・知多臣・牟耶臣・伊勢飯高君・壱師君は、その本拠地はばらばらであるが、出身地の地名をウジ名とする地方豪族であり、その大半は、後に郡司となる国造クラスのものである。その出身地では同じく国造クラスの地方豪族である「和邇部」や和邇部臣が共存することが少なからず確認される。このことは、同族Cの中に「和邇部」や「丸部」が一部みえるだけで、和邇部臣を称するものがないことと無関係とは考えられない。各地の和邇部臣・「和邇部」のうち中央に進出した一族が、出身地の地名をウジ名としたからで、本来は和邇部臣（「和邇部」）を称していたのではないか。両者は本来同族で結果的に分枝したと理解される。また、同族Eとした和爾部宿禰・眞野臣・丸部・和邇部などもこうした同族Cに準ずる性格であったと考える。したがって、同族CやEの諸氏が同祖系譜に採録されたのは、地方で「和邇部」を管理していた国造クラスの地方豪族の中で特に有力な氏族が、中央の和邇氏一族により選択されたとみられ、大和政権の勢力拡大や和邇氏の勢力の伸長の度合いにより、様々なパターンがあったのではないか。

なお、同族Fには雑多な氏族が包括され、同祖系譜のBと異なり地方豪族は少なく、いわゆる畿内近国に居住する渡来氏族や伴造系の氏族を多く含むようである。これは、『姓氏録』が対象とするのが畿内の氏族であるから当然の結果であるが、一部を除いて、本来的な同族結合というよりすでに同族結合自体が機能を失った段階に、吉田連のように別途の政治的・経済的事情により同族に吸収したものもあり、同族の範囲が拡大していく事情を示していると考える。

このように、和邇氏同祖系譜の成立過程については複雑かつ重層的で、一律に理解することは不可能であるが、おおよその構造は明らかになったと考える。小野氏は、近淡海国造＝和邇部臣や角山君とともに近江湖西北部の地方豪族で、粟田氏とともに同族Bを構成している。そのあり方は、同族Cと共通する部分と同族Aに準ずる立場にもあり、後には和邇氏同族の氏上的な地位にあるという特殊なものである。こうした知見も参照して、次章では小野氏のルーツを探ることにしたい。

第四章　和邇部臣から小野臣へ――「和邇部氏系図」をめぐって

1　「和邇部氏系図」の再発見

太田亮『姓氏家系大辞典』

これまでみてきたように、小野氏のことを考える上で、同族の和邇部臣の存在は無視できない。しかし和邇部臣については、第三章でみたように、「職」名の「近淡海国造」と『書紀』や『姓氏録』の記載によりその氏族としての一端を知りうるだけで、近江における具体的な動向についてはほとんど手がかりはなかった。そうした中で、第二章において、考古資料の検討から後の滋賀郡における小野氏と和邇部氏の動向を、粗削りながらみることができた。本章では、近江の和邇部氏について考える上で、重要な手がかりとなる「和邇部氏系図」を取り上げることにしたい。ただ、この「和邇部氏系図」については、その史料としての評価に、これまでいくつかの疑問が出されており、採用するにあたっては慎重な姿勢が必要となる。そこで、

写真5　浅間大社社殿全景（静岡県富士宮市）

やや遠回りではあるが、「和邇部氏系図」について史料的評価を確認し、その上で和邇部氏の在地における動向と小野氏との関わりをみることにする。

「和邇部氏系図」は、古代氏族研究・系図研究の大家太田亮が、その著『姓氏家系大辞典』（角川書店、一九六三）の和邇条に、もと和爾部姓であった駿河浅間大社大宮司家旧蔵とする「和爾系図」（この系図は、第一義的には和邇部氏によって作成されたものであるから、本書では「和邇部氏系図」と記す。以下太田本と呼ぶ）を引用したものである。太田本を旧蔵していたとする駿河浅間大社大宮司家にはすでに失われ現存しないことは、その後の調査でも確認されており、その具体的な入手経路は長く不明であった（田中卓「不破の関をめぐる古代氏族の動向――近江国坂田郡と美濃国不破郡の氏族と神社」『壬申の乱とその前後』田中卓著作集五、前掲）。和邇条には、太田が、「真偽詳かならざれど、参考の為に引用せん」と、孝昭天皇の皇子天足彦国押人命から、駿河浅間大社大宮司家富士氏の初代豊麻呂（とよまろ）の父である和邇部臣宗人までの系譜を掲げ、「（上古の分は偽作也）」と注して、「宗人の後は、富士、大久保等の條を見よ」としている（写真5）。

岸俊男はこの系図について著書の分注で少しふれており、当然関心は持っていたが「どの程度信憑すべきかわからない」とし、深入りは避けている。この系図の再検討に先鞭をつけたのは、『姓氏録』の校訂・校注の研究でも知られる古代史家佐伯有清である（「山上氏の出自と性格」「山上憶良と粟田氏の同族」『日本古代氏族の研究』前掲）。佐伯は、この系図には『記紀』など古代文献にはみえない独自の所伝があり、『播磨国風土記』や『先代旧事本紀』の記事を校訂することができること、系図の譜文中に「評」の記載があることなどから、古伝に基づく可能性のあることを指摘した。佐伯は後に、この系図が国立国会図書館所蔵の中田憲信稿本『各家系譜』全四十巻・十三冊（以下「中田本」と略記）の中の「大久保家家譜草稿」前半部と一致することを明らかにしている。ただ、佐伯は中田本については特に論究していない。

その後、比護隆界・宝賀寿男・溝口睦子・鈴木正信らがこの系図について論究し、その信憑性を検討しているが、このうち、宝賀・溝口・鈴木はおおむね佐伯説を支持し、この系図の資料的価値に肯定的である（宝賀寿男「鈴木真年翁の系図収集先――併せて『越中石黒系図』を論ず」『家系研究』十九・二十号、一九八八。溝口睦子『古代氏族の系譜』吉川弘文館、一九八七。鈴木正信「和珥氏系譜の展開とその背景」『日本古代氏族系譜の基礎的研究』東京堂出版、二〇一二）。佐伯が国文学界で有力化していた山上憶良＝渡来人説を批判する際に「和邇部氏系図」を引いたことに反論した比護隆界は、実際に「中田本」を検討してその信憑性を検証した（比護隆界「氏族系譜の形成とその信憑性――駿河浅間神社旧蔵『和邇氏系図』について」『日本古代史論輯』桜楓社、一九八八）。比護は、系図の成立時期を、「全体としては記紀・

姓氏録・旧事紀等によって復元することが可能であり」、「吉田連書主等に興世朝臣が賜姓された承和四年（八三七）以降」で、しかも『旧事紀』成立以降とし、「さらに下がった比較的近代に近い時点での造作をも否定するものではない」と主張した。このように「和邇部氏系図」が注目されたのは、謎の多い和邇氏についての有力な未発見史料であったからである。

加藤謙吉の新見解

最近になって、加藤謙吉を中心とする古系図研究会により、この系図について詳細な校訂と考察がなされている（古系図研究会「史料研究・『和珥部氏系図』について」『中央史学』二十九号、二〇〇六）。加藤は、太田本・中田本に加え、その後存在が明らかになった宮内庁書陵部所蔵の『続華族系譜』所収の「大久保家系譜」（以下「書陵部本」と略記）の三本を比較検討し、中田本が比較的原本の表記・構成を残すものとし、これを底本として他本との異同を注記し、系図前半部を校訂本として提示している。これによって「和邇部氏系図」の全体像が明らかになり、考察の便が図られることになったが、同時にその成果に基づき系図の成立時期や作成者の検討も加えている。

この系図の構成については、後半部の系譜に関わる駿河浅間大社大宮司家の富士氏（和邇部氏）が、自家の出自を中央豪族の和邇氏の系譜（以下「和邇氏本系」）と繫ぐため前半部の「和邇部氏系図」を入手して接続したこと、その時期は、前半部の末尾にみえる永主の譜文に「掃部助従六位下」とあり、掃部寮の成立が弘仁十一年（八二〇）であるから、これを上限とし、参照したとみられる文献で最も新しい『旧事紀』の成立の下限である延喜四年（九〇四）ころと押さえることができるとした。また

「和邇部氏系図」の作成者については、駿河浅間大社大宮司家の富士氏（和邇部臣氏）の初代である豊麻呂の父に仮構した宗人が、『続日本紀』天平神護元年（七六五）七月甲辰条に「左京人甲斐員外目丸部臣宗人等二人賜姓宿禰」とある宗人と同一人物であるから、「和邇部氏系図」はこの時丸部宿禰となった丸部臣氏が作製・伝流していた系図で、宗人の譜文にある「神護景雲二年（七六八）四月任駿河掾」とある記載についても、史実に基づく可能性が高いとした。

そしてこの丸部臣については、「和邇部氏系図」の譜文に、壬申の乱の功臣とある和邇部臣君手の子大石と伯麿はともに志賀郡大領とあり、伯麿の子石積が「近江少丞」、孫の稲敷が「近江目」とあるように、近江国滋賀郡との関わりがみられる。ところが、君手の弟濱主の子大居が山城国愛宕郡主政、大石・伯麿の弟の弟足が山城国愛宕郡少領とあり、弟足の子男人も愛宕郡少領、孫の海足が山城大目、真楫が愛宕郡擬少領とあることから、本来は、山城国愛宕郡を本拠とする地方豪族で、後に小野氏とともに近江国滋賀郡に勢力を伸ばしたと指摘した。

加藤の研究により「和邇部氏系図」の実態が明らかになるとともに、その成立事情がより明確になったといえる。しかしながら、加藤を含め、この系図を、これまで確かな資料のなかった「和邇氏本系」の信憑性を明らかにできる新資料として採用できるかどうかを第一義としており、系図そのものの伝流過程についてはあえて踏み込んでいない。しかしながら、これでは比護隆界が指摘した、系図作成の下限が近代に降る可能性についての提言に十分に答えていないと考える。私は、そうしたことからまず、この系図の後半部分について、その作成契機と伝流過程を検証し、本系図の問題点と重要性を考えることにしたい。

2 「和邇部氏系図」の史料系統

「和邇部氏系図」 本系図は、先に指摘したように、太田が、その著『姓氏家系大辞典』の和邇条に、元和爾部姓であった駿河浅間大社大宮司家の富士氏の旧蔵とする「和爾系図」として参考のため掲載したことから、その存在が明らかになったものである。そして、和邇条に引用された系譜に続く部分は、富士条・宇津条・大久保条に分載していることを太田が明記しており、太田本の検討は、まず太田が寸断して引用した系図を元の形に戻した上ですすめるべきであろう。なお、後にみるように、太田が「駿河浅間大社大宮司家旧蔵」としたのは、太田が浅間大社所蔵の系図を実見したのではなく、あくまでこの系図の内容を検討して、そのように記述したものとみられ、浅間大社に所蔵されていた時期は依然不明である。

太田本 上述のように、『姓氏家系大辞典』和邇条には、「真偽詳かならざれど、参考の為に引用せん」と、①孝昭天皇の皇子天足彦国押人命から駿河浅間大社大宮司家富士氏の初代豊麻呂の父である和邇部臣宗人までの系譜を掲げ、「(上古の分は偽作也)」と注して、「宗人の後は、富士、大久保等の條を見よ」としている(図16・図22)。そして、②『姓氏家系大辞典』富士条には、和邇条の系譜に「丸邇部臣を負ふ」とある弓束から君手─弟足─宗人という四代を注釈して、富士氏初代の豊麻呂から「富士大宮司」とある忠次の子忠俊・忠照までの系譜を引用している（図17）。この続きは③『姓氏家系大辞典』宇津条に、「浅間社家和邇部氏の系図」によるとして、忠俊・忠照の祖父で「富士六郡、宇都峯城主」の義勝から『姓氏家系大辞典』大久保条（忠俊流）が引用する忠茂(ただしげ)―忠俊(ただとし)までを掲載している（図18）。これは義勝(よしかつ)の子義正(よしまさ)が「宇都小太郎」、義利(よしとし)が「宇都二郎」とも呼ばれていたことからであろう。さらに、④『姓氏家系大辞典』大久保条（忠俊流）は、宇都条の後を承け「大久保系図」によるとして、忠茂から旗本千三百石の康任(やすとう)の世代までの系譜を載せる（図19）。⑤『姓氏家系大辞典』の大久保条（忠員流）には、忠茂(ただしげ)の子忠員(ただかず)とその後裔の系譜が収録されている（図20）。

ここで太田亮が引く「大久保系図」とは、特に断っていないが、直参大久保氏が江戸幕府に提出した『寛永諸家系譜傳』・『寛政重脩諸家譜』の系図と区別されているから、「和邇部氏系図」に基づく可能性がある。ただし、忠茂の父忠興(ただとも)より後の系譜は、『寛永諸家系譜傳』・『寛政重脩諸家譜』の系図とほぼ同一である。太田は、「浅間社家和邇部氏の系図」によるとして、①から⑤までの系譜を分載しており、本来一連のものであったことがわかる。なお、この太田本の①の部分については太田による文章の書き換えや省略があるとされるが、加藤が指摘しているようにほぼ中田本と同内容であり、書陵部本が省略した箇所の記載もあるところから、中田本か中田本と共通の原本（太田に倣って、仮に「大久保系図」と呼ぶ）に依拠していたことが推定される。このことは、後にみるように②から⑤の部分についても同様で、太田は、中田本（「大久保家家譜草稿」）か、その原本を入手・参照し、それを『姓氏家系大辞典』の各条に分割して掲載したのであろう。

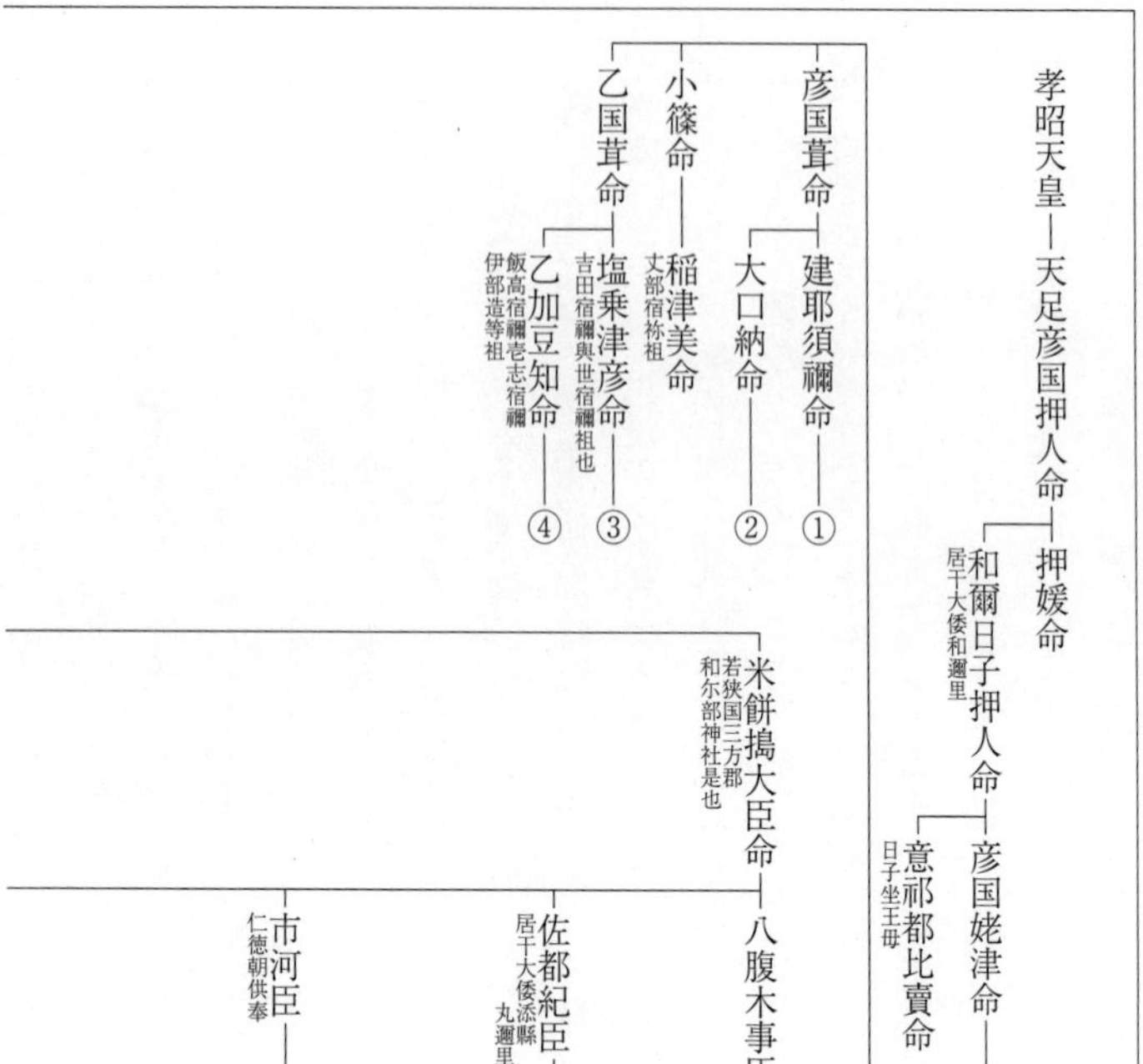

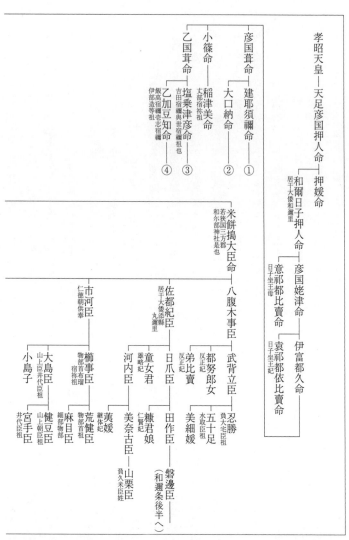

和邇条（前半）（後半は図22）

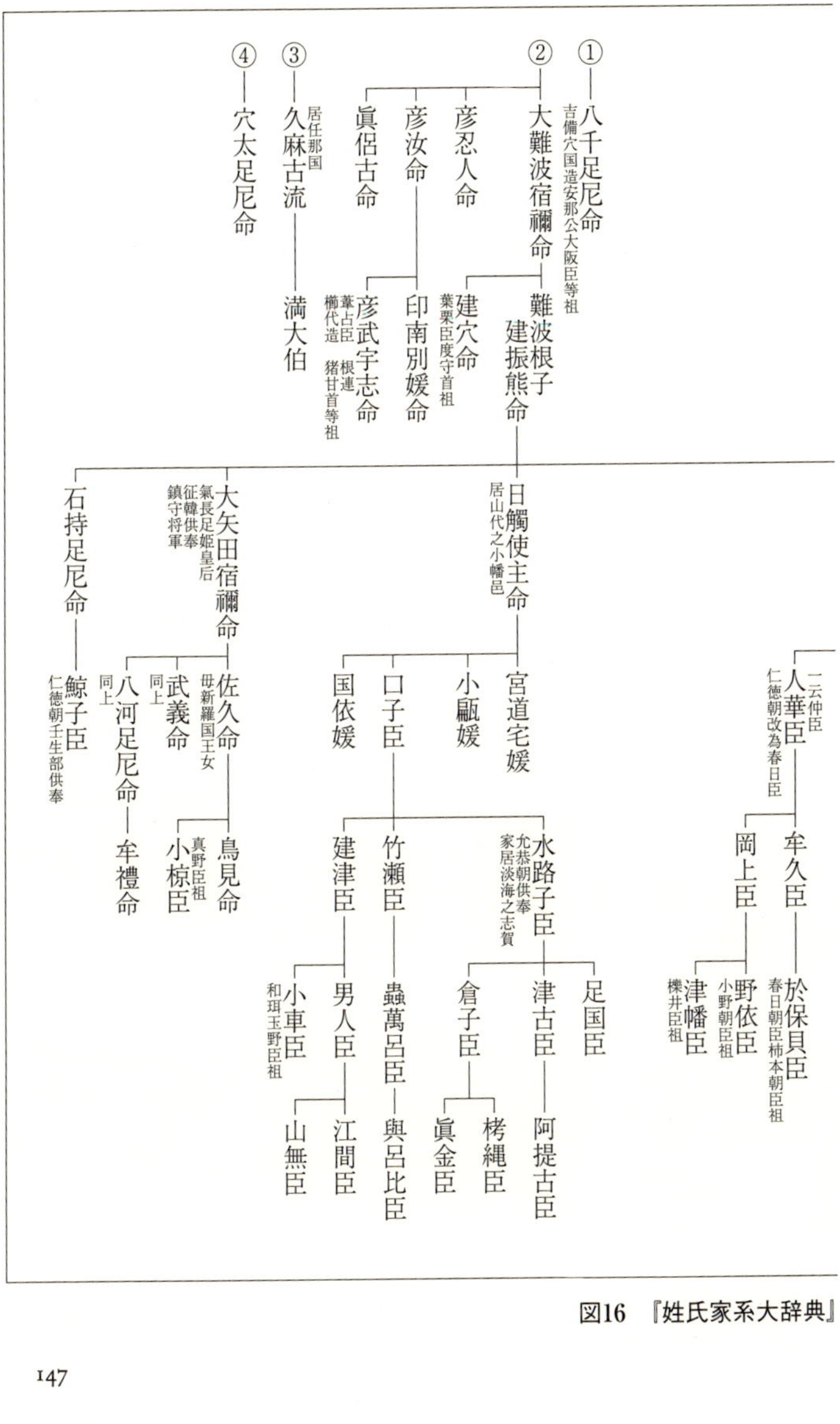
①
八千足尼命
吉備穴国造安那公大阪臣等祖
②
大難波宿禰命
彦忍人命
彦汝命
眞侶古命
③
久麻古流
居任那国
満大伯
④
穴太足尼命
難波根子建振熊命
建穴命
葉栗臣度守首祖
印南別媛命
彦武宇志命
葦占臣　根連
櫛代造　猪甘首等祖
日觸使主命
居山代之小幡邑
大矢田宿禰命
氣長足姫皇后
征韓供奉
鎮守将軍
石持足尼命
鯨子臣
仁徳朝壬生部供奉
宮道宅媛
小甂媛
口子臣
国依媛
佐久命
母新羅国王女
武義命
同上
八河足尼命
同上
牟禮命
鳥見命
小椋臣
真野臣祖
人華臣
一云仲臣
仁徳朝改為春日臣
水路子臣
允恭朝供奉
家居淡海之志賀
竹瀬臣
建津臣
足国臣
津古臣
倉子臣
蟲萬呂臣
男人臣
小車臣
和珥玉野臣祖
阿提古臣
栲縄臣
眞金臣
與呂比臣
江間臣
山無臣
牟久臣
岡上臣
於保貝臣
春日朝臣柿本朝臣祖
野依臣
小野朝臣祖
津幡臣
櫟井臣祖

図16　『姓氏家系大辞典』

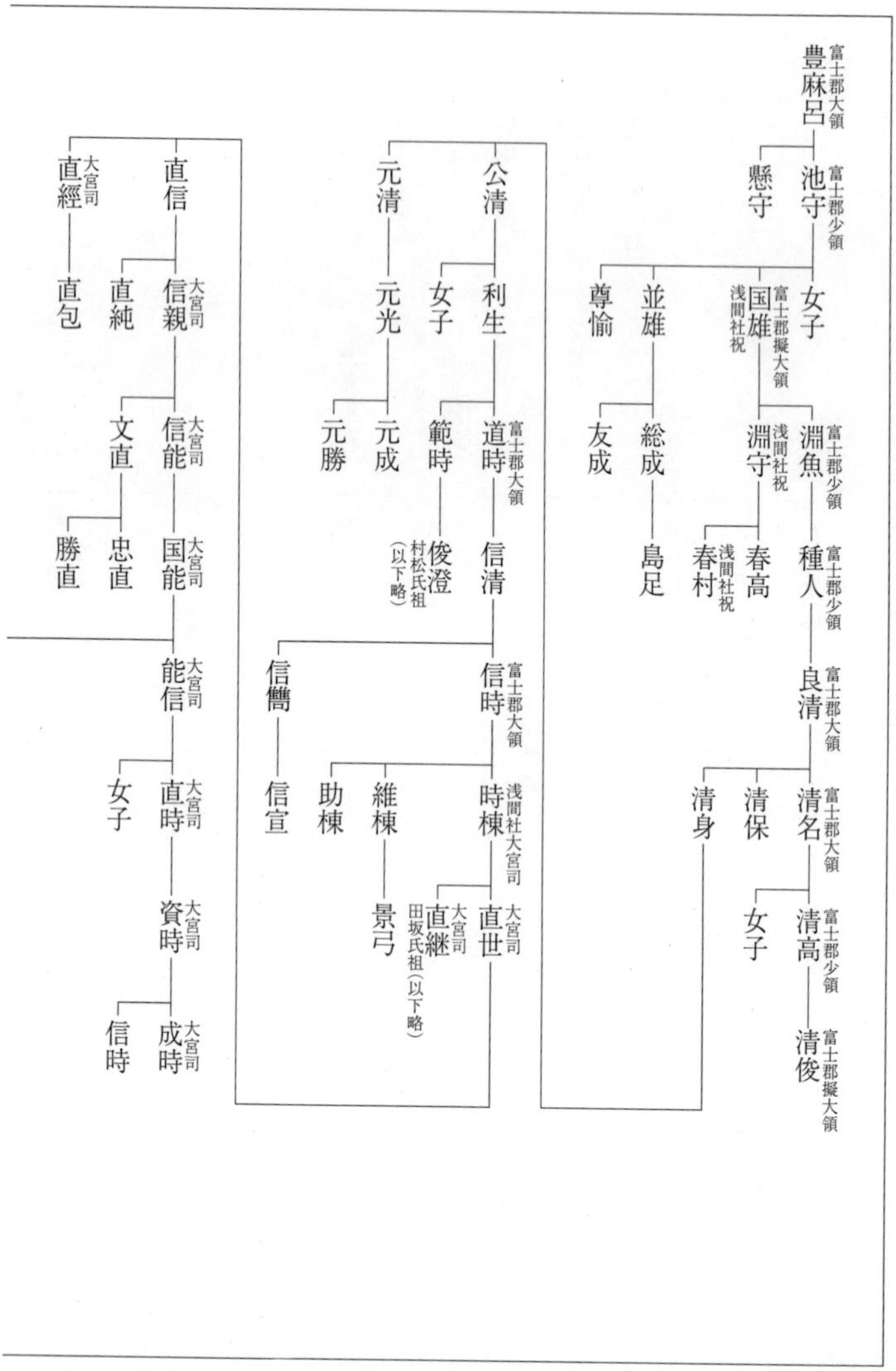
豊麻呂 富士郡大領
池守 富士郡少領
懸守
女子
国雄 富士郡擬大領 浅間社祝
並雄
尊愉
淵魚 富士郡少領
淵守 浅間社祝
総成
友成
種人 富士郡少領
春高
春村 浅間社祝
島足
良清 富士郡大領
清名 富士郡大領
清保
清身
清高 富士郡少領
女子
清俊 富士郡擬大領
公清
元清
利生
女子
元光
道時 富士郡大領
範時
元成
元勝
信清
俊澄 村松氏祖（以下略）
信時 富士郡大領
信雋
時棟 浅間社大宮司
維棟
助棟
信宣
直世 大宮司
直継 大宮司 田坂氏祖（以下略）
景弓
直信
直經 大宮司
信親 大宮司
直純
直包
信能 大宮司
文直
国能 大宮司
忠直
勝直
能信 大宮司
直時 大宮司
女子
資時 大宮司
成時 大宮司
信時

大辞典』富士条

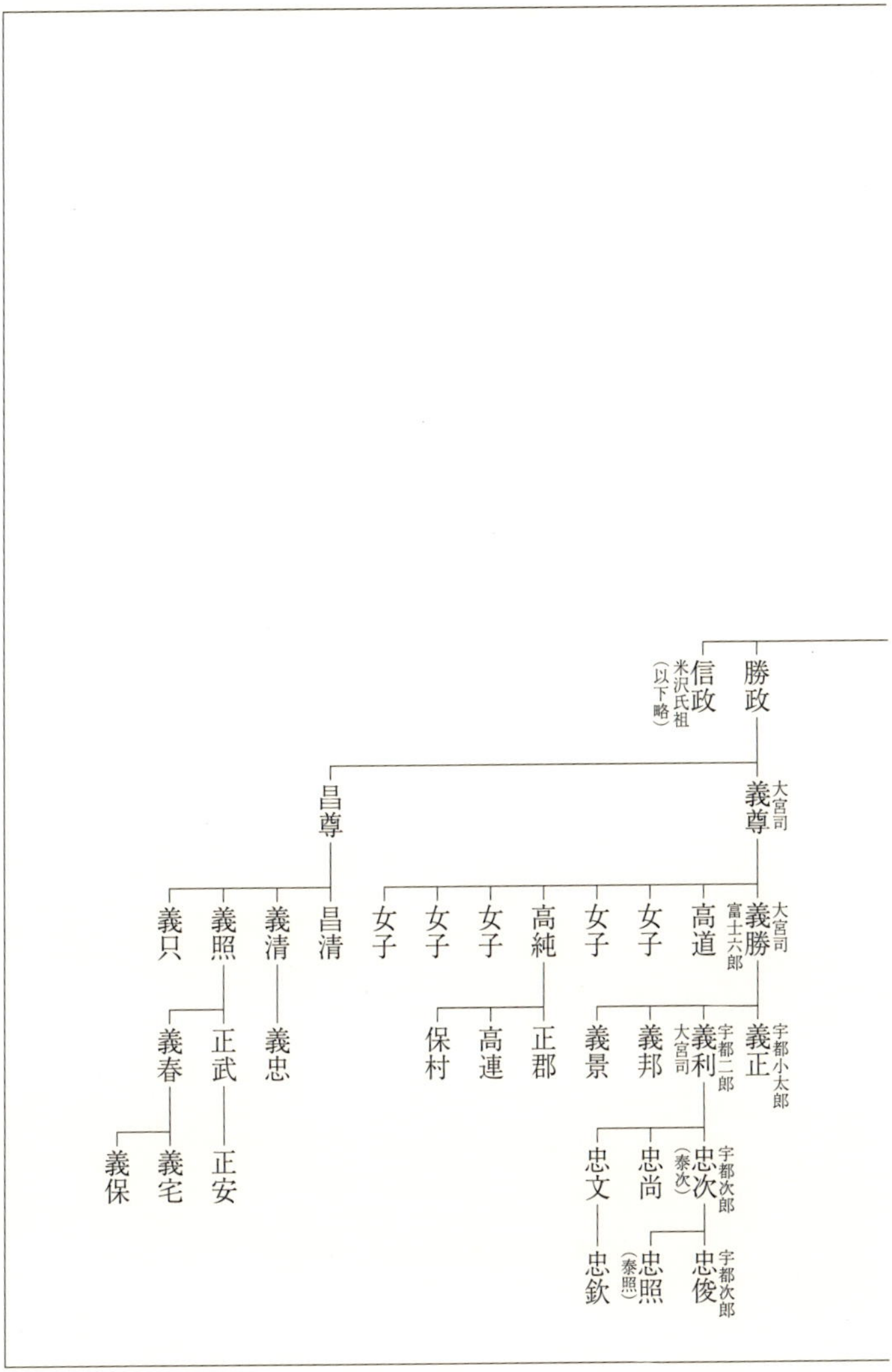
勝政
信政
米沢氏祖
（以下略）
義尊
大宮司
昌尊
義勝
大宮司
高道
富士六郎
女子
女子
高純
女子
女子
女子
昌清
義清
義照
義只
義正
宇都小太郎
義利
宇都二郎
大宮司
義邦
義景
正郡
高連
保村
義忠
正武
義春
忠次
宇都次郎
（泰次）
忠尚
忠文
正安
義宅
義保
忠俊
宇都次郎
忠照
（泰照）
忠欽

図17 『姓氏家系

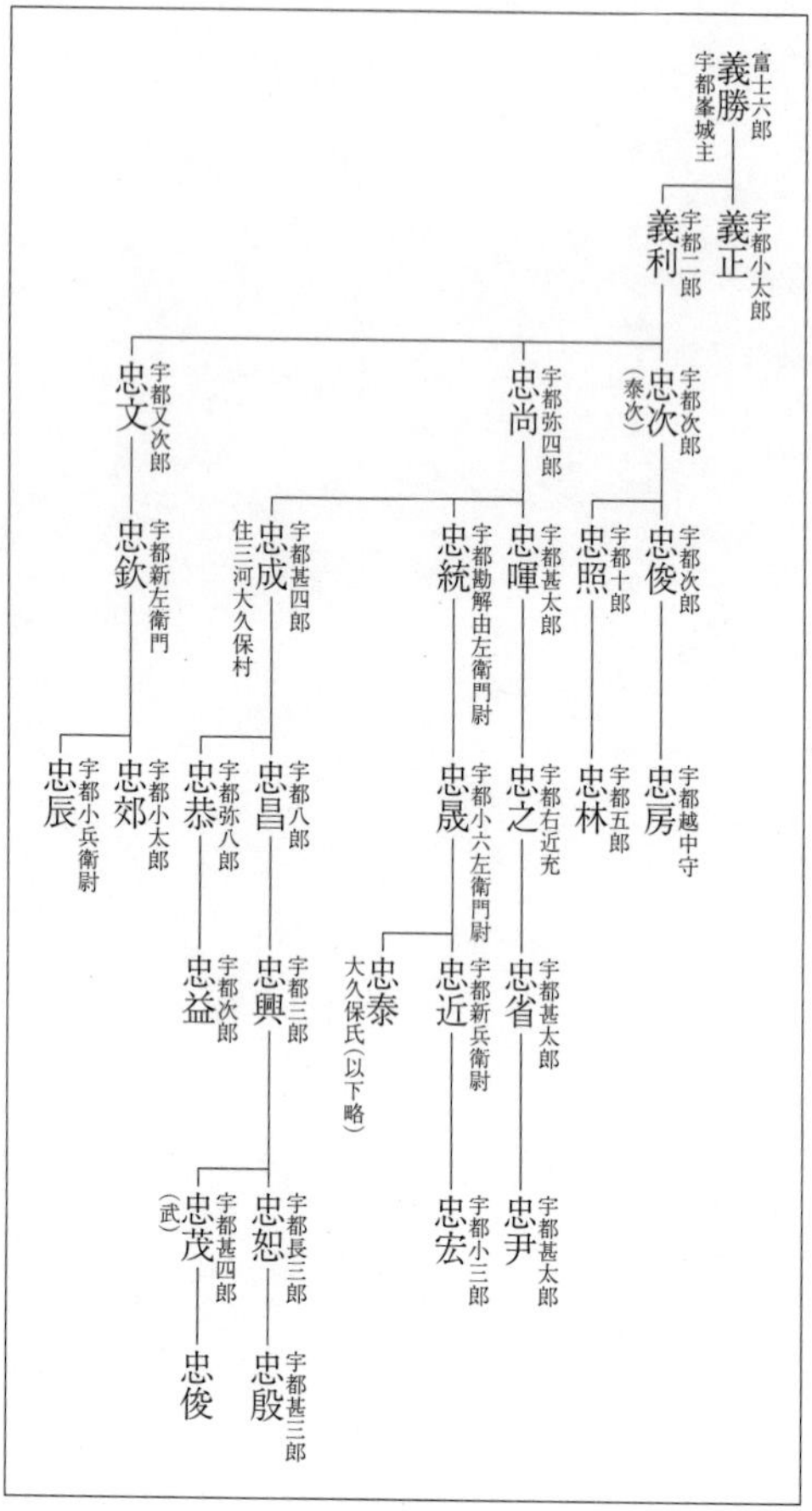

図18 『姓氏家系大辞典』宇都条

中田本　中田本と呼ぶのは、国立国会図書館所蔵の中田憲信稿本『各家系譜』の「大久保家家譜草稿」のことであり、もともと系図研究の大家である中田憲信が所持していたもので、憲信自身が執筆したものであろう。書陵部本が、次にみるように、男爵・陸軍大将大久保春野が政府に提出した「大久保家系譜」であるから、「大久保家家譜草稿」とある中田本は、そのタイトルから知られるように、大久保氏の家譜作成過程の稿本とみられ、書陵部本とは親子関係にあるといえる。両者を比較すると、草稿の原稿を訂正した部分が書陵部本で直されているところがあって、ほぼ間違いないであろう。となると、大久保春野から提出された「大久保家系譜」の作成に、「草稿」を所持していた中田憲信が関わっていた可能性は大きいといえよう。後に検討したい（写真6）。

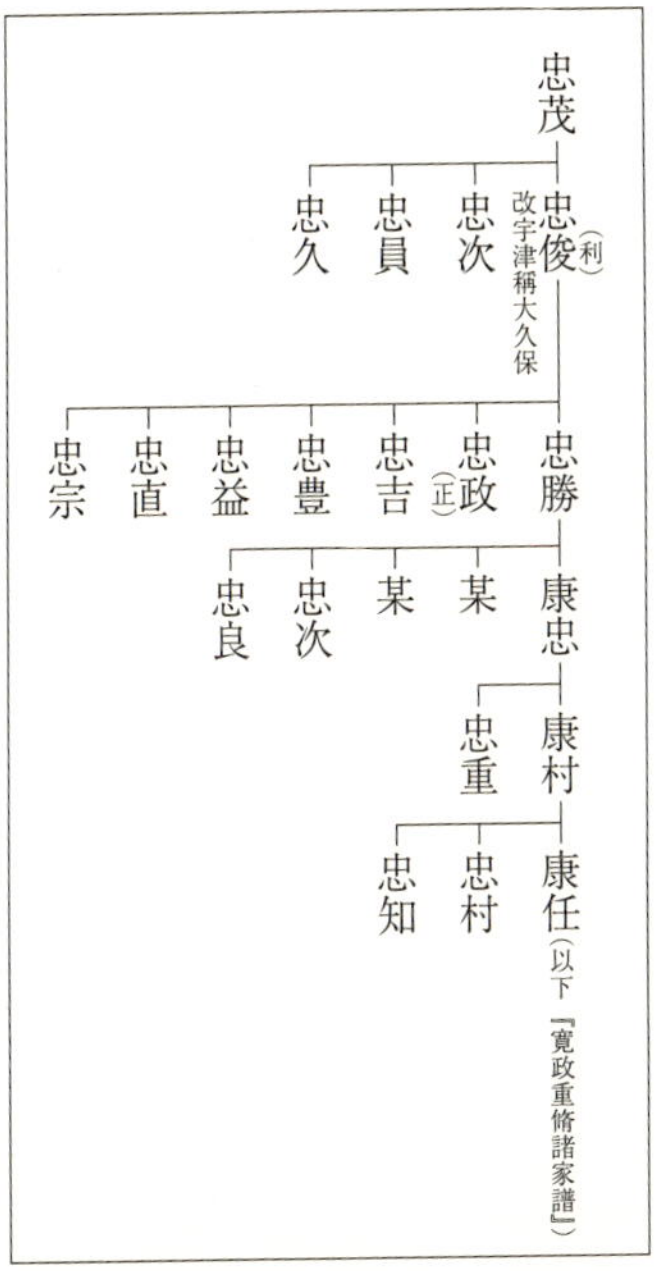

図19　『姓氏家系大辞典』大久保条（忠俊流）

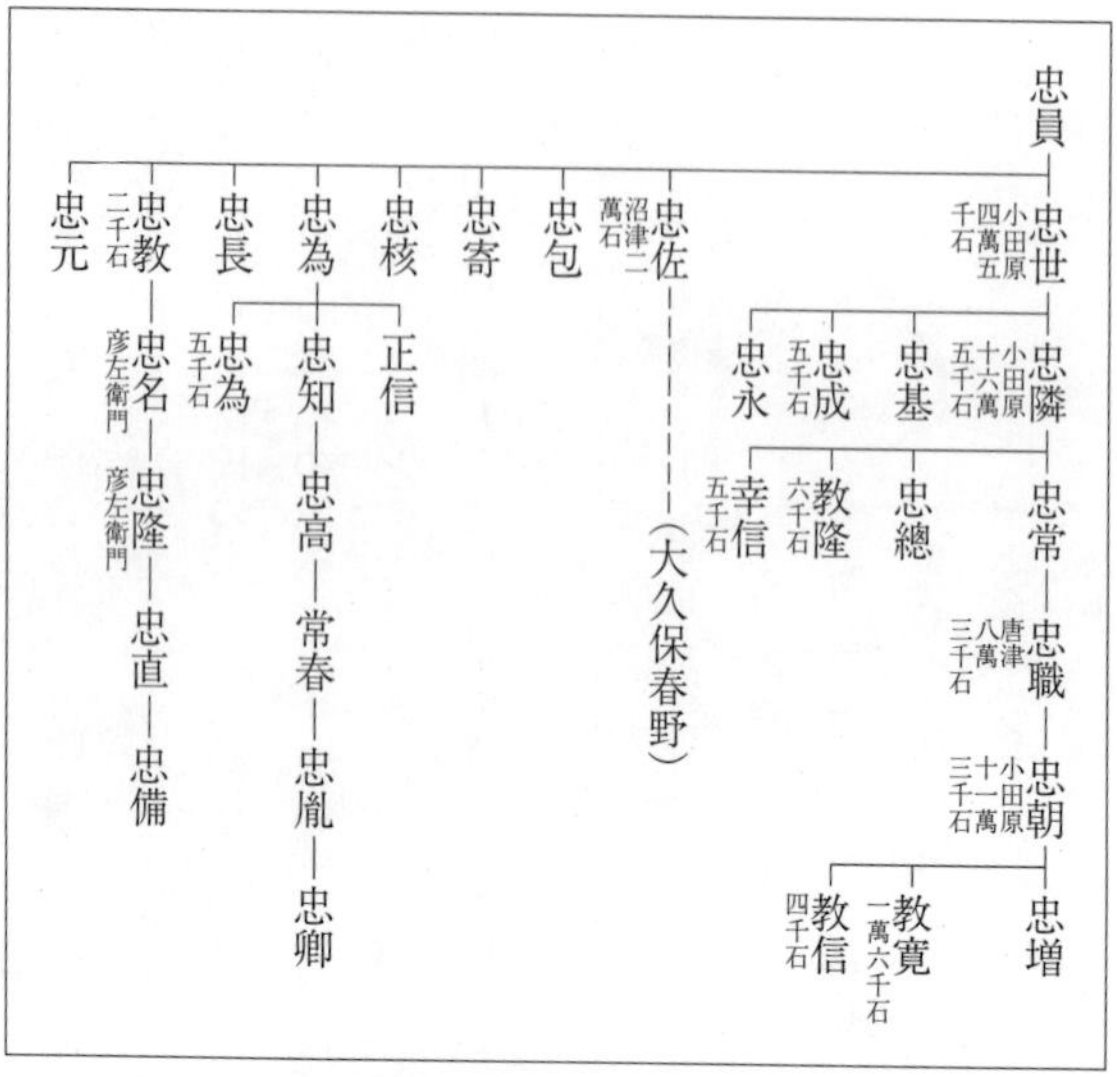

図20　『姓氏家系大辞典』大久保条（忠員流）

書陵部本　男爵大久保春野が提出した「大久保家系譜」を収載する書陵部所蔵の系図集とは、『続華族系譜』という綴で、明治末期から大正にかけて、華族の諸家から提出されたものである。旧公家・旧諸侯出身の家だけでなく、新たに維新と維新後の功績などによって華族の列に加えられた家の系譜も含んでいる。大久保春野から「大久保家系譜」が呈譜されたのは明治四十年（一九〇七）十月九日であった。ちなみに、書陵部本は、中田本と異なり、整理され、「大久保家家譜草稿」の一部を省略して美しく清書・製本されており、最後に春野による宮内大臣宛ての届書が付されている（写真7）。したがって、ここからも中田本が「大久保家系譜」のオリジナルであることがわかる。

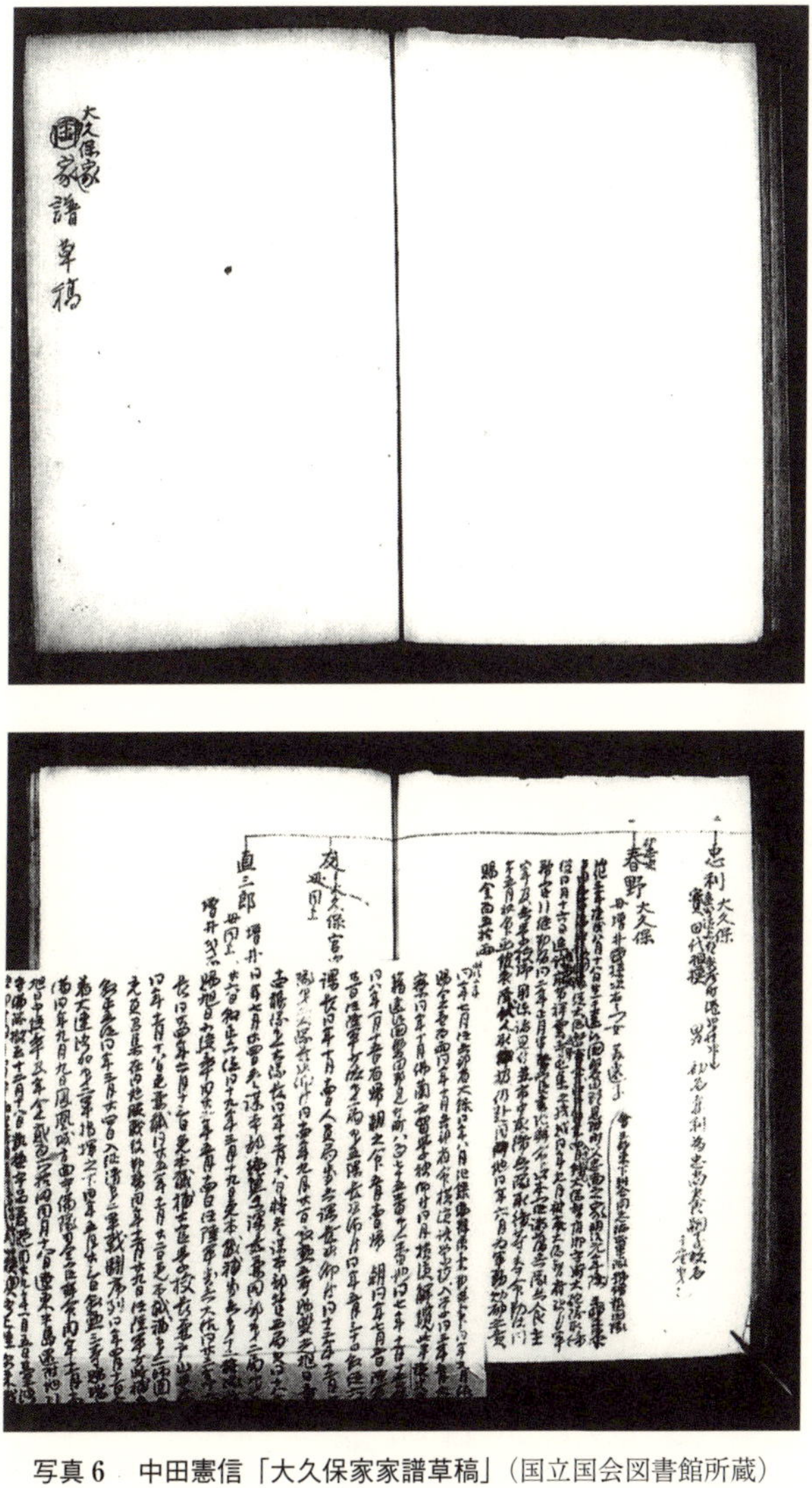

写真６　中田憲信「大久保家家譜草稿」（国立国会図書館所蔵）

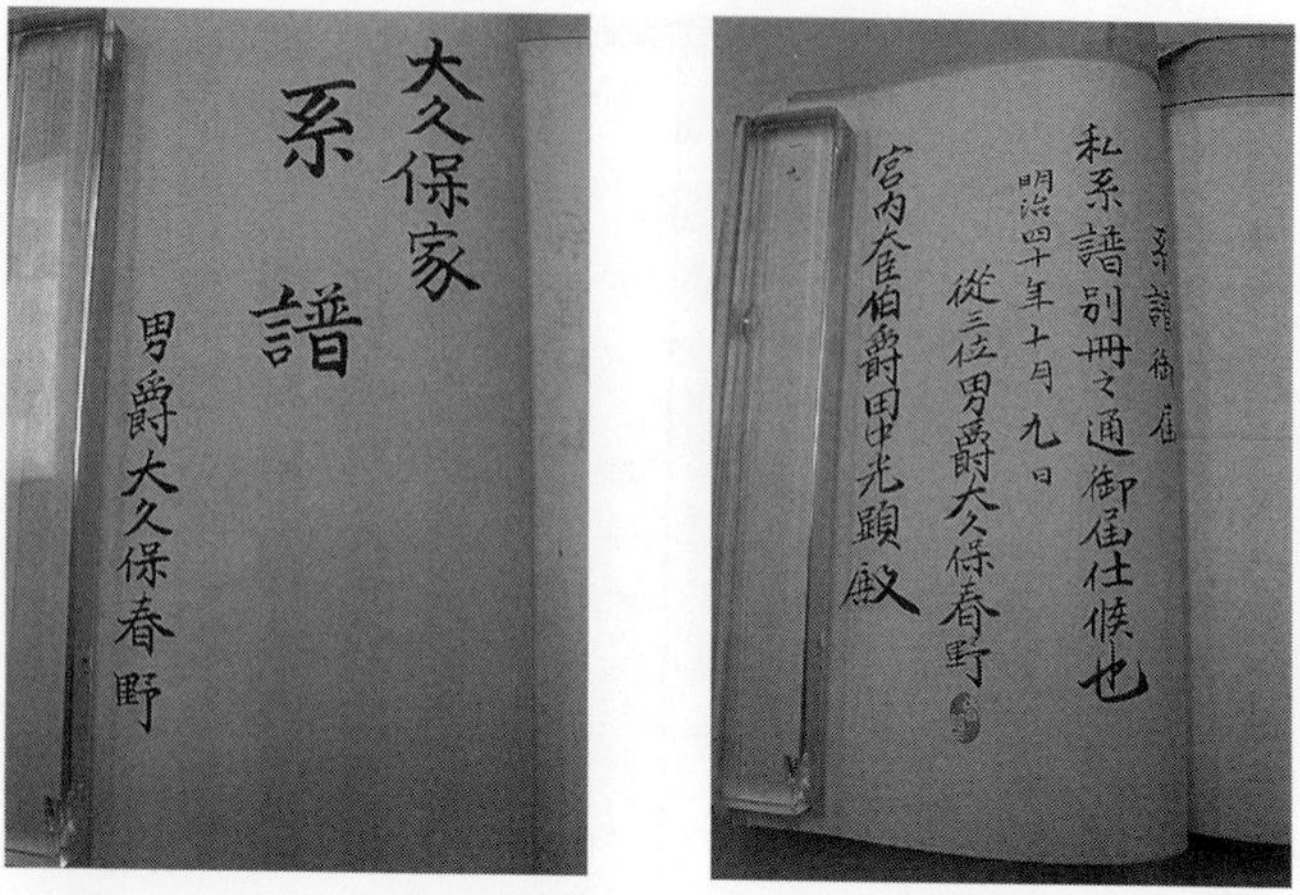

写真7　男爵大久保春野が提出した「大久保家系譜」
（宮内庁宮内公文書館所蔵）

以下、太田本ならびに実見した中田本・書陵部本を比較検討して確認しえた点を、同様な検討を加えた宝賀寿男や加藤謙吉による調査・研究を参照して、もう少し考えることにしたい。

3　「和邇部氏系図」の伝流

大久保春野

そこで、具体的な検討に移る前に、重要な当事者の一人である大久保春野の経歴を「大久保家系譜」と宝賀寿男の研究によりざっとみておきたい。大久保春野の家が大久保姓を称することになったのは新しく、祖父の忠照（ただてる）からで、もとは西尾氏であった。遠江国見附の県社淡海国玉神社（静岡県磐田市）祠官家で、父の大久保忠尚（ただなお）はこの玉神社の宮司であった。春野はその長男で、維新前後には遠州報国団として父とともに戊辰戦争に従軍している。維新後、遠州が徳川氏の領地となったため、元の上官であった大村益次郎に救済を訴えたところ、東京招魂社の神職に採用され、忠尚はその初代宮司となった。春野は一時横浜語学所に勤めたが、しばらくして大坂兵学寮に入校し、明治三年には選抜されて兵学を学ぶためフランスに留学した。春野は帰国後、陸軍省に出仕し、明治十年、西南戦争中に陸軍少佐に抜擢され、陸軍省第二局二課長となっている。その後、第十二連隊長、戸山学校校長、士官学校校長等を歴任し、日清戦争の勃発時には第七旅団長・少将であった。下関条約締結後に台湾接収に派遣され、その功績で陸軍中将に昇進している。日露戦争で、第二軍所属第六師団長として従軍し功績を上げたことによって、日露戦争後二十八人目の陸軍大将に昇進した。薩長出身以外で初めての陸軍大将であった。そして、明治四十年（一九〇七）には男爵を授けられ、華族に列せられた。明治四十一年（一九〇八）から明治四十四年（一九一一）まで、第三代の朝鮮軍司令官となり、大正四年（一九一五）死去した。享年六十九歳であった。このように大久保春野は、人生の大半を陸軍軍人として過ごし、その功績により新華族に抜擢された。華族となるにあたっては、当然その家譜の提出を命ぜられたであろう。春野は、家譜の提出のため、他の新興の華族に倣って男爵家にふさわしい系図の作成が必要になったとみられる。書陵部本にはそうした事情は書かれていないが、先にみたように、中田本が「大久保家家譜草稿」とあるから、中田憲信にその作成を依頼したのはほぼ間違いないであろう。

中田憲信の述作

中田憲信は、天保六年（一八三五）兵庫県明石で生まれ、天保十四年、九歳の時父有信が死去して養子に出された。慶応三年（一八六七）三十二歳の時、おそらく神官家の繋がりからか、泉州大鳥郡陶荘陶器村の陶神社の神祇職となり、翌年大依羅神社の権神主になっている。このころ憲信は、系図研究の同志鈴木真年も一時学んだことのある平田篤胤の養嗣子平田鐵胤の門弟となり、国学を学んでいる。その後、明治二年（一八六九）明治天皇の東幸に供奉・上京し、弾正台に出仕することになる。鈴木真年もその後まもなく紀州藩から弾正台に入っており、二人の交流が始まったとみられる。その後憲信は司法畑を歩み各地の裁判所に勤務するが、鈴木真年は宮内省内舎人、次いで奈良石上神宮宮司に転じている。憲信は、明治十六年から同十八年まで大阪控訴裁判所判事であったが、当時の同裁判所所長に児島惟謙がおり、その家系を後に『諸系譜』に収載していることから、勤務先での交流が系図蒐集に生かされていることがわかる。また同二十四年（一八九一）徳島地方裁判所検事正となるが、この関係で徳島県関係の古文書・系図類を『諸系譜』に多く収載している。甲府地方裁判所所長判事在任中の明治二十七年、鈴木真年が大阪で逝去（享年六十四歳）した。この甲府時代にも、憲信は法曹関係者等から貴重な系図を採集している。同二十九年（一八九六）休職となり、実質的にこの時点（当時六十二歳）で法曹界から去ったとみられる。

同三十三年（一九〇〇）、帝国古蹟取調会（会長九条道孝公爵）が設立され、憲信はこの会の評議員と調査委員を兼ね、会報『帝国古蹟取調会会報』（のち『古蹟』に改める）には毎号調査報告を載せている。なお、この会の調査委員は、井上頼国、星野恒、吉田東伍、田中義成、坪井正五郎、小杉榲村、木村正辞、三上参次、三宅米吉など、当時の歴史学界の錚々たるメンバーであった。この時期、憲信はようやく公務から解放され、歴史・系図研究に専念できることになった。明治三十七年（一九〇四）東亜精華女学校を設立してその初代校長に就任するが、明治四十三年（一九一〇）神戸にて死去した。享年七十六歳であった。（宝賀寿男「中田憲信と『南方遺胤』」『古樹紀之房間』古代氏族研究会公式ホームページ掲載、一九九三初出、後補訂）

このように、中田憲信は平田鐵胤門下の鈴木真年と長く親交を保ち、その史料収集などで密接に関わり連携していたとみられている。憲信の著作としては、『諸系譜』三十三冊、『各家系譜』十三冊、『皇胤志』（内題『皇統系図』）六冊などが知られ、現在、国立国会図書館に所蔵されている。いずれも系図集で、『諸系譜』は憲信が主に編纂・収集したとみられる大系図集である。なかには、鈴木真年をはじめ数人の筆跡があるとされており、おそらくそれぞれが蒐集した系図を相互に筆写・譲渡していたのであろう。またその用紙に、憲信が勤務ないし関係したいくつかの裁判所の名が記されているものもあり、上述のように、勤務地や交遊関係からかなり長い間にわたり記述されまとめられたことが知られる。ちなみに、大久保春野から「大久保家系譜」が政府に呈譜されたのは、明治四十年十月九日であったが、そのころ真年はすでに亡く、憲信は明治二十九年に休職し、明治三十三年以降は、本務を離れ、「帝国古蹟取調会」の中心メンバーとして、長年すすめてきた系図蒐集・歴史研究に専念し、活発な活動をおこなっていた。学者や同好の人々との交流を深めるいっぽう、華族など旧大名家・有力者との接触もすすめていたと思われる。そのような中で、憲信と春野に接点が生じたのではなかろうか。したがって、大久保春野は、自家や一族に伝わる系譜を用意して、中田憲信にその整理を依頼したのではないか。憲信はおそらく春野の希望を聞いた上で、そうしたデータと、長年蒐集してきた系譜類を参照して稿本（中田本）を作成し、それを整理して春野に正本を提供したとみられる。

「大久保家系譜」の成立

先にみたように、春野の家系は、もともと西尾を称しており、祖父の忠照から大久保氏を名乗ったとする。大久保に改姓した事情はわからないが、このことがその系図を直参の大久保氏に連ねることになったのであろう。それが春野の希望であったか憲信の提案によるかは決しがたい。書陵部本の「大久保家系譜」の末端にある春野の系譜をさかのぼると、その上端は直参の大久保氏の忠佐に繋がっている。直参の大久保氏は、徳川家がいまだ三河の一土豪松平氏であったころから譜代の家臣として仕え、宗家は幕府成立後大名家にはならず旗本にとどまったが、忠茂の三男忠員の子忠世・忠佐兄弟が家康に幼いころから近侍し、数々の合戦で大きな軍功を上げた。天正十八年（一五九〇）の関東入国後忠世は小田原四万五千石となり、忠世の子忠隣が秀忠付きとなって、後に老中職につくなど抜擢された。一時家康付きの本多正信と対立して失脚したものの、その孫忠職のときに復権し、その子忠朝は小田原藩に復帰、十一万三千石となり、維新後子爵となっている。忠佐も関が原の合戦では秀忠に従い、慶長六年（一六〇一）、駿河沼津二万石三枚橋城主となっている。忠佐は慶長十八年（一六一三）七月七十七歳で亡くなるが、『寛永諸家系譜傳』・『寛政重脩諸家譜』によると、忠佐の嫡子忠兼は、すでに先立って亡くなっており、嗣子がなく没後除封となっている。したがって、忠佐の系譜は本来ここで断絶するのであり、先にみたように、「大久保家系譜」が、春野の家の出自を忠佐とするのは明らかに仮構であり、大久保氏の支族を主張する春野の家は、後継系譜のない忠佐に出自を求めたとすべきであろう。

すなわち、春野の系譜をみると、忠佐の子には実名が書かれず、女子ともう一人は「某」とあり、譜文に「大久保弥九郎」「見付　総社　淡海国玉神社神司職」とある。以下、忠光―忠基と「実名」を入れた後、某―某―某と三代をメモ風に記載し、その次に吉正―吉次―吉弘と「吉」を付した人名が続く。その後は真理―長儀―直麻呂から、春野の祖父忠照―父忠尚―春野と続いている。しかも吉正から忠照までは譜文に「西尾氏」とあり、忠照以前は大久保とは称していなかった。そして中田本のこの部分には、小さな文字で追加書き込みが欄外にあり、いったん「系図」を作成した後、空白部分に書き加えている。忠尚と春野については別紙を貼り付け、そこには二人の詳細な履歴がびっしり書き込まれている。これは「大久保家系譜」の作成過程を示すメモとみられる。おそらく憲信は、春野の所持していた系譜をもとに、春野の所有していた系譜・メモ類を参照して、稿本（中田本）を作成し、書陵部本の「大久保家系譜」の準備をしたのであろう。

直参大久保氏の系譜作成

このように、「大久保家系譜」は直参の大久保氏の系譜末端に連なっているが、直参大久保氏の系図は、新井白石の『藩翰譜』や『寛永諸家系譜傳』・『寛政重脩諸家譜』など幕府に提出された公式のものでは、その出自を藤原氏道廉流の支族下野宇都宮氏の一族としており、「大久保家系譜」とは大きく異なる。すなわち、「大久保家系譜」と『寛永諸家系譜傳』・『藩翰譜』・『寛政重脩諸家譜』を比べてみると、先にみた、忠佐からその祖父忠茂（ただしげ）の父忠興（ただとも）、祖父の忠昌（ただまさ）（昌忠）までは共通しているが、その前後はまったく異なる。春野の系譜である忠佐以降が異なるのは当然として、父忠興（ただとも）、祖父忠昌より以前が異なるのは、太田亮が『姓氏家系大辞典』の大久保条の「17　三河の大久保氏」において詳しく指摘しているように、もともと「宇津（宇都）」を姓としていた直参の大久保氏が、『藩翰譜』や『寛永諸家系譜傳』・『寛政重脩諸家譜』の家譜提出の際に、宇都と宇都宮の類似から、その出自を藤原氏の道兼流に連なる下野の名族宇都宮氏に変更し、その系図に接続したからであろう。

『寛永諸家系譜傳』と『寛政重脩諸家譜』

太田は、『寛永諸家系譜傳』と『寛政重脩諸家譜』の系図を比較検討し、藤原氏道兼流の宇都宮氏系図（『尊卑分脈』第五法興院摂政兼家公次男粟田関白道廉公孫〈宇都宮〉）の「道廉―兼隆―兼房―宗圓―宗綱―朝綱―成綱―頼綱―泰綱―景綱―泰宗―時綱―泰藤」と、直参の大久保氏の「忠興―忠茂―忠俊・忠員」へと続く系譜の間の数代に、不自然な不一致のあることを指摘している。すなわち、寛永十八年（一六四一）二月から寛永二十年（一六四三）九月に作成された『寛永諸家系譜傳』は、その間を「常意―道意―道昌―常善」とするのに対し、元禄十五年（一七〇二）に成立した『藩翰譜』と、寛政十一年（一七九九）から文化九年（一八一二）に作成された『寛政重脩諸家譜』は、「泰綱―泰道―泰昌―昌忠」とあり、その譜文に「法名」として、「常意―道意―道昌―常善」を付しているのである（『藩翰譜』は、泰藤の三河移住後の名を「宇都宮入道蓮常」とする）（図21）。太田はここから、直参の大久保氏は、寛永段階では忠興以前は過去帳の法名しか伝わらず、寛政の呈譜の際に「実名」を仮構してより整備されたものに変更したのではないかとする。首肯すべき見解といえる。太田は、また、直参の大久保氏の系譜が宇都宮氏の系譜に接続される事情として、忠俊以前の姓が「宇都」であったため、宇都宮氏の庶流に大久保氏があることを知り

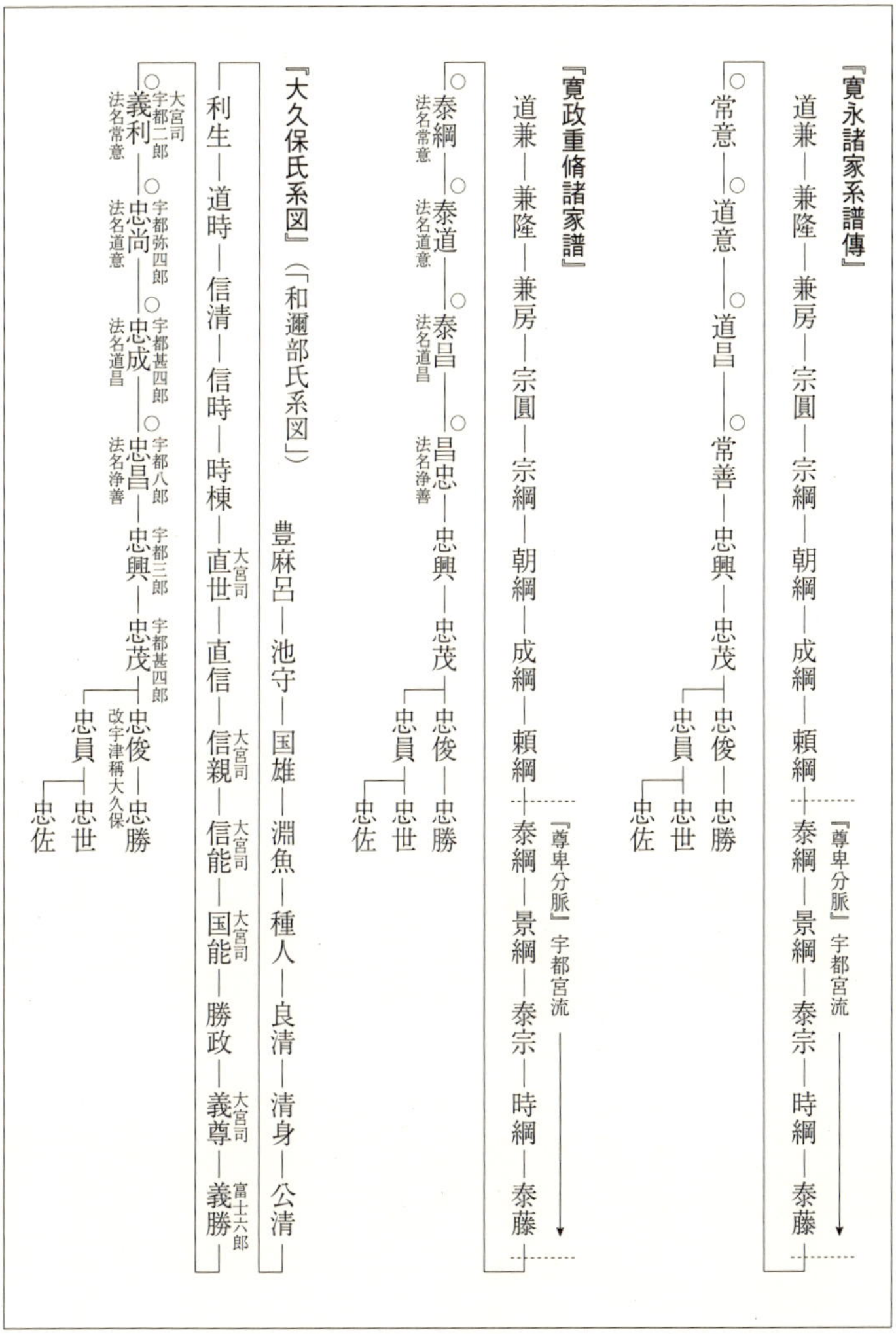

図21　『寛永諸家系譜傳』『寛政重脩諸家譜』と『大久保氏系図』

「宇都」の共通性を利用して述作したとする。穏当な推測であろう。

「大久保家に傳ふるところの惣系図」

それでは、太田が『姓氏家系大辞典』にバラバラに引用する系図（太田は「駿河浅間大社大宮司家旧蔵」とするが）は、どのような由来を持つものであろうか。太田は、中田本や書陵部本のことについてまったくふれておらず、『姓氏家系大辞典』の執筆に際しては、参照していなかったとも考えられる。太田本が、その内容からみて、中田本や書陵部本とほぼ一致するとみられるから、その場合は、共通する原本の存在が推測される。このことについては、中田憲信も草稿の作成にあたって参照した系図について特に明示していないが、内容からみて直参の大久保氏と無関係とは思えない。太田本も中田本・書陵部本も、忠世・忠佐以前に大久保氏の系譜を含んでいるからである。直参の大久保氏は、その系譜を宇都宮流の大久保氏の系譜に繋ぐ前にも、独自に系譜を作成していたのではないか。そこで、『寛政重脩諸家譜』の巻七百一「藤原氏　道廉流〈宇都宮支流〉大久保」の昌忠の譜文をみると、「よりて大久保家に傳ふる惣系図に従ふ」とあり、忠平の譜文にも「大久保家に傳ふるところの惣系図」とある。これが、『寛永諸家系譜傳』・『寛政重脩諸家譜』以前に、直参大久保氏が作成・所持していた系譜とみられる。

このことは、太田本・中田本・書陵部本の系譜内容からも裏付けることができる。直参の大久保氏がその実質的な始祖である忠俊の世代までは、大久保ではなく宇津（都）を姓としていたことは、いずれの系譜にも明記されており、『寛政重脩諸家譜』でも冒頭に「はじめ宇都宮と称す。泰道が時より宇津〈今の呈譜、宇都に作り、忠茂がとき宇津にあらたむといふ。〉と名のり、忠俊が代に大久保にあらたむ」とある。そして、太田本・中田本・書陵部本には、義正から忠俊までの系譜の譜文に、「宇都小太郎」「宇都次郎」などの注記があり、太田も、『姓氏家系大辞典』に宇津条を掲げ、「浅間社家和邇部氏の系図を基として」と注記し、義勝（富士六郎、宇都峯城主）から忠俊までの系譜を提示している。

大久保氏と宇津氏

太田は、直参の大久保氏が、忠俊の世代までは大久保ではなく宇津（都）を姓としていたことは間違いないとし、寛永の呈譜の際には、その出自を藤原氏の支流宇都宮氏の系譜に接続したが、その接続にあたり、自家の系譜に過去帳から「法名」を採用したことを指摘している。そこから、大久保氏には忠俊の祖父忠興以前は実名が伝わっていなかったとみており、宇津条に引用した系図についても「容易に信じ難し」としている。したがって、この宇津条の系譜は、寛永・寛政の呈譜以前に直参の大久保氏が作成していた仮構系図とみるほかないであろう。そうした場合、宇都氏であった直参の大久保氏が接続した系譜をどのように考えればいいのであろうか。

すなわち、『姓氏家系大辞典』富士条（ただし省略があるので、中田本・書陵部本で補訂）は、「義尊（富士大宮司右近允　初名頼尊後改今名　南朝宣補大宮司）―義勝（富士大宮司　越中守　従五位上　富士六郎右近允　左衛門尉　駿河守　甲斐国都留郡大和田郷宇都峯城主）―義正（宇津小太郎）・義利（富士大宮司　越中守　宇津二郎　法名常意）―忠次（初名泰次　宇都次郎　大宮司・越中守　法名常信）―忠俊（宇都次郎　宇都越中守　母朝比奈紀伊守泰国女　法名常忍）・忠照（初名泰照　宇都十郎　母同上　法名祐信）、忠次の弟忠

尚（宇都弥四郎　宇都左京亮　法名道意　中田本に「泰常」の追記）、忠尚の弟忠文（宇都又次郎　法名道快）、そして、忠尚の三男忠成（宇津甚四郎　移住参河国渥美郡大久保邑　法名櫟山道昌）─忠昌（宇都八郎右衛門尉　法名浄善）─忠興─忠茂─忠俊・忠員と、大久保系譜に繫げている。その名が、勝政の前後で「─能」から「義─」に、義利と忠次の間で「義─」から「忠─」に変化しており、断絶が予想され、富士氏と大久保氏の系図の間に、宇都氏の系譜が接合されていることが推測される。そして、忠興の前四代の名と法名をみてみると、「義利（法名常意）─忠尚（法名道意）─忠成（法名道昌）─忠昌（法名浄善）」とあり、先に検討した直参大久保氏の二つの呈譜の不一致と重なる作為がうかがえる。すなわち、直参の大久保家の系譜を宇都氏の系図に接続する際に、その末端の「義利─忠尚─忠成─忠昌」と続く四代に、大久保氏の過去帳にあった四代の「法名」を書き加え整合性を図ったことがうかがえるのである。

宇津系図の由来

それでは、宇都氏の系図とは、どのような由来を持ち、駿河浅間大社大宮司家旧蔵とする富士氏の系図との関係は、どのように考えられるのであろうか。この点についてはよくわからないが、太田亮は、宇都氏が駿河国有度郡宇津（宇都）から起こったとする。これに対し、宝賀寿男は、直参の大久保氏が駿河の大族朝比奈氏（今川氏の重臣）の支族宇津（宇都）氏に出自することは『下伊那郡誌資料』に明記されているとしている。すなわち、同書などによるとして、「朝比奈支族宇都氏」の系譜を、太田本の宇津条に基づく系図と並べて引用している。それによると、「朝比奈氏族宇津氏」の系図には、「藤原泰国（朝比奈紀伊守　居干駿河国志太郡朝夷郷）─国利

（朝比奈祖）」とし、国利の弟からの系譜を「泰道（宇津野五郎兵衛尉　居干駿河国有度郡宇津野）—泰次（宇津野越中守　仕宗良親王）—泰照（弥太郎）・泰常（弥四郎　大久保祖）」としており、太田本宇津条と比較すると、忠次が初名泰次とされ、忠尚の譜文に泰常・道意があること、忠照が初名泰照とされることなど、いくつかの点で対応している。しかし、先に引用した太田本富士条には、忠俊の譜文に「宇都次郎　宇都越中守　母朝比奈紀伊守泰国女　法名常忍」とあって、朝比奈氏との姻戚関係が記されているが、『下伊那郡誌資料』によるとされる系図にみえる藤原泰国（朝比奈紀伊守）とは世代を異にしており疑問が残る。今後の課題としたい。なお、宝賀が引く系譜には「宇津」ではなく「宇津野」とあり、これも検討を要するであろう。

　したがって、直参の大久保氏が、宇都宮氏の系図に接続する前に宇都氏の系譜に接続していた可能性は高い。しかし、その宇都氏の系譜の由来は明らかにできないが、すでに富士氏の系譜に接続していた可能性は高い。その事情を追究すべき手段は失われているが、宇都氏と繋がりのある朝比奈氏が、駿河の大族で、宇都氏も駿河と関わりがあったとみられるから、宇都氏（もと宇津を称していた、直参の大久保氏の可能性もある）が、駿河浅間大社大宮司家の富士氏（和邇部臣氏）の系図を入手する機会はあったのではないか。それによって、駿河浅間大社大宮司家旧蔵の富士氏（和邇部臣氏）の系図が、直参の大久保氏の系図に接続され、結果的に古代にまでさかのぼる「和邇部氏系図」をも吸収することになったのである。

以上、煩雑な考証に終始したが、中田憲信が大久保春野の依頼により作成した「大久保家系譜」は、直参の大久保氏がもともと保持していた系譜に、もと西尾氏を称していた春野の系譜を接続したものであった。そして、直参の大久保氏はもと宇津を姓としていたが、その系譜は実質的な祖である忠興の以前についてはおそらく数代の法名しか伝わっていなかった。そこで、大久保氏は、駿河の宇都氏が所持していた系図と接続したのではないか。ところが、その系図は、事情はよくわからないが、すでに駿河浅間大社大宮司家の富士氏（和邇部氏）の系図に接続していたとみられる。その富士氏の系図は、先端で近江と山城で勢力を持っていた和邇部氏の系図と接続していたため、結果的に大久保春野の系譜は古代の名族「和邇氏本系」に繋がることになって、今日まで伝わることになったのである。

「和邇部氏系図」の伝流

なお、太田亮が太田本を入手した事情は明らかでないが、その略歴をみると、明治十七年大阪生まれで、十五歳で古代史研究を志し、明治三十三年上京し、苦学して神宮皇学館を明治四十三年に卒業、山梨県立高女教諭をしながら古代氏族の研究をすすめ、大正九年には、千五百三十ページに及ぶ『姓氏家系辞書』を出版している。同年、高女教諭を辞し内務省に奉職、この間、『日本国誌資料叢書』『系図綱要』などを出版した。その後内務省も辞し、もっぱら著述を業として古代社会組織に関わる図書の出版に専念する。昭和六年からは大著『姓氏家系大辞典』（全三巻、六千六百七十八ページ）の編纂を始め、昭和十二年に刊行する。昭和九年からは立命館大学教授、昭和三十年からは専修大学教授となり、昭和三十一年病没した。このように、太田亮の系図研究家としての経歴は、明治末年から始まっており、鈴木真年や中田憲信とは直接的な接点はないようであるが、系図研究家として真年や憲信の後継者たちとも交流しながら、系図を収集していたのではないか。その過程で直参の大久保氏がもともと所持していた系図か、中田本のいずれかの写しを入手したとみられ、『姓氏家系大辞典』編纂に際し、独自の解釈と考証を加え、「和邇部氏系図」を和邇・富士・宇都・大久保などの諸条に分けて掲載したのであろう。それでは、太田亮が、「上古の分は偽作也」とした、系図の前半部分の意義は、どこに求めることができるのであろうか。

4 「和邇部氏系図」の成立と意義

「和邇氏本系」と「和邇部氏系図」

「和邇部氏系図」は、これまで述べてきたように、太田亮が「大久保系図」とも称す、駿河浅間大社旧蔵の「和爾系図」の前半部、浅間大社大宮司家の始祖、豊麻呂より以前の部分である。そして、「和邇部氏系図」は、和邇氏本流の系譜である「和邇氏本系」部分と、近江滋賀を本拠とする和邇部氏の系譜に二分される。このうち前者の「和邇氏本系」部分は、太田亮が「上古の分は偽作也」としたようにオリジナルのものではなく、『記紀』をはじめ、『姓氏録』『旧事紀』などを参照して新たに編纂したものである。ただ、佐伯有清や田中卓が指摘し、加藤謙吉が補説したように、今日では伝わらない原本『姓氏録』（現行は抄録）ないし、今は伝わらない氏族本系帳類を参照した可能性もあり、独自の所伝を含む可能性がある。これまでの詳しい検証によっ

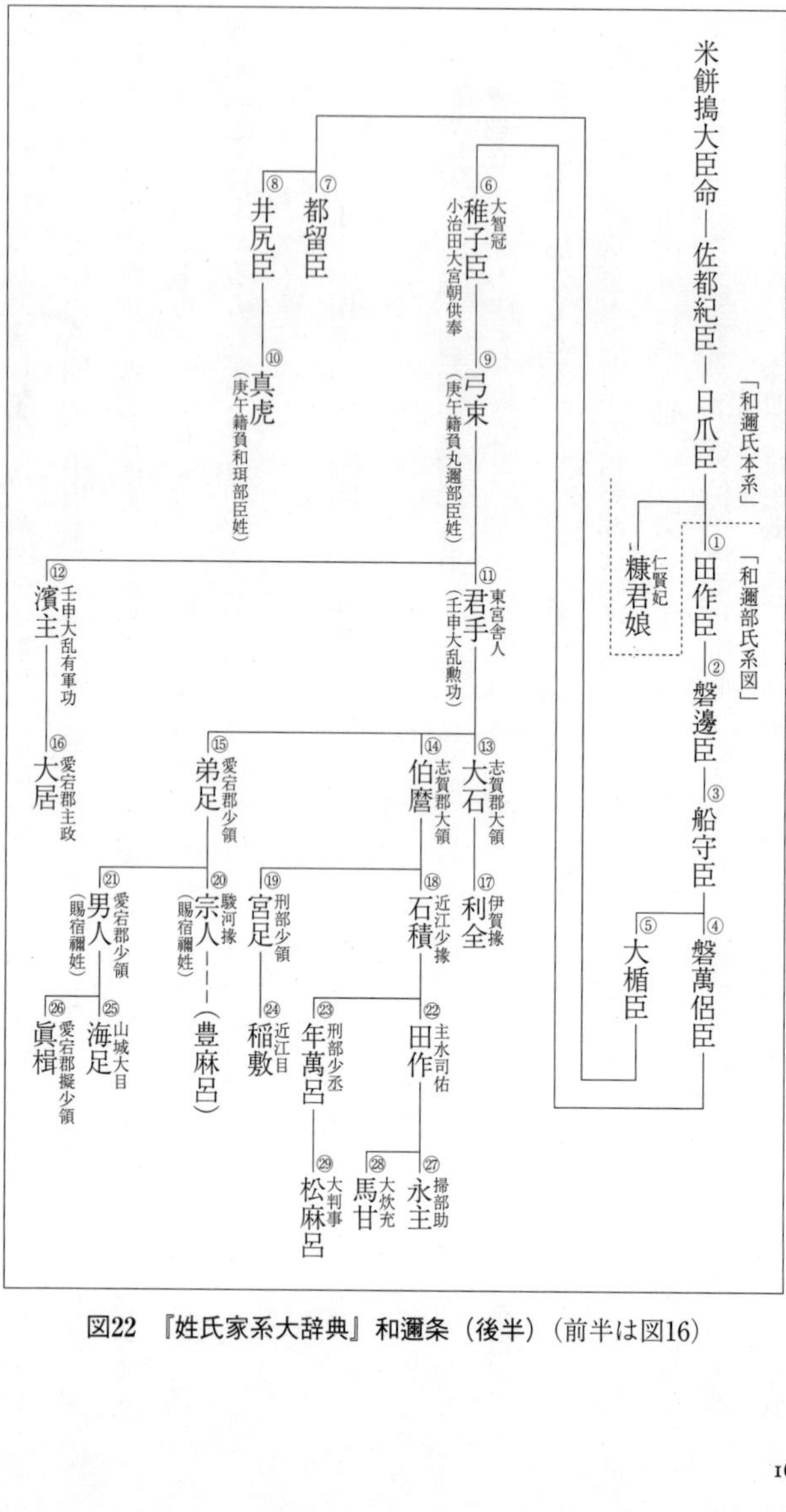

図22　『姓氏家系大辞典』和邇条（後半）（前半は図16）

て、比護が示唆したように、その成立を近代まで下げることはできないであろう。事実「和邇氏本系」部分は、系図化すると縦に伸びるというより横へ横へと広がっており、『姓氏録』の系図化といった趣がある。いっぽう、それに続く和邇部氏の系譜の部分は氏族系譜として一般的な縦系図となっており、両者は形態的にも大きく区別される（図16・図22）。

和邇部氏系図の構成

その「和邇氏本系」と「和邇部氏系図」の接続部分に注目すると、雄略妃童女君の兄、春日日爪臣の子として、仁賢妃となった糠君娘とその兄の「①田作臣」がみえる。糠君娘は安閑妃の春日山田皇女を生んでおり、当然『記紀』にも記載がある。ところが、兄の「①田作臣」は、『記紀』をはじめ他の文献にもみえず、この系図独自の所伝であり、しかも近江滋賀の和邇部臣の系図の先端に位置しているのである。しかも、右に指摘したように、「①田作臣」を境に、それまでの横に広がる系図が、一転、縦系図に転換している。そしてその名は、不思議なことに、系図の末端にみえる㉗永主の父㉒田作と同一なのである。これは偶然の可能性もあるが、私は意図的なものと考える。後に考えたい。

「①田作臣」に続く系図をみてみると、②磐邊臣・③船守臣・④磐萬侶臣は、④磐萬侶臣の弟⑤大楯臣と、その子⑦都留臣・⑧井尻臣まではともに特徴のない二から三の漢字の名に臣を付したものであり、尻付けも欠いているから、単純に仮構されたとみるべきであろう。ただ、④磐萬侶臣の子の⑥稚子臣は、同じような名であるが尻付けに「大智冠」「小治田大宮朝供奉」とありやや異質で、これに続く人々と共通するところもうかがえる。尻付けの記載によるなら、⑥稚子臣は推古朝の小治田大宮に出仕し、推古十一年（六〇三）制定の冠位である大智冠（従八位上相当）を得ていたことになり、よるべき記録があったのかもしれないが、必ずしもそのままでは史実とすることはできない。⑥稚子臣は、和邇部臣と関わりの深い小野氏の妹子と同世代となるから、その事績を参照して述作された可能性もあるからである。その子の⑨弓束（ゆつか）が、その尻付けに、天智九年（六七〇）二月「庚午籍（こうごじゃく）」により「丸邇部臣」姓を賜ったとあり、それ以前は無姓か「和邇部」姓であった可能性が高い（武光誠「姓の成立と庚午年籍」『日本古代国家と律令制』吉川弘文館、一九八四）。ただ、「稚子」という名が、固有の名というより通称のような性格のものであり、実在まで否定できないのではないか。

⑥稚子臣の子の世代である⑨弓束と⑩真虎（まとら）からはもはや名の下に「臣」を付しておらず、人名記載方式に大きな変化があり、ここでも断絶がみられる。確証はないが、史実に基づく記載といえるかもしれない。⑨弓束が「庚午籍」で「丸邇部臣」姓を賜った事情は明らかではないが、この時、一般住民の多くにも部姓が付されたので区別するためとも考えられるが、その子⑪君手（きみて）が「東宮舎人」として出仕しているから、滋賀郡の郡司（評司）への任命と関わるのかもしれない。そう考えるなら⑨弓束の父⑥稚子臣や祖父④磐萬侶臣は、名の下に「臣」を付しているが、実在した可能性が出てくるかもしれない。同族の小野臣が妹子の活躍もあり朝廷で勢力を得たことから、推古朝以降、和邇部臣も登用されるところとなり、滋賀郡内においてもしだいに地位を回復していったとみられる。

和邇部君手とその子

⑪君手の動向については次章で詳しく述べるので、ここでは要点だけ簡単にふれておきたい。君手にはこの系図の中で最も詳しい尻付けがあり、壬申の

乱での活躍と乱後の褒賞のことが書かれている。和邇部臣氏にとって特別な位置にあったことは間違いないであろう。その弟の⑫濱主(はまぬし)についても、尻付けに「壬申大乱有軍功」とあり、その活躍は『書紀』以下他の文献にはみえず、系図独自の所伝である。ただ、⑪君手は、一族とともに天武軍に加わった可能性は高いであろう。⑫濱主の子で、次の世代となる⑯大居(おおい)の尻付けには、「愛宕郡主政」とあり、これも系図独自の所伝である。こうした点が史実に基づくとするなら、⑪君手の子⑬大石・⑭伯麿が「志賀郡大領」とあるのに対し、⑫濱主は、山城に本拠を置く和邇部臣氏のパイオニアといえるかもしれない。次の世代のあり方からみて、この前後から兄弟が近江と山城を分担する慣行が生まれたのかもしれない。

⑪君手の子⑬大石については、尻付けに「外従五位下　大宝元年父の封の四分の一を賜ふ　霊亀二年賜田を加ふ」とあり、「志我郡大領」ともある。後者は「系図」独自の記載であるが、前者については、『続紀』の当該条に記載がある。大宝元年(七〇一)七月条には、⑪君手が亡くなり「壬申の年の功臣」への功封の授与があり、「和迩部君手」には「食封八十戸」を賜うとあり、その四分の一を子に伝えることが許されている。『続紀』霊亀二年(七一六)四月八日条には、「贈直大壱(正四位上相当)丸部臣君手」の息従六位上大石ら「壬申の年の功臣」の子どもたちに田を賜うとあり、同神亀五年(七二八)五月二十一日条にも正六位上丸部臣大石に外従五位下を賜うとある。君手の功績が長く顕彰されているといえよう。系図の尻付けの記載はこうした記録を参照してまとめられたか、和邇部臣氏の家に伝えられていた記録により書かれたものかよくわからない。次章で改めて考えたい。⑬大

石は、ここにみえる経歴からみて志我郡大領ではあるが、おそらく中央にも出仕していたのであろう。

⑬大石の弟の⑭伯麿は、正史に名を残していないが、尻付けに「造東大寺司大仏判官　正六位下」、「初め志賀郡大領に補す　天平中、造東大寺司大仏判官と為る」とあり、「系図」の独自所伝である。兄の後を継いで郡大領になったのであろう。そしてその後中央にも出仕し、最終的に「正六位下」で「造東大寺司大佛判官」の官歴を得たとみられる。実際⑬大石・⑭伯麿二人の後、滋賀郡の郡司となった記載はみえず、中央官司や国司として出仕しており、一族として中央政界に転身したとみられる。

⑪君手の三男⑮弟足（おとたり）は、尻付けに「従五位下」という官位と、「愛宕郡少領」とある。これも系図独自の所伝である。実際⑮弟足の後裔は山城国愛宕郡の郡司を輩出しており、山城を拠点とする和邇部臣氏の本宗的位置にあったと考えられる。先にみたように、⑪君手の弟⑫濱主の子⑯大居（おおい）は、「愛宕郡主政」とあったから、先に指摘したように和邇部臣氏の中では兄が近江滋賀郡、弟が山城愛宕郡に居住する慣習があったのかもしれない。⑮弟足の子⑳宗人（むねひと）は、上述のように、『続紀』天平神護元年（七六五）七月十四日条に「左京人甲斐員外目丸部臣宗人等二人賜姓宿禰」とあり、左京に居住し国司として活躍している。⑳宗人の弟㉑男人（おひと）も尻付けに「従七位下　愛宕郡少領」とあり、その子の㉖真楫（まかじ）も「愛宕郡擬少領」とあるから、兄は中央に出仕し、弟が郡司職を継承していたとみられる。

君手の孫世代

次の世代に移ると、長男⑬大石の子⑰利全（としまさ）は尻付けに「伊賀掾」とあるだけで、後裔も記載されていない。独自の所伝であるが、伊賀国司が最終官職とみられ、中央政界で下級官吏として活動していたとみられる。次男⑭伯麿の子⑱石積（いしずみ）は尻付けに「近江少掾　右京少進」「天平神護元年七月改臣賜宿禰姓」とある（書陵部本）。近江国司・右京職の官人で、地方官を歴任したか。同世代の⑮弟足の子⑳宗人・㉑男人が、次にみるように、同年に臣から宿禰に改姓しており、一族がまとまって改姓したことがわかる。ただ、⑱石積の弟⑲宮足(みやたり)は尻付けに「刑部少録　鋳銭司判官」とあるが、改賜姓のことがみえない。記載漏れか。⑬大石の子⑰利全にも記載がないから、宿禰姓は⑱石積の系統に限定されたとも考えられるが、⑮弟足の二人の子⑳宗人・㉑男人がともに賜姓されているから、脱落の可能性が高い。

⑳宗人は、尻付けに「従七位上」「天平神護元年（七六五）七月改臣賜宿禰姓　神護景雲二年（七六八）四月任駿河掾」とある。右にみたように『続紀』の改賜姓の記事には、「左京人甲斐員外目」とあったから、官位と「駿河掾(するがのじょう)」就任のことは系図の独自記載というより、その子と仮構した豊麻呂が駿河国富士郡大領で富士氏の初代であり、接続を隠蔽する手続きとして述作されたと考えられる。⑳宗人の弟㉑男人は尻付けに「従七位下」「愛宕郡少領」とあり、上述のように改賜姓の記載もみえる。いずれも系図独自の記事であるが、父⑮弟足が愛宕郡少領、子の㉖真楫が「愛宕郡擬少領」とあるから、⑮弟足の子の一族で愛宕郡の郡司を継承していたことがうかがえ、史実の可能性が高い。

次の世代では、⑱石積の子㉒田作(たつくり)は尻付けに「主水司佑」とあり、㉓年萬呂(としまろ)は「刑部少丞」とある。父と同じく政府の下級官人となっていたのであろう。⑲宮足の子㉔稲敷(いなしき)も尻付けに「近江目」とあり、⑱石積の近江少掾を継承して近江国司に登用されている。いっぽう㉑男人の子㉕海足(あまたり)は尻付けに「山城大目」とあり山城国司となっているし、弟の㉖真楫は「愛宕郡擬少領」とあり、国郡の官人に兄弟で登用されている。所伝に大きな破綻は認められない。

次の世代については、㉒田作と㉓年萬呂の子についてのみ記載がある。㉒田作の子㉗永主（ながぬし）が「掃部助 従六位下」、㉘馬甘（うまかい）が「大炊充」、㉓年萬呂の子㉙松麻呂（まつまろ）が「大判事」という尻付けを持っている。父と同様政府の下級官人となっており、事実とみて特に問題はない。㉑男人の系統は、㉕海足と㉖真楫の世代で系譜は途絶えている。そして、⑳宗人の子は豊麻呂で、仮構ではあるがこの系譜のみがさらに続くことになっている。ここから㉑男人の系統が㉕海足と㉖真楫で途切れるのは、⑳宗人の子に豊麻呂を仮構したからであり、石積の系統も孫の㉗永主・㉘馬甘・㉙松麻呂で途切れることになったのであろう。和邇部氏の系図そのものは当然さらに続いていたとみられるが、確認するすべはない。

以上のように、「和邇部氏系図」は、その構成上、壬申の功臣君手を中心に据え、近江と山城に本拠を置く和邇部臣氏の系譜を詳細に記述しており、一部『書紀』『続紀』の記事に対応するものもあるが、多くの独自の所伝を記している。これらは、必ずしも史実であることを証明するすべはないが、意図的に述作された先端の接続部分と、末端の駿河国富士郡大領の富士氏の系図との接続部分を除けば、ほぼ史実を書いたものといえよう。したがってそこには、系図という限界はあるものの、小野氏と深く関わる和邇部臣氏の天武朝前後（君手の祖父以降）から平安時代初めまでの氏族の動向をそれなりにたどることができると思う。そしてこの系図からいえることは、君手の功績により、小野氏とは比べようもないが、その一族が、地元の滋賀郡・愛宕郡だけでなく、朝廷にも出仕し、大いに繁栄していることである。そこが、この系図が作成された大きな動機であったことも理解されるであろう。

そして、この系図からも、和邇部臣氏が近江滋賀郡と山城愛宕郡の二ヶ所を拠点＝本拠地としていたことが裏付けられた。

すなわち君手の子大石と伯麿はともに志我郡大領とあり、伯麻呂の子石積が「近江少掾」、孫の稲敷が「近江目」とあり、近江国滋賀郡および近江と関わりが深いが、君手の弟濱主の子大居が山城国愛宕郡主政、大石・伯麿の弟の弟足が山城国愛宕郡少領とあり、弟足の子男人も愛宕郡少領、孫の海足が山城大目、真楫が愛宕郡擬少領とあることから、山城国愛宕郡と山城国に拠点を持っていたことがわかる。先に指摘したように、兄弟の兄が近江、弟が山城の家を継承する傾向が読み取れる。そして近江を拠点とする一族が、しばらくして郡司に任用されず主として国庁や中央官庁に勤務するのに対し、山城の一族は中央政界にも進出するが、愛宕郡の郡司を世襲するという動きがみえる。後述するように、同氏は本拠地が隣接し関わりの深い小野臣氏と同じく、古くから途中峠を挟んで近江国滋賀郡と山城国愛宕郡という令制国をまたいで拠点としていたことを裏付けるデータといえよう。

「和邇部氏系図」の成立過程

それでは、「和邇本系」と繋がる系譜は、いつだれが、どのような意図で作成したのであろうか。基本的には、加藤謙吉が考証した通りであろうが、系図の記載から系図作成の契機をみてみると、おおよそ三つの段階が考えられる。第一の段階は、やはり壬申の功臣君手か、その子の大石・伯麿・弟足の段階に、自家の系図の整備を図る契機があったのではなかろうか。すなわち、君手は次章でも詳しく述べるように、古代史上最大の内乱である壬申の乱において、大海人皇子（おおあまのおうじ）の側近の舎人として、その緒戦から近江攻略まで大きな功績をあげており、先に述べたように、系図の尻付けには天武即位後、「功封八千戸、賜田八町」と、「勤大壱（正六位上相当）」（「大山上」）の位階を賜ったとあり、持統朝には「直広壱（正四位下上相当）」を贈られている。『続紀』文武元年（六九七）九月条の卒伝には丸部臣君手が、「勤大壱（正六位上相当）」で没し、「壬申の功臣」のゆえ「直広壱（正四位下相当）」を追贈されたとある。さらに、同大宝元年（七〇一）七月条には「壬申の年の功臣」への功封の授与があり、和迩部君手には「食封八十戸」を賜うとあり、そしてこれについては四分の一を子に伝えることを許されている。同霊亀二年（七一六）四月八日条には、「贈直大壱（正四位上相当）丸部臣君手」の息従六位上大石ら「壬申の年の功臣」の子どもたちに、田を賜うことがみえる。なお、同神亀五年（七二八）五月二十一日条には、正六位上丸部臣大石にも外従五位下を賜うとある。君手の功績に関わるとみられよう。同日従五位上小野朝臣牛養にも正五位下が授けられている。丸部臣氏と小野朝臣氏との密接な関係を示すものである。また同天平宝字元年（七五七）十二月条には、功田の等第（等級）を議定し、贈直大壱丸部臣君手の「功田八町」を「中功」とし、二世に伝えさせるとある。このように、この段階で、和邇部氏はその氏族としての来歴を顕彰するため「和邇氏本系」でもその中枢に出自を求め、自家が中央和邇氏の系譜を継承することを主張したと思われる。

ついで、第二段階は『続紀』天平神護元年（七六五）七月十四日条に「左京人甲斐員外目丸部臣宗人等二人賜姓宿禰」とある、和邇部宿禰賜姓である。この時和邇部宿禰となった宗人が、改姓を契機として自家の系図を増補したとみるのである。この賜姓の事情はよくわからないが、「系図」の尻付けによるなら、この時、大石の弟で「志我郡大領」とある伯麿の子の石積も宿禰を賜姓されている。君手の後裔が揃って賜姓されているところから、これも君手の功績に伴うものかもしれない。そうであるなら、こうしたことから自家の系図の整備に結びついた可能性が考えられる。

　第三段階は系図末端にみえる永主である。先にみたように、永主の父は主水司佑の田作であるが、「和邇氏本系」と「和邇部氏系図」の接続部分に置かれている「田作臣」が注意される。「田作臣」は他の文献には記載がなく、「和邇部氏系図」独自の所伝であり、永主の父田作と一致する。これは偶然ではなく、「田作臣」を創作し「和邇氏本系」の「日爪臣」に接続したのは、主水司佑田作の子永主であることを示しているのではないか。そして、今日みることができる「和邇部氏系図」は、この永主が九世紀前半ごろに最終的にまとめたことを示している。

　すなわち「和邇部氏系図」の「和邇氏本系」部分の末端は、「田作臣」を除くと、「山栗臣」（負久米臣姓）・荒健臣（物部首祖）・麻目臣（細部物部祖）・健豆臣（山上臣祖）・宮手臣（井代臣祖）・於保貝臣（春日朝臣・柿本臣祖）・野依臣（小野朝臣祖）・津幡臣（櫟井臣祖）・小車臣（和邇玉野臣祖）のように、比較的特徴のない二字の名に臣を付すものが大半で、いわゆるワニ氏同族の祖であることを尻付けで示している。尻付けのない場合も同様である。これらの人物は「田作臣」と同じく系図のみにみえる所伝であり、系図を仮構する際にそれぞれの末端に加上したものであろう。おそらく「田作臣」が和邇部臣氏の祖にあたることを間接的に説明しようとしたもので、これも永主の関与によるとみられる。

また、後に検討するように、『類聚三代格』巻第一に収める弘仁四年(八一三)十月二十八日付の太政官符に、小野朝臣野主等が、小野臣・和邇部臣の両氏が本来の職務でない猿女の貢上に携わっている不当性を訴え出てその停廃を許されたことがみえる。この記載から、弘仁年間に宿禰姓を称さない和邇部臣と朝臣を称さない小野臣が近江国和邇村・山城国小野郷とに居住していたことがわかる。おそらく君手の一族の後裔のみが宿禰姓となり、他の和邇部臣は臣姓を維持したとみられる。これも、和邇部宿禰家が独自系図を作成する一つの要因であったと考えられる。

「和邇部氏系図」の意義

以上のことから、太田亮が、「上古の分は偽作也」とした駿河浅間大社大宮司家に伝わったという「和邇部氏系図」前半の意義は、「和邇氏本系」部分を除いた和邇部臣氏の系譜部分は、『書紀』『姓氏録』が伝えない和邇部臣氏の実像を伝えるものという点にある。

「和邇氏本系」に接続した、和邇部臣氏に関わる系譜が史実に基づく伝えであり、「和邇氏本系」部分を除いた和邇部臣氏の系譜部分は、『書紀』『姓氏録』が伝えない和邇部臣氏の実像を伝えるものという点にある。ならびに、君手の前後の系譜と譜文によって、和邇部臣が八世紀から九世紀において近江国滋賀郡と山城国愛宕郡の二国にまたがって、郡大領・少領を連任した郡領氏族であったこと、またその一族の多くが中・下級官人ではあるが中央政界にも登用されていたことを明らかにしたという点にある。和邇部臣は自家の系譜を顕彰するため、『記紀』『姓氏録』をはじめとする古代文献から、すでにこのころには失われていた「和邇氏本系」を新たに編修・構成し、それに自家の系譜を接続したのであり、「和邇氏本系」については、一部古伝承を伝える可能性はあるものの、大半は偽作であり、史料的価値は低いといっても過言ではない。ただ、和邇部臣が所持していた自家の系図は、一部を除いてオリジナルなものであり、国史にみえない和邇部臣氏の動向の一端が、この系図により確認できる。そしてそれは、間接ながら和邇部臣氏と親しい関係にあった小野氏の在地における動きを考える上で貴重なデータになるものである。

なお、浅間大社大神宮宮司家がその家系を仮構するにあたって採用した系図は、どのような由来のものであったのか。常識的にみるなら、富士氏初代の豊麻呂の父として接続した⑳宗人が所属する山城の一族が伝えた系図を入手したと考えられよう。しかしそれは、接続する人物がたまたま⑳宗人であっただけかもしれず、確証は得られないのである。事実、山城の和邇部臣氏の系譜が⑳宗人の弟㉑男人の子㉕海足・㉖眞楫の世代で終わるのに対し、近江の一族の場合は㉒田作と㉓年萬呂の子についても記載があり、㉗永主が、「掃部助　従六位下」、㉘馬甘が「大炊充」、㉙松麻呂が「大判事」という尻付けを持っているのである。㉗永主が帯びる「掃部助」は、加藤が指摘するように、弘仁十一年（八二〇）に創設された掃部寮の次官であり、嵯峨天皇の時代のことであった。したがって、駿河国富士郡の郡領氏族で、浅間大社大宮司家を継承した富士氏がこの系図を手に入れたのは、当然八二〇年以降のこととみられる。すなわち、宗人が「左京人甲斐員外目」であったのは、天平神護元年（七六五）であり、その間、およそ半世紀、平城京から平安京へ京が移るなど大きな変化があった。そのころ近江・山城の両家で書き継がれていた系図を入手し、地元との繋がりがある「甲斐員外目」の肩書を持つ⑳宗人を選択・接続し、つじつまを合わせるため「駿河掾」に改変したのであろう。

そしてその後、先に詳しく検討したように、「和邇部氏系図」は数々の伝流過程を経て今日まで伝えられてきたのであるが、そのオリジナルは、太田亮が指摘したように、駿河浅間大社大宮司家旧蔵の系図にとどまらず、古代にさかのぼるものであった。その系図を作成したのは、本書の主題である小野氏ときわめて近い関係にある和邇部臣であり、この系図によって、和邇部臣という一地方豪族の、奈良時代から一部平安時代に及ぶ長い歴史の一端がうかがえるとともに、同じような境遇にあった小野氏との比較・検討も可能になったのである。

もう一つの和邇部氏系図

ところで、先に少しふれたように、和邇部臣については君手の一族と関わる「和邇部氏系図」のほかに、いまひとつ出自に関わる所伝がある。それは『姓氏録』が収録する真野臣に関わる系譜である（図23）。すなわち、『姓氏録』右京皇別下には「真野臣。天足彦国押人命（あめたらしひこくにおしひとのみこと）の三世孫、彦国葺命（ひこくにぶくのみこと）の後なり。男、大口納命（おおくたみのみこと）の男、難波宿禰（なにわのすくね）の男、大矢田宿禰（おおやたのすくね）、氣長足姫尊（おきながたらしひめのみこと）〈謚は神功〉に従ひて新羅を征伐て、凱旋としたまふ日、便ち留めて鎮守将軍と為たまふ。時に、彼の国王猶榻（いうたう）の娘を娶りて、二男を生めり。二男、兄は佐久命（さくのみこと）、次は武義命（むげのみこと）なり。佐久命の九世孫、和珥部臣鳥（わにべのおみとり）、務大肆忍勝（むだいしおしかつ）等、近江国志賀郡真野村に居往れり。庚寅の年に真野臣の姓を負ふ」とあるのがそれである。ここで務大肆という忍勝が負う冠位は天武十四年（六八五）制定のものであり、庚寅年というのは、一般に「庚寅年籍」の作成された持統四年（六九〇）と考えられるから、持統朝の前後に真野村に居住していた和邇部臣氏の一族が真野臣に改氏姓したことがここからわかる。これによるなら、真野臣はもと和邇部臣となるから、和邇部臣は、『姓氏録』と「和邇部氏系図」に、異なる二つの系譜を持つことになるのである。君手の一族に関わる「和邇部氏系図」が、その先端に、雄略妃童女君の兄春日日爪臣の子として、また仁賢妃となった糠君娘の兄として、「田作臣」なる人物を仮構し、「和邇氏本系」でも本流というべき、「孝昭天皇—天足彦国押人命—和爾彦押人命—彦国姥津命—伊富都久命—彦国葺命—大口納命—大難波宿禰命—難波根子建振熊命—米餅搗大臣命—佐都紀臣—日爪臣」という系譜に接続するのに対し、真野臣の系図は、傍系の米餅搗大臣命の弟の大矢田宿禰（命）に繋ぐものである。

実は、「和邇部氏系図」にも大矢田宿禰命の譜文に「氣長足媛皇后の征韓に供奉す。彼の国に留まり、鎮守将軍と為る」とあり、その子佐久命の譜文にも「母は新羅国王猶榻の女なり」とあり、兄弟の武義命・八河足尼命の譜文には「母同上」とあるから、『姓氏録』の所伝と一致している。ところが、「和邇部氏系図」は、佐久命の子鳥見命（とりみのみこと）の譜文に、「磐余稚桜大宮物部（いわれわかざくらのおおみやもののべ）」「真野臣祖」とし、

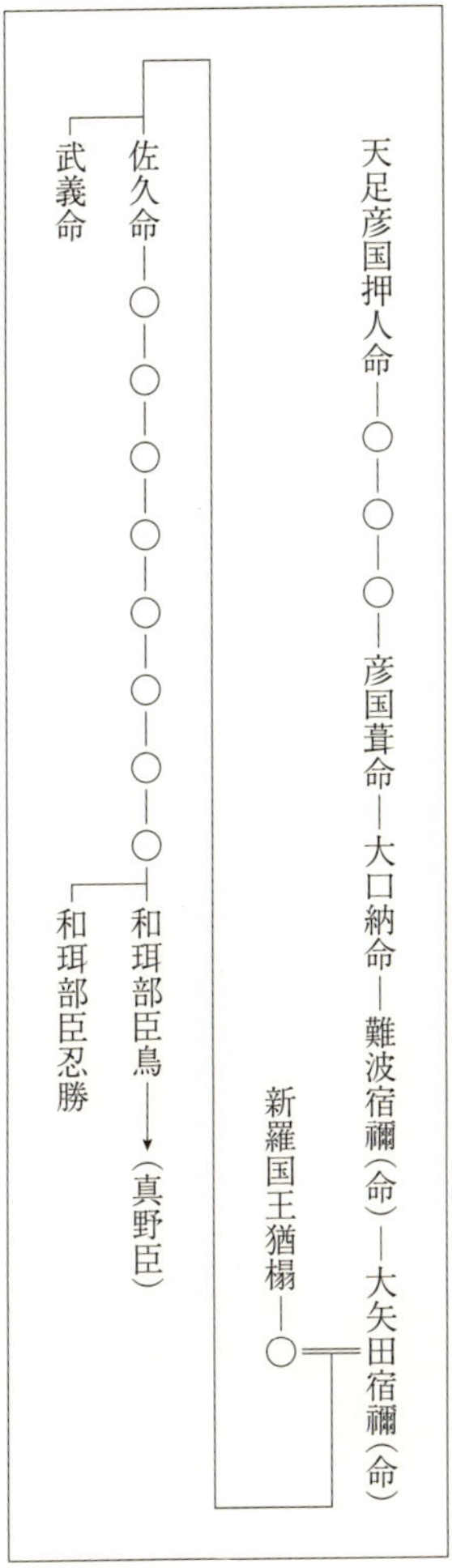

図23　真野臣氏始祖系譜

その弟に小椋臣を載せるが、以降の系譜は載せていない。そして、ここにみえる矢河足尼命とその子牟礼命や鳥見命とその弟小椋臣（命）については、逆に『姓氏録』には記載がなく、系図独自の所伝であり、抄録前の『姓氏録』か氏族本系帳により記述された可能性が指摘されている。いっぽう『姓氏録』は、佐久命の九世孫として、「和邇部氏系図」にみえない和珥部臣鳥と務大肆忍勝の名をあげており、佐久命から和珥部臣鳥と務大肆忍勝の間の八代は、『姓氏録』の抄録の際に省略されたのであろうか。

このように、「和邇部氏系図」によって、『姓氏録』の抄録前の内容が一部復元されるのであるが、このような二種の系譜はどのように考えればいいのであろうか。このことについては、二つの系譜が内容的にも共通する系譜であるにもかかわらず、「和邇部氏系図」が、鳥見命を「真野臣祖」とし、和邇部臣との関わりを書いていないのは、何らかの作為を想定させる。必ずしも確証はないが、私は田作臣から始まる和邇部臣の系譜は、和邇氏本流の日爪臣に接続する前は佐久命の子、鳥見命か小椋臣、どちらかといえば小椋臣に接続していたのではないかと憶測している。すなわち、「和邇部氏系図」を作成する際、君手の後裔の和邇部臣氏が自家の権威付けのため、あえてその出自を「和邇氏本系」主流に繋ごうとしたとみるのである。こうした憶測が的を得ていたとするなら、『姓氏録』の系譜の方が、和邇部臣の本来の系譜を記載している可能性が高いといえよう。

ところで、ここで少し横道にそれることになるが、解決しておくべき問題がある。すなわち、近年主張されている真野臣・和邇部臣を渡来氏族とする説をどのように考えるかということである。『三代実録』貞観五年（八六三）九月十五日条には、真野臣永徳・道緒が宿禰を賜姓されたとあり、その際に、大和国山辺郡人上野権少掾正六位上民首広門・右京人大宰医師正七位上民首方宗・木工医師正六位上民首広宅にも真野臣を賜姓したとある。さらに、翌貞観六年七月二十七日条にも、右京人無位民首方永が真野臣の氏姓を賜ったとある。この時、真野臣が宿禰を賜ったのとほぼ同様に、民首氏が真野臣を称することを許されたというのである。そして、『姓氏録』右京諸番下の民首条には、「水海連同祖。百済国人努利使主の後也」とあって、民首氏はもともと百済からの渡来人とされている。こうした所伝と、真野臣の祖である佐久命が父大矢田宿禰と新羅国王の娘の間に所生したとする先の真野氏の始祖伝説により、真野臣がさらには和邇部臣が本来渡来系氏族であったとされているのである（加藤謙吉、前掲論文）。

しかしながら、ここにみえる真野臣の永徳・道緒はこの時、宿禰を賜姓されているのに対し、民首氏はあくまで真野臣を賜っているのである。すなわち、真野臣永徳・道緒はおそらくもともと真野臣氏の本宗家の人物であり、この時、すでに和邇部宿禰を得ていた和邇部臣氏に準じて宿禰姓を申請したとみられる。いっぽう民首氏はおそらく真野宿禰氏と姻戚関係にあったためか、真野臣を名乗ることを希望したのであろう。こうしたことから、この時に真野臣となった民首は確かに渡来系の氏族であるが、宿禰性を賜った真野氏は渡来氏族ではなく、『姓氏録』にあったように、「庚寅年籍」の作成された持統四年（六九〇）に佐久命の九世孫である鳥と忍勝が、正式に真野臣を名乗ることを許された和邇部臣の一族と考えられよう。

和邇部臣からの真野臣の自立

ところで、和邇部臣から真野臣への改姓は、実は単なるウジ名の変更ではなく、鳥と忍勝は実質的に和邇部臣から正式に自立したことを示していると考える。真野氏が本拠としていた滋賀郡真野村については、『和名類聚抄』の滋賀郡四郷の一つに真野郷があり、滋賀郡北部の堅田平野一帯、現在の大津市堅田町全域を含むとみられる。狭義には真野川左岸の大津市真野町付近をさしており、滋賀郡北部では最も広い平野が展開する地域である。和邇部臣の本拠とみられる和邇川流域の左岸に比定される和邇村と比べれば、その数倍の面積が想定される。

すなわち、この地域の和邇系氏族の中で、最も早く中央和邇氏と結託関係を結んだのは和邇川下流の和邇村を本拠とする和邇部氏一族であり、その本拠である和邇村が北陸道第二番駅である和迩駅の存在や、上竜華から峠を経て山城東北部に抜ける北陸道の短絡路の分岐点であることからも明らかなように交通の要衝にあったこと、そしてそれは岸俊男が明らかにした、和邇氏による国内統一過程における近江・若狭・越前への進出ルートに対応しており、軍事的な要衝でもあったからであろう。和邇部臣が軍事において朝廷から評価されていたことは、こうした本拠地の地理的な重要性だけではなく、壬申の乱における君手の活躍や、『姓氏録』の伝説においてその祖が神功皇后に従う「鎮守将軍」として描かれていることからも確認できるのである。

そして、和邇村を本拠としていた和邇部臣は、早くに中央和邇氏との同族的結合を果たし、後の小野村や真野村などを本拠とするこの地域の有力者も一族として吸収し勢力を拡大したと考える。和邇部臣が、和邇氏同祖氏族として近淡海国造に任じられたのも、そうした和邇部臣の勢力拡大と大和政権との親密な関係の結果といえるのではなかろうか。そして、この地の連合体の実力を示すのが、第二章で確認した滋賀郡北部の四・五世紀の首長墓であった。いっぽう先にみたように、五世紀後半のこの地域の首長墓はやや衰退するのに対し、六世紀になると真野川の左岸・右岸、和邇川の左岸などの各地域において再び勢力の回復がみられる。こうした変動は連合体の解体と地域の自立化の動きを示すものではないか。先にみた、和邇部臣から真野臣への改姓は、正式には持統四年（六九〇）のことであったが、実質的には、すでに六世紀ごろから和邇部臣（近淡海国造）からの真野氏の自立はすすんでいたと考えられるのである。それまで和邇部臣（近淡海国造）によって首長権が継承されていた滋賀郡北部において、六世紀以降真野臣が和邇部臣から分枝し、両氏は和邇氏同族という枠組みは残しながら、それぞれ独自の勢力を持ち、在地だけでなく中央においても競合することになったと考えられる。「和邇部氏系図」は、こうした中で、君手の活躍もあって勢力を回復した和邇部臣が、その記念碑として自家の系図を新たに「和邇氏本系」の主流に接続して作成したのであろう。

5　和邇部氏から小野氏へ――小野氏の形成

小野朝臣野主等の奏言

このような「和邇部氏系図」の検討により、和邇部臣と真野臣の分枝が考えられるなら、その居住地が隣接する和邇部臣と小野臣の場合も、同様に小野氏が和邇部臣氏から分枝し自立したと考えられるのではないか。妹子が中央政界で活躍する推古朝以

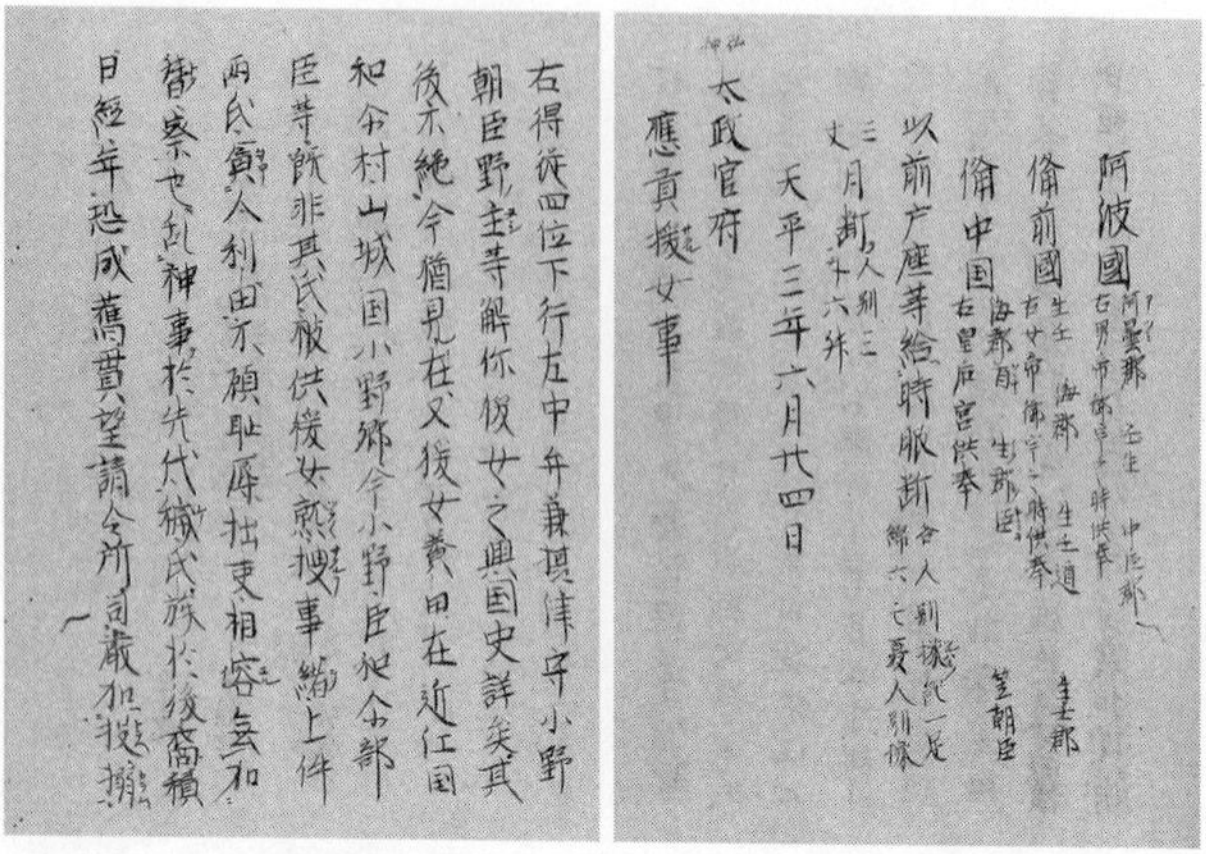

阿波國
備前國
備中国
以前戸座等給時服
太政官符
應貢猿女事
天平三年六月廿四日

右得従四位下行左中弁兼摂津守小野
朝臣野主等解偁猿女之興国史詳矣其
後不絶今猶見在又猿女養田在近江国
和尓村山城国小野郷今小野臣和尓部
臣等既非其氏被供猿女熟撿事緒上件
両氏貪人利田不顧恥辱拙吏相容無和
猶察也乱神事於先代穢氏族於後裔積
日経年恐成舊貫望請令所司厳加捉搦

写真8　『類聚三代格』巻第一　弘仁4年（813）10月28日付太政官符
（宮内庁書陵部所蔵）

前には小野氏の自立は果たされていたとみるべきであろう。このことを考える上で、まず手がかりになるのは、『類聚三代格』巻第一に収める弘仁四年（八一三）十月二十八日付の太政官符である。これにはこれより先、小野朝臣野主（やぬし）等が、配下とみられる小野臣・和邇部臣の両氏が本来の職務でない猿女の貢上に携わっている不当性を訴え出た結果、その停廃を許されたことが書かれている。その全文を引用しよう（写真8）。

太政官符す。
　応に猿女を貢ぐべき事。
右、従四位下行左中弁兼摂津守小野朝臣野主等の解を得るに偁く、「猿女の興りは、国史に詳らかなり。その後絶えずして今なお見在す。また猿女の養田は近江国和邇村、山城国小野郷にあり。今、小野臣、和邇部臣等は、すでにその氏にあらずして、猿女を供せらる。つらつら事の緒を捜るに、上件の両氏は、人の利田を貪りて、恥辱を顧みず。拙吏相容れ督察を加うることなし。神事を先代に乱し、氏族を後裔に穢す。日を積ね、年を経るに恐らくは旧貫と成らん。望み請ふらくは、所司をして厳しく捉搦を加え、氏にあらざるを用うことを断しむべし。しからばすなわち、祭祀は濫れることなく、家門は正しきを得ん。謹んで、官裁を請ふ」てへり。旧記を捜検するに、陳ぶる所実あり。右大臣宣す、「勅を奉わるに、宜しくこれを改め正すべし。」てへり。よって、両氏の猿女は永く停廃にしたがひ、猿女公氏の女一人を定めて、縫殿寮に進め、欠くるに随いてすなわち補し、もって恒例とせよ。

弘仁四年十月二十八日

これは、当時の小野朝臣家の「氏上」であったとみられる小野朝臣野主等が、小野臣・和邇部臣の両氏が本来の職務でない猿女の貢上に携わっている不当性を訴え出て、その停廃を求めて許された文書である。猿女は、『記紀』の神話として著名な「アメノウズメ神話」の基底となる鎮魂祭という朝廷の重要な祭祀において楽舞を奏上する女官のことで、本来伊勢国の土豪宇治土公（うじのつちのきみ）と猿女君が貢上するのが習わしとなっていた（松前健「大嘗と記紀神話」『古代伝承と宮廷祭祀』塙書房、一九七二）。当然、女官の出仕の経費を貢進する「猿女の養田」も地元の伊勢にあってしかるべきであるが、このころには近江国和邇村と山城国小野郷にあったらしい。なぜそうなったかはこの文書からはわからないが、

「今、小野臣、和邇部臣等は、すでにその氏にあらずして、猿女を供せらる」とあって、両氏が猿女公に代わって猿女の貢進もおこなっていたようなのである。そして、野主等はそうなった事情として、「両氏は、人の利田を貪りて、恥辱を顧みず。拙吏相容れ、督察を加うることなし」として、本来、猿女公から出ていた猿女のために設置された「養田」の取分を、両氏が横取りしたことをあげており、それを「神事を先代に乱し、氏族を後裔に穢す」「家門は正しきを得ん」と強く批判している。そして、一族である小野臣・和邇部臣の「猿女は永く停廃」するよう官裁を求めたところ、勅に基づく右大臣の宣が出て、「猿女公氏の女一人を定めて、縫殿寮に進め、欠くるに随いてすなわち補し、もって恒例とせよ」とする太政官符が発給されたのである。

猿女の貢進と小野臣・和邇部臣

まず確認しなければならないのは、後にもふれるが、野主は小野朝臣氏の氏上として、その一族の不正を官に届け出て処分を求めており、小野臣、和邇部臣等の一族を統制する立場にあったにもかかわらずできていないことである。そして、これまで述べているように、当時小野氏本宗は小野朝臣を称し、和邇部氏も本宗は和邇部宿禰を称しており、この文書にみえる小野臣、和邇部臣はいまだ「臣」を称していて、「朝臣」「宿禰」を名乗れない一族であったとみられる。それが、「神事を先代に乱し、氏族を後裔に穢す」「家門は正しきを得ん」という厳しい断罪となったのであろう。このことは、小野朝臣家にとって家門を穢す許すことのできない行為であったようである。この記事から、小野・和邇部の両氏が、かつて宮廷に巫女を出していた古い伝統を読み取ろうとする見解があるが、そうではなく、小野臣、和邇部臣の両氏は、本来一括して小野朝臣家の統制下にあったとみるべきであろう。

さて、次の問題は、「猿女の養田」は近江国和邇村と山城国小野郷にあったということであるが、和邇村の「養田」が和邇部臣と、小野郷の「養田」が小野臣とそれぞれ関係するというのが自然な理解であろう。事実、このことから和邇部臣の本拠を近江国和邇村に、小野臣の本拠を山城国小野郷とする見解も出されているが、そのように理解していいのであろうか。和邇部臣の本拠が和邇村にあったことは、『延喜式』巻二十八兵部省に西近江路（北陸道）の穴太駅に次ぐ第二番駅として「和邇駅」がみえ、また『類聚三代格』巻十六所収の貞観九年（八六七）四月十七日付太政官符には「和迩船瀬」（和迩泊）の修理が近江国司に命じられており、いずれも和邇村と関わるものとみられる。そして和邇駅・和迩泊の存在は、この地が水陸交通の要衝であったことを示している。現在、大津市和邇中は、和邇川左岸の下流域一帯を占めているが、この和邇川をさかのぼると、竜華町から途中峠を経て、大原・山城東北部に通じ、平安京から北陸道への近道となっており、和邇中付近に和邇駅や和邇村を比定しても、おおよそ条件を満たすように思われる。和迩泊についても、おそらく和邇川の河口付近に想定することができるであろう。なお、滋賀郡に実際和邇部臣氏が居住していたことは、画工司の画師として近江国滋賀郡人丸部臣国足（『正倉院文書』四‐二二七・二五九・二六〇）がみえることからも裏付けられる。ところが、先にみたように、いわゆる「和邇部氏系図」の尻付けによるなら和邇部臣君手の弟濱主の子大居が山城国愛宕郡主政、大石・伯麿の弟の弟足が山城国愛宕郡少領とあり、弟足の子男人も愛宕郡少領、孫の海足が山城大目、真楫が愛宕郡擬少領とある。このことから和邇部臣氏が山城国愛宕郡の郡領家であることを示しており、近江だけでなく山城にも大きな勢力を持っていたことがわかる。

小野氏の本拠

いっぽう、小野朝臣・小野臣が山城国愛宕郡小野郷にゆかりのあったことは、郷名や先の小野朝臣野主等の解の記載のほかにも、『延喜式』神名帳の山城国愛宕郡に「小野神社二座」とあり、小野氏の拠点が山城国愛宕郡にもあったことが想定される。さらに、妹子の子毛人の墓誌が現在の京都市左京区上高野にある崇道(すどう)神社の裏の山にある古墳から出土しており、山城国愛宕郡にも小野氏の重要な拠点のあったことを示している。ところが、先にみたように、『姓氏録』左京皇別下小野朝臣には、「小野朝臣。大春日朝臣と同じき祖。彦姥津命の五世孫、米餅搗大使主命の後なり。大徳小野妹子、近江国滋賀郡小野村に家れり。因りて以て氏と為す。日本紀に合へり」とあり、小野妹子が、「近江国滋賀郡小野村」に居住することによって小野臣を称することになったとしており、より明確に居住が示されている。この記載については、妹子が小野村に移ってきたことによりウジ名を小野としたと解し、山城から移住したと考えたり、小野氏の著名人である妹子を持ち出し地名の由来を述べた伝説とする見解も出されたりしている。

しかし、よく知られた史料である『続後紀』承和元年（八三四）二月二十日条に、「小野氏の神社は近江国滋賀郡に在り。勅して、彼の氏の五位已上は、春・秋の祭り至らん毎に、官符を待たずして、永く以て往還することを聴す」とあり、また『続後紀』承和四年（八三七）二月一日条には、「勅して、大春日・布瑠・粟田の三氏の五位已上は、小野氏に準じ、春・秋二祠の時に、官符を待たずして、近

写真9　小野神社社殿（滋賀県大津市，筆者撮影）

江国滋賀郡に在る氏の神社に向うことを聴す」とあることから、近江国滋賀郡小野村が、氏の社がある本拠であったことは、否定できないと考える。この記事は、一族の小野朝臣篁（たかむら）が第十七次の遣唐副使に任命されたことに伴う天皇の決定であり、小野氏と小野村の不可分の関係を示している。この勅により、小野氏の神社が近江国滋賀郡にあり、本来畿外である近江に出かける場合は官符で許可を得る必要があるが、小野氏の五位以上のものは春夏のまつりに官符なしの往還をすることが許され、後者では同族の大春日・布瑠・粟田の三氏も小野氏に準じて小野氏の神社に参拝することが許されているのである（写真9）。

　この小野氏の神社については、『延喜式』神名帳の滋賀郡八座にみえる「小野神社二座〈名神大〉」にあたるとみられ、現在、大津市和邇に所在する「小野神社」「道風神社」に比定される。これにより、小野氏が祀っていた神社（氏神）が、大和でもなく、また山城でもなく、近江の滋賀郡にあるということが明快に示されているのである（岡田精司「古代の小野氏と小野神社」『翔古論聚――久保哲三先生追悼論文集』一九九三）。また、小野氏の神社に和邇氏の同族が参拝するのは、このころには小野氏が和邇氏同族の中で氏上的な地位にあったことを示している。小野村は現在の大津市小野であり、この地は滋賀郡最大の堅田平野の北に接して所在する小平野に位置し和邇川流域の右岸一帯を占めている。先に和邇部臣の本拠とした和邇村の故地である大津市和邇中とは、和邇川を挟んで対峙する位置にあり、小野村と和邇村は隣接している。右にみた両氏の密接な関係を裏付ける。

和邇部臣と小野臣

以上のように、和邇部臣と小野臣は近江国滋賀郡の和邇川を挟んで、隣接する小野村と和邇村を本拠としていたと考える。そしてこの地域は、和迩川をさかのぼると、竜華町から途中峠を経て、これまた両氏の居住が確認できる大原・山城東北部の愛宕郡小野郷に通じているのである。このことは、令制国では二つの国にまたがっているが、もともとこれらの地域に両氏がともに居住し拠点としてきた地域であり、近江から山城に進出したとか、その逆に山城から近江に移住したと考えるよりは、たまたま令制国の施行により二つの国に分かれただけで、もともと大きく一つの地域であったと捉えるべきで、共通の勢力圏であったと考えられる。そして、先にみた小野朝臣野主等の解において、野主が、一族の小野臣だけでなく、和邇部臣についても、本来の職務でない猿女の貢上に携わっている不当性を訴え出たのは、和邇部氏と小野氏の両氏が、きわめて近い親族関係にあったからだけでなく、小野朝臣家が、両氏の上級支配権を持っていたためと考えるのである。ただ、私は小野氏と和邇部氏の本拠は、近江国滋賀郡と山城国愛宕郡をまたいで広がっているが、小野神社のあり方からみて、その重心は近江国滋賀郡にあったと考えている。

それでは、こうした和邇部臣と小野氏との親密な関係は実際にはどのように理解すべきであろうか。先にみたように、もともと和邇川左岸の和邇村を本拠としていた和邇部臣氏が、中央和邇氏との結託を深め後の滋賀郡北部で勢力を拡大する中で、隣接する和邇川右岸の勢力やさらに南の真野川流域の真野村を本拠とする勢力をも同族として包摂し、連合体を形成していたのではなかろうか。特に和邇部氏と小野氏は居住域も近く姻戚関係も重複して実質的には一つの氏族を構成するようになったと考える。そしてやや遅れて真野村の勢力もそうした連合体に加わり、和邇部臣は滋賀郡北部の最高首長となったのではなかろうか。近淡海国造への任命はそのような和邇部臣のこの地域における地位に基づくものだったのであろう。しかし、そうした連合体の中から、六世紀ごろにはまず小野村と真野村の勢力が急速に成長して後の小野臣・真野臣として自立することになり、特に小野臣は独自に中央政界にも足場を築き、その後は妹子の活躍もあり在地においても近淡海国造＝和邇部臣を凌駕する地位についたのではなかろうか。右にみたように、平安時代になっても小野朝臣家が小野臣だけでなく和邇部臣をもその統制下に置いていたのは、両氏が実質的に同一氏族であったこと、その中で小野氏の優位が確定したことと関わるのではないか。『姓氏録』にみえる、妹子が小野村に居住したことにより小野氏を名乗ることになったとする伝承は、文字通り和邇部臣出身の妹子の一族が、小野村を本拠として自立し小野氏を名乗るようになったことを示していると思われるのである。
そして、それに続いて、真野村を本拠とする真野臣も和邇部臣氏から自立することになったのであろう。こうした、小野臣・真野臣と和邇部臣のあり方は、前章において検討した「和邇氏同祖系譜」にみえる各地の同族が、それぞれの地域において地名をウジ名とする和邇氏同族と和邇部臣が共存するというあり方に対応するものといえる。いずれも有力な和邇氏同族が、中央政界に進出する際に、和邇部臣から自立して、その地域名を名乗ることになったのではなかろうか。このように、小野・真野の両氏は、いずれも本来は、近淡海国造＝和爾部臣氏と同じ首長連合体を構成していた同族であったが、両氏が自立したことにより、近淡海国造＝和邇部臣の主導権は後退し、連合体の解体がすすむことになったとみられる。また、滋賀郡南半では、蘇我氏同族の近江臣氏が勢力を伸ばし渡来人集団が集住する大和政権の拠点に変貌していたことも、和邇部臣にとっては大きな痛手であったとみられる。

さて、小野氏のこうした成長を示すのが、『書紀』雄略十三年八月条にみえる春日小野臣大樹による文石小麻呂征討伝説である。

春日小野臣大樹の文石小麻呂征討伝説

秋八月に、播磨國の御井隈の人文石小麻呂、力有り心強しといふ。行ふこと肆にして暴虐す。路中に抄劫しつつ、行を通はしめず。又商客の艖艒を斷へて。悉に以つて奪ひ取る。兼ねて國の法に違ひて、租賦を輸らず。是に、天皇、春日小野臣大樹を遣して、敢死士一百を領て。並に火炬を持ちて、宅を圍みて焼かしむ。時に火炎の中より、白き狗暴に出でて、大樹臣を逐ふ。其の大きさ、馬の如し。大樹臣、神色變らずして。刀を拔きて斬りつ。即ち文石小麻呂に化為りぬ。

この記事は、天皇が、暴虐な振る舞いが多く人々を苦しめるだけでなく、国の法に背いて租税も納めない播磨國御井隈の豪族文石小麻呂の征討を春日小野臣大樹に命じたもので、大樹は「敢死士」百人を率いて小麻呂の屋敷を囲み火をつけると巨大な白犬が襲ってきたので、これを斬ったところ小麻呂の姿になったという伝説的な物語である。中央豪族だけでなく、地方で有力な豪族でも『記紀』に伝説的な氏族功業物語を載せることはあるが、これが小野氏にとっては唯一の記事であり、祖先の功業を伝えると同時にその朝廷における役割を示すものといえる。すなわち、小野氏はここで、暴虐な地方豪族の鎮定に派遣されており、朝廷において軍事的な役割を担っていたことがうかがえる。この所伝が、皇位継承などとは関わらない一回的なものであるところから、伝説としては付加的な要素が強くやや遅く取り入れられた可能性が高いといえよう。したがって、小野氏が中央においてはいまだ新興の勢力であったことを示しているのではなかろうか。ただし伝説の主人公大樹が、「春日小野臣」と複姓で呼ばれていることは、この伝説が作成されるころには、小野臣が和邇氏同族の中ですでに「氏上」的地位についていたことを示しているといえよう。

外交と軍事

こうした小野氏の伝説にみえる軍事的性格については、その後の小野氏の活動にも明確に確認できる。それは、平安時代前期まで小野氏がその氏族的伝統として保持し続けていたと考えるが、六世紀から七世紀ごろの小野氏が、軍事・外交において顕著な足跡を残していることからもうかがうことができる。外交と軍事は、よくいわれるように外交の延長線上には軍事があり、両者は不可分の関係にあったといえる。そして、外交・軍事に関わる活動にはそれを可能とする学識と経験が必須であった。最新の外交・軍事についての情報や知識を得る上で、近江、特に湖西南部はこれまで度々ふれているように格好の地域であった。すなわち、この地には志賀漢人と総称される有力な渡来氏族が五世紀後半以降集住して、琵琶湖の湖上交通を利用した物流の構築などに活発な活動をおこなっており、故郷の朝鮮半島とのネットワークも維持していたようであり、近江の古代豪族がほかより容易に最新の知識・技術に接することができたのである。六世紀以降、継体朝の近江臣、推古朝の小野臣・犬上君と、対外関係において軍事・外交に登用される人物を輩出したのは、そうした伝統を、近江の古代豪族がしだいに育んでいたことを裏付けるといえよう。そして、小野氏と和邇部臣氏の軍事的性格については、これまでいくつかの視角から述べてきたし、小野氏の外交における役割は本書が詳細に明らかにするところである。そこで、ここでは、遣隋使と最初の遣唐使となった、犬上御田鍬を出した犬上氏についてそうした視角から概略を述べ、小野氏の活動の補説としておきたい。

犬上君と外交・軍事

妹子の次に派遣された六一四年（推古二十二）の第四回遣隋使については、中国側の記録はないが、『書紀』推古二十二年六月十三日条・二十三年九月条に犬上君御田鍬らを隋に派遣したこと、翌年百済の使者とともに帰国したことがみえる。そして

『旧唐書』倭国伝の貞観五年（六三一）条には、「貞観五年、使いを遣わして方物を献ず。太宗其の道の遠きを哀れみ、所司に勅して歳ごとに貢せしむる無し。又た新州の刺史高表仁を遣わし、節を持して往いて之を撫せしむ。表仁綏遠の才無く、王子と禮を争い、朝命を宣べずして還る」とあるように、第一回の遣唐使のことが述べられている。『書紀』舒明二年（六三〇）八月五日条・同四年八月条に、「大仁犬上君三田耜」が大唐に使いし、送使の高表仁とともに帰国したことがみえる。同四年十月四日条・同五年正月二十六日条には高表仁の来日時の模様と帰国のことが記されている。ちなみに御田鍬の帰国の際に、妹子に同行した僧旻が帰国しており、注目される。

犬上君御田鍬は、このように二度にわたって公式使節に任命され中国に使いしており、朝廷において重用されていたことが知られるが、御田鍬が称する冠位の大仁は、推古十一年の冠位十二階の第三位で、奈良時代の正五位に相当する。小野妹子が大禮で冠位十二階の第五位であったことと比べてみても、その地位の高さが推測される。また『書紀』斉明二年（六五六）九月条には、一族とみられる犬上君白麻呂が遣高麗使に任命され、同書天智二年（六六三）五月一日条には犬上君某が兵事を高句麗に告げたことがみえており、その後も犬上君氏の対外関係における活躍は著しい。犬上君氏は朝廷における外交の担当者として登用され、その後も、中央政界において重要な地位を築くことになったのであろう。

犬上君氏は、『三代実録』仁和元年（八八五）七月十九日条に「近江国検非違使権主典前犬上郡大領従七位上犬上春吉」とあることから、犬上郡を本拠とする豪族で、その郡領氏族であったことが知られる。犬上君氏が数多の地方豪族の中で大和政権から特にその存在を認められていたことは、『記紀』にその始祖系譜や伝承を載せているところから明らかである。すなわち『古事記』によると、景行天皇段のいわゆる倭建命後裔系譜に倭建命の子稲依別王(いなよりわけおう)が「犬上君・建部君等が祖」とあり、また『書紀』では景行五十一年八月四日条に「初め日本武尊、両道入姫皇女を娶して妃として、稲依別王を生めり。次に足仲彦天皇。次に布忍入姫命。次に稚武王。其の兄稲依別王は、是犬上君・武部君、凡て二の族の始祖なり」とあり、倭建命の後裔を称する有力な豪族であったことが判明する(図24)。この系譜に同族としてみえる建部君氏については、倭建命の「名代・子代」とされる建部の管掌者であり、いわゆる宮城十二門号氏族の一つでもあり、軍事的な性格の強い豪族とみられている。ここから犬上君氏についても同様の性格が推定されてくるが、その点を裏付けるのが犬上君の祖とされる倉見別(くらみわけ)に関わる伝承である。

『書紀』神功摂政元年二月条、同年三月五日条には、「新羅征討」の帰途、九州で応神を生んだ神功皇后が大和に戻ろうとした時、応神の異腹の兄にあたる麛坂王(かごさかおう)と忍熊王(おしくまおう)が皇位を手に入れようと反乱の軍を起こし、神功・応神母子によって鎮圧されるという一連の物語がみえる。兄麛坂王を摂津の菟餓野(とがの)で失った忍熊王が、神功・応神の軍に大いに敗られ、宇治川の北岸から「逢坂」、「狭狭浪(さざなみ)の栗林(くるす)」へと逃れ、ついに「瀬田済(わたり)」に追いつめられて自ら水死したことが記され、犬上君の祖とされる倉見別なる人物が、吉師(きし)の祖五十狭茅宿禰(いさちのすくね)とともに、麛坂王方の将軍として登場し、東国の兵を興したとある。ただし五十狭茅宿禰が最後まで忍熊王に従いともに死ぬのに対し、倉見別についてはなぜか

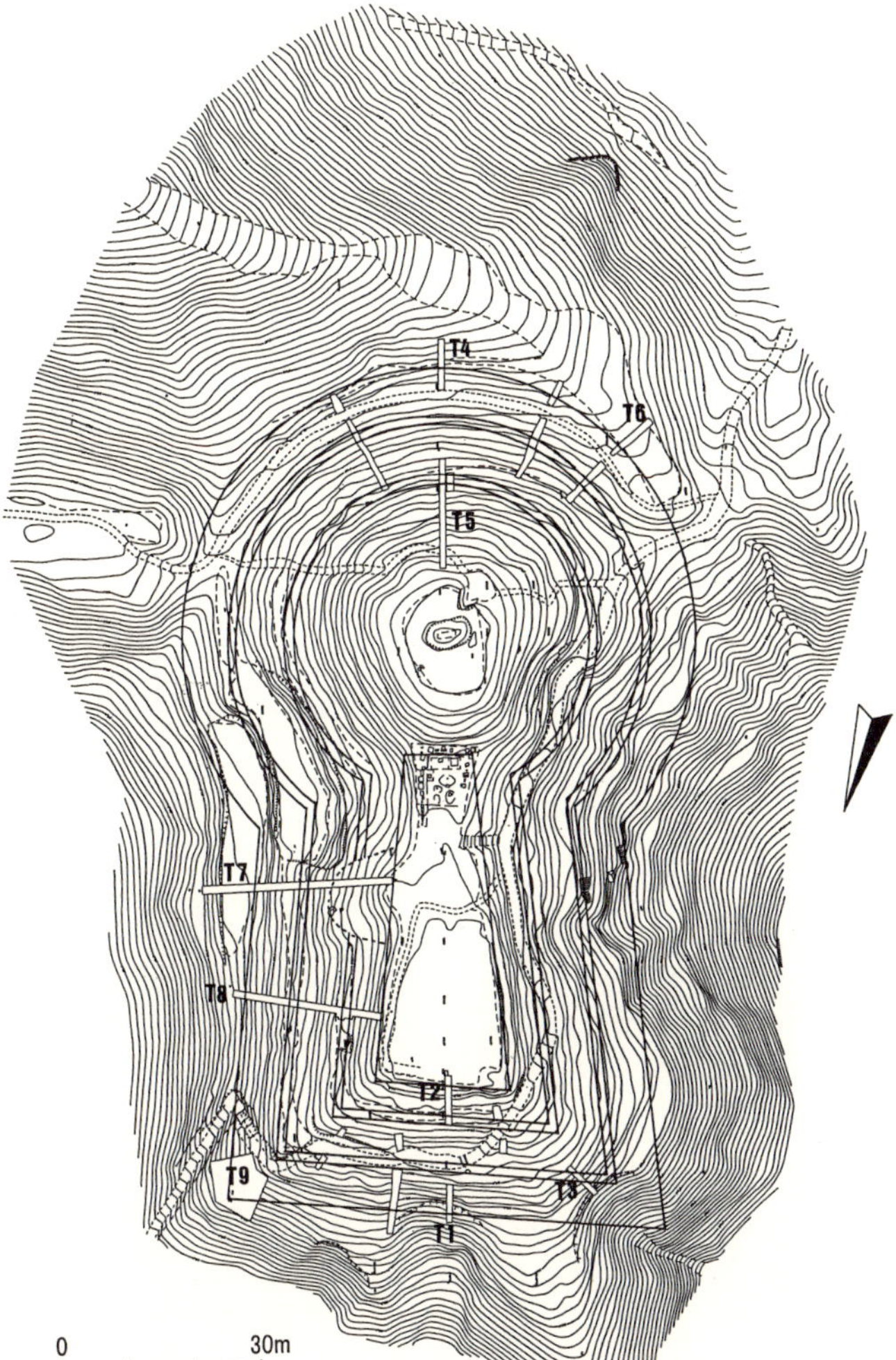

図24　荒神山古墳測量図

その後の消息が記されていない。しかし、犬上君氏の祖が、たとえ反乱軍とはいえ将軍としてみえているることは、同氏の軍事的性格を示すものとして無視できない。なお、この一連の物語は応神天皇の即位事情に関わるものであり、それなりに重要な伝説といえる。

また、『書紀』孝徳天皇即位前紀条には、「輕皇子、固辭ぶること得ずして、壇に升り即祚す。時に、大伴長徳〈字馬飼。〉連、金の靭を帯びて、壇の右に立つ。犬上建部君、金の靭を帯びて、壇の左に立つ。百官の臣・連・國造・伴造・百八十部、羅列りて匝りて拝みたてまつる」とあり、孝徳天皇の即位儀（式）の模様が記されている。すなわち、天皇が壇（高御座）に登り即位する即位儀のクライマックスにおいて、壇の左右に金の靭を帯びた武官、大伴長徳連と犬上建部君が立って威儀を示しており、二人は後世の左近衛大将・右近衛大将の役割に相当するものとみられる。二人は天皇に近侍する親衛隊の隊長であって、軍事的な性格の強い地位といえる。大伴連氏は、大和政権の時代以来の親衛軍のトップであり、武門の名家であるから、それ自身何ら違和感はないが、いっぽうの犬上君氏は、必ずしも大伴連氏に比肩する立場にあったとは考えられないのではないか。しかし、先にみた系譜や伝承と合わせて考えるなら、その軍事的な性格も無視できないといえよう。少なくとも孝徳朝ごろの犬上君氏は、大伴連氏と並ぶ枢要の地位にあったことは間違いないだろう。そして犬上君氏が朝廷においてこうした地位を築いたことについては、遣隋使・遣唐使として推古・舒明朝に活躍した犬上君御田鍬をはじめとする一族の功績が大きかったと考える（大橋信弥「犬上君について」『考古学論究――小笠原好彦先生退任記念論集』真陽社、二〇〇七）。

このように、小野氏とともに七世紀の朝廷において外交分野で顕著な業績をあげた犬上氏の動向が確認できるなら、犬上氏のように具体的な記録は残されていないが、小野氏についても同じような背景が想定されるであろう。近江に本拠を置く古代豪族の中から、大和政権の軍事・外交における重要なポストに登用された事情が理解されるとするなら、それとともに忘れることができないのが、六世紀前後に近江を基盤として成立した継体朝のことである。継体朝の成立により、近江の古代豪族が中央政界に登用される機会が飛躍的に増えたとみられるからである。妹子が最初の遣隋使になり、小野氏がその後長く繁栄したのはこれ以外にも様々な要因があったとみられるが、ここではその一部を解明したのにとどまる。章を改めて妹子以後の小野氏の活動と繁栄を追跡することにしたい。

第五章　妹子の後継者——毛人と毛野

1　天武朝の太政官小野朝臣毛人

毛人の墓誌と毛野の薨伝

小野臣は、推古朝の遣隋使小野臣妹子、その子で天武朝の太政官兼刑部大卿の小野朝臣毛人、毛人の子で文武・元明朝の参議・中納言などを歴任した小野朝臣毛野など三代の功績もあって、古代豪族春日（和邇）氏同族の氏上として、奈良時代・平安時代には、当時の政府の中枢で政策の立案・施行を審議する議政官（参議）に任じられる資格を曲がりなりにも手にしている。その基礎を築いたのは小野妹子の功績であることは否定できないが、毛人と毛野の二人がそれを不動のものにしたと考えられる。そして、二人が築いた実績を引き継ぎ、古代貴族としての小野氏の発展を持続したのは、その後に登場する多彩な小野家の人々であった。ここでは、妹子の後継者である小野朝臣毛人とその子毛野の生涯とその活動を跡づけることにしたい。

写真10　崇道神社社殿（京都市左京区，筆者撮影）

妹子の子である小野朝臣毛人については、その重要な役割にもかかわらず、妹子以上に史料に恵まれず、その人物像を浮かび上がらせるにはかなりの困難がある。その数少ない史料が、『小野朝臣毛人墓誌』と『続紀』に載る、その子小野朝臣毛野の薨伝である。墓誌とは、文字通り、死者の姓名、出自・地位などの経歴、死亡年などと、まれに哀悼の修辞などを刻書し遺体に副葬した、石板や金属板・容器のことであり、中国においては、北魏以降、方形石製の蓋を伴うものが盛行していた。わが国では七〜八世紀の火葬墳墓から、短冊形の金銅板・銅板が出土するが、出土例はまれである（小笠原好彦「日本古代の墓誌」『日本考古学』第4号、二〇一二）。いっぽう薨伝とは、律令の規定に、天皇・皇后などの皇族の死は「崩」、親王・三位以上の王臣の死は「薨」、四位・五位の王臣の死は「卒」と書かれ、『書紀』以下の「六国史」には、原則として、五位以上の王臣の死亡記事が薨伝・卒伝として載せられている（写真10）。

（1）小野朝臣毛人墓誌

この墓誌は、慶長十八年（一六一三）、現在の京都市左京区上高野にある崇道神社の裏山の古墳から出土したもので、石室は長さ約二・六メートル、幅と高さ約一メートルであった。墓誌は銅版に金メッキしたもので、長さ約五十九センチ、幅約六センチ、厚さ三ミリ（梅原末治「小野毛人の墳墓と其の墓志」『考古学雑誌』第7巻第8号、一九一七。『日本古代の墓誌』奈良文化財研究所、一九七九）。墓誌の銘文は表裏に書かれており、その釈文と読み下しは次の通りである（口絵）。

釈文　（表）飛鳥浄御原宮治天下天皇　御朝任太政官兼刑部大卿位大錦上
　　　（裏）小野毛人朝臣墓　営造歳次丁丑年十二月上旬即葬

訓読　（表）飛鳥浄御原宮に天の下治しめしし天皇の御朝に任けし太政官兼刑部大卿、位は大錦上、（裏）小野毛人朝臣の墓〈営造の歳は、丁丑に次れる年十二月上旬に即ち葬れり〉

（2）小野朝臣毛野薨伝　『続紀』和銅七年（七一四）四月十五日条

ここには、この日に亡くなった毛野の、最終官歴とその出自が、簡略に書かれている。

夏四月辛未、中納言従三位兼中務卿勲三等小野朝臣毛野薨しぬ。小治田朝の大徳冠妹子が孫、小錦中毛人が子なり。

（1）には、これが毛人の墓に埋納されたものであり、「丁丑に次れる年十二月上旬」、すなわち天武六年（六七七）十二月初めに墓を造ったことは述べているが、死亡年月日や卒年齢の記載はない。それ以前とするほかないであろう。生年に関わる記載もないからそれも不明である。表面の最終官歴については後に考えたい。（2）では、毛人が小治田朝（推古朝）の大徳冠妹子（推古十一年制定の冠位十二階の第一位）の子で、元明朝の中納言従三位兼中務卿勲三等の毛野の父であることがわかる。ここでは、妹子の引退ないし死が推古朝で、最終官位が「大徳冠」であることがわかるが、これは第一章で考えた。そこで、これを手がかりに毛人のことを具体的に考える前に、毛人が生きた時代、妹子が遣隋使として外交に大きな足跡を残した推古朝から、毛人が亡くなる天武初年までの倭国の歴史をざっと振り返っておく必要があろう。

毛人が生きた時代

『書紀』は、敏達天皇の崩後、その諸皇子が年少であったこともあり、王位をめぐり混乱が続いたことを記している。中継ぎ的に即位した用明は病弱で間もなく亡くなり（暗殺説もあり）、次に即位した崇峻天皇も、当時の政権を領導していた大臣蘇我馬子により暗殺されている。そのため、推古元年（五九三）、馬子の意向もあり、敏達天皇の大后として朝廷内に大きな影響力を持ち、蘇我氏出身の母から生まれた推古が、最初の女帝として即位したのである。推古朝の政府は、推古の主導の下、次期の王位を約束されていた厩戸皇子と馬子の二人が動かしていたとみられる。この時期の東アジアでは、第一章でもふれたように、五八九年に隋、その後を承けて唐による全国統一事業がすすみ、抗争を続けていた朝鮮三国は相次いで中国王朝への朝貢を開始している。この間、倭国と朝鮮三国との関係も比較的安定し、相互に使者の交流がなされていた。世にいう飛鳥文化の開化は、隋・唐との交流以前からの、朝鮮三国との長い交渉や、それと関わる渡来人の活動によったとみられる。妹子の活躍した時代であり、おそらく、その子毛人が生まれ、成長した時期でもあった。妹子は、帰国後、史上からみえなくなるが、その後、大徳冠（令制の正四位上に相当）に昇叙したとみられ、おそらく大夫（マエツキミ）として、政府の中枢において外交政策に参与していたと考えられる。そして、先にみたように、その晩年には故郷の近江滋賀に戻り、小野村に住んで余生を送ったとみられる。

推古三十年（六二二）に、厩戸皇子が即位することなく亡くなり、次いで推古三十四年（六二六）、大臣蘇我馬子が亡くなったため、次期王位をめぐって朝廷内に波乱が動き出すことになる。そうした中、推古女帝が推古三十六年（六二八）に崩御、厩戸皇子の子山背大兄皇子と、敏達天皇の子彦人大兄皇子の子である田村皇子（後の舒明天皇）の間で、王位をめぐる紛争が繰り広げられた。馬子の後継者蝦夷の決断で田村が即位したがその火種は残り、六四一年の舒明天皇の死後、山背大兄皇子・古人大兄皇子・中大兄皇子の三者で王位継承の紛争が起こり、舒明皇后の宝皇女（皇極女帝）が即位した。おそらく妹子はすでに亡くなり、毛人が政界へ登場するころであろう。

皇極朝では、蘇我蝦夷・入鹿父子および山背大兄皇子・古人大兄皇子と、軽皇子（皇極の弟、後の孝徳）・中大兄皇子・中臣鎌足とが、次期皇位と政治路線をめぐって対立していた。そうした中で、六四三年には入鹿が山背大兄皇子を滅ぼし、六四五年には中大兄皇子・中臣鎌足らが蘇我蝦夷・入鹿父子を滅ぼした（乙巳の変）。クーデターの後即位した孝徳は難波に遷都し政治改革（「大化改新」）をすすめるが、その没後、再び即位した宝皇女（斉明）の下では中大兄皇子・中臣鎌足らが改革を継承している。ところが、斉明六年（六六〇）、高句麗征討に手を焼く唐が、朝鮮半島で高句麗・百済の圧迫に抗していた新羅と結び、連合軍は一気に百済を滅ぼした。倭国は、百済復興勢力の要請で救援の大軍を派遣するが、大敗を喫することになる。戦乱の中で斉明が亡くなり天智が即位、近江に遷都して内政改革をすすめるも、天智十年（六七一）病没した。その後継をめぐって、大海人皇子（天武）と大友皇子の間で、古代最大の内乱（壬申の乱）が勃発し、これに勝利した天武が即位し、本格的な律令（法律）に基づく古代国家の建設を始める。このような動乱の中で毛人が朝廷においてどのような立場にあったのかは、史書の語るところではない。しかし、毛人の墓誌はそうした一端をうかがう手がかりとなるのではなかろうか。

墓誌の検討

さて、墓誌によるなら、この墓は、丁丑年（天武六年〈六七七〉）に造られたもので、毛人は天武天皇に仕え太政官となり、刑部大卿を兼任していたことが知られる。位階の大錦上は天智三年（六六四）制定の冠位二十六階の第七位にあたる（令制の正四位上に相当）。しかし毛野の薨伝には冠位は「小錦中」とあり、四段階低く第十一位（正五位下）になる。「大錦上」は、死後に追贈されたものとみられている。また墓誌では「小野朝臣」とあるが、小野氏が朝臣の姓を賜ったのは天武十三年（六八四）で、この墓誌が、墓の築造よりかなり後に追葬されたものと推定される。おそらくその子毛野によるとみられ、その時期は、年紀を干支で表記しているから、年号が定められた大宝令施行（七〇一）以前の六九〇年代と考えられよう。毛野は、後に詳しく述べるように、持統天皇九年（六九五）遣新羅使となり、文武天皇四年（七〇〇）に筑紫大弐、大宝二年（七〇二）に参議・従四位に登用され、慶雲二年（七〇五）中務卿、和銅元年（七〇八）には中納言・従三位に昇叙されている。こうした毛野の活躍と墓誌の追納が関わるかもしれない。

墓誌の記載から毛人は、おそらく天武朝では当然その官職や冠位からみても政府の中枢にいたとみられるが、天武初年に亡くなったこともあって、その具体的な活動は伝わっていない。その手がかりの一つが、「太政官兼刑部大卿」とある官職名と、「小錦中」とされた冠位である。まず後者の冠位「小錦中」は令制の正五位下に相当する。この時期の冠位については、倉本一宏の調査によると、皇親を優遇した天武朝では令制正五位・従五位に相応する「小錦上」「小錦中」「小錦下」に昇叙された諸臣は総数四十七名にすぎず、律令時代以前からの伝統を持つ大夫（マエツキミ）層が大半を占めるとされる（「議政官組織の構成原理」『日本古代国家成立期の政権構造』吉川弘文館、一九九七）。したがって、毛人も妹子の後を承けて大夫に登用されていたとみられ、小野氏は毛人のころも朝廷の諸臣の中では有力な地位を占めるマエツキミ層に準ずる立場にあったことが推定される。

太政官兼刑部大卿

問題は、「太政官兼刑部大卿」という官職である。これについては、天武朝の政治体制をめぐって、その特異な環境と律令体制形成期という特有の歴史的背景があり、多くの議論が費やされている。従来は、律令制下の弁官局のように、太政官の管隷下にあるとされてきた大弁官は、太政官と並んで天皇に直結していたことが指摘され、毛人が帯びていた

「太政官」とは、律令時代のそれではなく、天智朝に設置された独自の官制であるとして、毛人は、「太政官」と「刑部大卿」という二つの職を兼ねていたと解されていた。すなわち、天武朝の太政官は、天皇のいわば「秘書」的役割を持つ天皇侍奉・奏宣官である「納言」のみしか任命されなかったとされ、毛人は天武朝の「納言」という太政官の実質的なトップと、六官の一つ「刑官」の長官を兼ね、天武朝の台閣の中枢を構成したと考えられていた（早川庄八「律令太政官制の成立」『日本古代官僚制の研究』岩波書店、一九八六）。

しかしながら、太政官については倉本一宏が、律令時代のそれとは異なり、納言・大弁官・六官・宮内官などを含めた天皇に直結する諸官の総称であり、それぞれ並列的に天武に直属していたことを明らかにしている。そして天武朝にみえる「卿」についても、必ずしも長官を意味するのではなく、担当のマエツキミを意味するにすぎないとし、当時の毛人は太政官の「納言」に就任していたのではなく、太政官を構成する六官の一つ「刑官」担当のマエツキミであったとしている（倉本一宏「律令制成立期の政治体制」前掲書）。ただし、このようにみたとしても、毛人が当時の政府の中枢で要職を占め政局を指導していたことは否定できないであろう。

ところで、その墓誌に「太政官兼刑部大卿」とある「太政官」については検討したが、「刑部大卿」について若干補説しておきたい。令制の刑部卿は政府の行政部門である八省の一つ刑部省の長官であり、律令（職員令）の規定では、その構成は卿一人（正四位下相当）、大輔一人（正五位下）、少輔一人（従五位下）、大丞一人（正六位下）、少丞二人（従六位上）、大録一人（正七位上）、少録二人（正八位上）、史生十人、そして大判事二人（正五位下）、中判事四人（正六位下）、少判事四人（従六位下）、大属二人（正七位下）、少属二人（正八位下）、大解部二十人（従七位下）、中解部（正八位下）、少解部三十人（従八位下）、使部八十人、直丁六人であった。卿・輔・丞・録という四等官制に基づく官僚群と、大判事以下の判事団という二つの部門からなり、判事団は裁判の第二審にあたる太政官での審理にも参加することになっており一定の独立性を持っている。日本律令の裁判制度には中国のそれと一致しない規定があり、わが国の固有法が取り込まれていることが指摘されている。天武朝の刑部省はいまだ形成途上にあり、毛人は律令国家形成期の刑部卿として刑罰制度の確立と制度化に尽力したのであろう。

毛人の登場

それでは毛人が初めて朝廷に出仕したのは、いつごろのことと考えられるであろうか。

毛人が「太政官兼刑部大卿」で亡くなったのは六七七年である。その年齢は明らかでないが、毛人が長命で仮に六十歳で亡くなったとした場合、その生年は六一七年（推古二十五）となる。七十歳だったとして六〇七年（推古十五）で妹子の最初の遣隋使の年となる。後者の場合、毛人の初出仕は六三七年（舒明九）ごろとなる。毛野の甍伝には、「小治田朝の大徳冠妹子」とあるから、妹子は推古天皇の在世中（～六二八年）に朝廷を退いたとみられ、妹子がいまだ政府の中枢に一定の地位を占めていた時期ではなく引退後のこととなるであろう。前者の場合でもぎりぎりで、条件は大きく変わらなかったのではないか。毛人は自らの力で宮廷における地位を切り開かねばならなかったのであろうか。

ところで、毛人はエミシと読むが、蝦夷は当時現在の東北地方以北に居住していた人々の呼称でもあった。よく知られるように、六世紀から八世紀の朝廷で大臣の地位を世襲し政府の実権を握っていた蘇我氏にも、「豊浦大臣」と呼ばれた蝦夷がいる。推古朝前後に権力を振るった馬子の子で、いわゆる「大化改新」のクーデター（乙巳の変）で斬られた入鹿の父である。蝦夷と毛人はほぼ同時代人であり、このころ流行の名前だったのかもしれない（門脇禎二『蘇我蝦夷・入鹿』吉川弘文館、一九七七）。エミシは朝廷の人々には剛健で野生的なイメージを喚起する名であり、馬子も妹子もその子の将来を託して命名したのであろうか。

和邇氏同族の中で春日氏に替わって小野氏が「氏上」的な地位を確立したのも、妹子・毛人の二代の間であったと考えられるから、すでに大和政権下において、いわゆる大夫（マエツキミ）の地位を得ていた可能性もあろう。毛人の天武朝における地位と立場は、このように理解してこそ納得されるのである。それでは妹子の後を承けて毛人自身が切り開いた地位と立場は具体的にどのように考えられるのであろうか。この点についてはよくわからないが、天武朝の成立事情から考えて壬申の乱における毛人の役割を考える必要があろう。

壬申の乱と小野氏

小野氏と壬申の乱の関わりについては、『書紀』をはじめとする古代の文献には記載がなく、これまであまり検討された形跡はない。壬申の乱は、天智天皇の後継者と目されていた皇太弟大海人皇子と「皇太子」大友皇子の王位をめぐる内乱であり、近江・大和・越・美濃・尾張・伊勢という日本列島の中枢を舞台とする一大戦争であった。したがって、中央豪族・地方豪族を問わず、その大半を巻き込むものであり、特に近江の豪族たちは、当時の都が近江大津宮にあり、その多くが近江朝廷に出仕していたとみられること、またその内乱の主たる戦場が近江であったこともあり、望むと望まざるとにかかわらず、旗色を鮮明にする必要があったとみられよう。小野臣毛人も、おそらく小野氏の族長として、また和邇氏同族の長として、大きな決断を求められたとみられる。先にみたように、毛人は天武朝において高位に上っていることから、天武側に組していたことは容易に推測されるが、その具体的な動向は明らかにできない。同族の和邇部臣氏の動向が参考になる。

先に述べたように、和邇部臣氏は近淡海国造の本姓で、小野氏と和邇部臣氏はともに和邇氏同祖系譜に名を連ねる有力な一族であり、しかもその本拠はほぼ共通しており、かつては同一氏族であったと考えられるからである。また、「和邇部氏系図」によって、大海人皇子の舎人として壬申の乱で大きな功績をあげた和邇部臣君手が滋賀郡の和邇部氏一族の出身であることが明らかになったからである。すなわち、『書紀』には君手が滋賀郡の出身であると明記する記載はないが、「和邇部氏系図」にその子大石と伯麿はともに志賀郡大領とあり、君手も「東宮舎人」であったから、その家は滋賀郡の郡領氏族であった可能性が高いとみられる。君手は滋賀郡の郡領家の子弟で、舎人として近江朝廷に出仕して大海人皇子に仕えていたのであろう。君手が近江滋賀郡の出身であるなら、村国男依とともに近江攻略軍の将軍に任命された君手の壬申の乱における役割についても再検証できるとともに、同時代人でおそらく親しい関係にあったであろう小野臣毛人の壬申の乱における動向も間接ながら推測することができるのではないか。

和迩部君手

壬申の乱における君手の動向は、『書紀』に具体的な記載は少ないが、『釈日本紀』所引の『私記』に引かれる『和迩部君手の記』が乱後に君手が朝廷に提出した手記であることは、よく知られている。その内容については憶測の域を出るものでなかったが、この手記を検討した倉本一宏は、この記録には六月下旬から七月にかけての干支の付いた連続する記事があり、おそらく六月二十八日・二十九日の和暫（わざみ）における大海人皇子の戦争指導の記事から、七月の近江における戦闘記録は君手の記録を原史料としている可能性が高いと指摘した（『戦争の日本史2　壬申の乱』吉川弘文館、二〇〇七）。これによるなら、君手は近江攻略軍の中枢にあって、作戦の指揮系統を一貫して担っていたことが推測され、その重要な役割が想定される。それとともに、君手の家にも『和迩部君手の記』の原稿が伝えられていたはずで、それが「和邇部氏系図」の尻付けなどに利用された可能性も考えられる。

すなわち、「和邇部氏系図」の君手の尻付けには、前半に「壬申之役において、大海皇子に属し、村国男依と兵を発し、不破関を塞ぐ。近江の息長横河及び粟津岡合戦に従撃し、軍功を奏す。浄御原天皇の即位にあたり、功封八千戸、賜田八町を論じ、勤大壱を位授す。持統天皇の御宇に卒し、直広壱を贈る」とあり、後半に「初め、東宮舎人と為り、壬申大乱で勲功あり。大海皇子軍に属し、同年七月、近江の息長横河及び粟津岡合戦において、軍功を奏す。同年十二月四日、大山上を賜ふ」とある。君手の弟濱主の尻付けにも「壬申大乱において軍功有り」とあり、兄弟で参戦していたことなど『書紀』にない記述も知られる。

君手の尻付けに「同年十二月四日、大山上（正六位上相当）を賜ふ」とあるのは、『書紀』天武元年（六七二）十二月四日条に「諸の有功勲しき者を選びて冠位を増し加へたまふ。仍、小山位より以上を賜ふこと、各差あり」とする記事にいちおう対応する。同じく尻付けに、「浄御原天皇の即位にあたり、功封八千戸、賜田八町を論じ、勤大壱を位授す」とする記載があるが、このうち、「勤大壱（正六位上相当）」の授位のことは天武十四年（六八五）の冠位であるから、「大山上」（天智三年冠位）の誤りであろう。尻付けにも混乱があるようである。また、『続紀』文武元年（六九七）九月九日条の君手の卒伝に「勤大壱丸部臣君手に直大壱（正四位上相当）を賜ふ」とあることから、その後、冠位は改定により「大山上」から「勤大壱」に切り替えられたことがわかる。しかし、その授位が乱後の天武の即位にあたってなされたとするのは当然ながら誤伝であろう。そして、「功封八千戸」という記載も大宝元年（七〇一）七月条に、「壬申の年の功臣」たちに功封を賜うとあり、君手は八十戸を賜い、令により四分の一を子に伝えるとあるから、明らかな誤りである。功績の大きさを誇張する意図からの述作であろう。また「賜田八町」も、天武朝ではなく霊亀二年（七一六）四月八日条に、「贈直大壱（正四位上相当）君手」の息大石ら、「壬申の年の功臣」の子どもたちに田を賜うとあるもので、天武の即位にあたってとは考えられない。総括的に記したもので、こうした間違いは国史を参照すれば訂正可能であるから、和邇部臣に伝えられた独自の所伝であろうか。なお「持統天皇の御宇に卒し、直広壱を贈る」という記載も、先の『続紀』文武元年（六九七）九月九日条の卒伝に、「勤大壱丸部臣君手に直大壱（正四位上相当）を賜ふ」とあることから、文武朝の誤りである。しかし、『続紀』の記事はこの時君手が卒したことは書いておらず、授位のあった日付で、その没年は持統朝であった可能性があり、独自の所伝の可能性があろう。

さて、『書紀』によると、壬申の乱は、大海人皇子が吉野を出発する六月二十四日の二日前の二十二日、村国連男依・身毛君広と君手の三人の舎人を美濃に派遣したことに始まる。美濃は安八磨郡に大海人皇子の湯沐（領地）があり、挙兵にあたっての最重要の経済的な基盤、兵力供給拠点となるべきものであった。三人の役割は、湯沐令の多臣品治に兵力を集めて急いで不破道を塞ぐようにという大海人皇子の命を伝えることにあった。村国連男依・身毛君広の二人は、美濃国各務郡・武義郡の在地豪族とみられ、こうした任務にふさわしい起用であったとみられる。君手もかつては同様に美濃の豪族とする見解が有力であったが（早川万年「和珥部君手と大海人皇子の湯沐邑」『岐阜史学』第九一号、一九九六）、右のように近江出身とするなら、その役割についてもこれまでと違う視点が必要になってくる。

不破道の制圧は成功し、大海人皇子が近江朝に対しての総攻撃を命じたのは七月二日である。その軍勢は、東（不破から出て近江に）と南（伊勢から大和へ）の二方向から、それぞれ「数万」が大津宮を目指した。近江に向かう軍の四人の指揮官には、村国連男依と君手に加え、書首根麻呂と伊香瓦臣安倍（近江国伊香郡の豪族）が選ばれている。近江攻略のための人事といえる。美濃の豪族身毛君広が外れているのは、すでに当初の任務を果たしたからであろう。

君手の軍功

乱における君手の動静を確認するため、大海人側の近江攻略の経過をざっとみておくと、近江朝が先発隊を送り玉倉部邑(たまくらべのむら)に進出させたので、大海人側は出雲狛(いずものこま)を遣わしてこれを退けている。玉倉部邑はヤマトタケル伝説に登場する「玉倉部之清水」の地と同じとみられ、現在の岐阜県関ヶ原町玉あたりと考えられる。その場合、近江朝廷軍は不破を押さえた大海人軍の横を突こうという作戦で、現在の米原市(旧伊吹町)藤川あたりから伊吹山地の裾を横切って、関ヶ原町の方へ攻め寄せたことになる。すでに本隊が近江に進出する前に、大海人軍の先陣は近江国内まで展開し、犬上川のほとりまで進出していた近江朝廷軍が派遣した先頭部隊とぶつかり合っていたことになる。そして近江朝廷軍の先遣部隊を破った出雲狛は、この後、大海人に投降してきた羽田公矢国(はたのきみやくに)・大人(うし)の親子と合流し、越(現在の福井県)を経由して湖西の高島から大津宮の攻略に向かっている(図25)。

玉倉部邑の戦闘の前後、進出してきた近江朝軍の本隊中では内紛が起こり、総大将の山部王(やまべおう)が殺されるという事件が起きている。事件の詳細は不明であるが、山部王はもともと大海人に好意を持っていた可能性がある。近江朝廷の内部は一枚岩ではなかった。羽田公親子の離反はこの内紛が契機であった。この軍は、途中、七月二十二日、出雲狛とともに三尾城(現在の滋賀県高島市)を破り、さらに南下する。三尾城は大津宮の北の守りの拠点であった。

いっぽう、湖東の軍は、七月七日、息長の横河(現在の米原市梓河内付近か。天野川は息長川とも横川とも呼ばれた)、九日、鳥籠山(とこのやま)(現在の彦根市大堀町付近か)、十三日野洲川の河原(現在の野洲市・守山市)

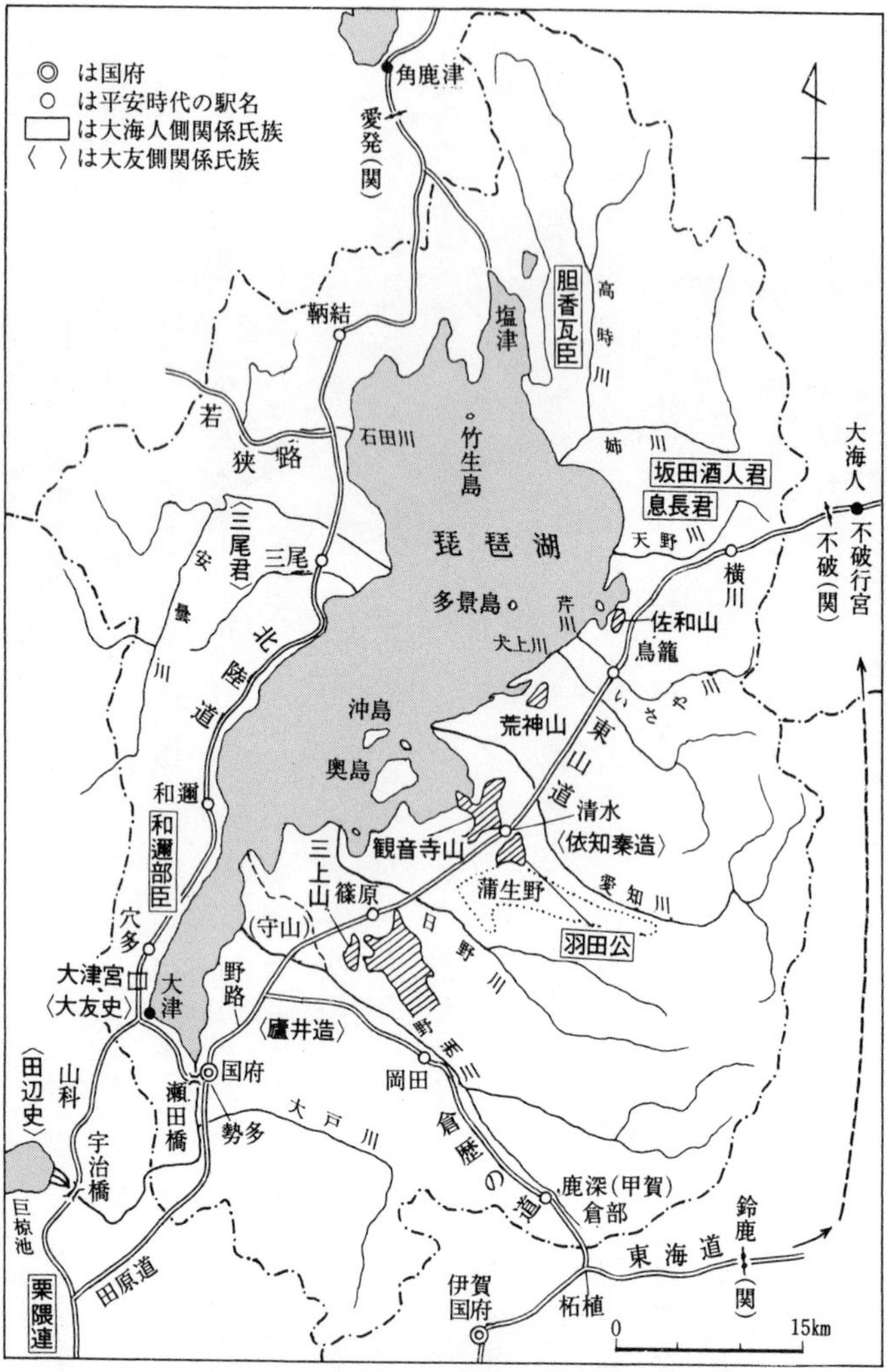
◎ は国府
○ は平安時代の駅名
□ は大海人側関係氏族
〈 〉は大友側関係氏族
角鹿津
愛発(関)
鞆結
塩津
胆香瓦臣
高時川
若狭路
石田川
竹生島
姉川
坂田酒人君
息長君
大海人
不破行宮
不破(関)
天野川
横川
琵琶湖
三尾
〈三尾君〉
安曇川
北陸道
多景島
芹川
佐和山
犬上川
鳥籠
いさや川
沖島
荒神山
東山道
奥島
和邇
和邇部臣
清水
〈依知秦造〉
観音寺山
三上山
篠原
蒲生野
愛知川
穴多
(守山)
日野川
羽田公
大津宮
〈大友史〉
大津
野路
〈廬井造〉
野洲川
〈田辺史〉
山科
瀬田橋
国府
岡田
勢多
大戸川
倉歴の道
宇治橋
巨椋池
鹿深(甲賀)
倉部
鈴鹿(関)
東海道
田原道
伊賀国府
柘植
栗隈連
0
15km

図25　壬申の乱要図

などで近江朝廷軍を破り、七月二十二日には瀬田川を挟んでの決戦に勝利を得る。逃れた大友皇子は「山前」（長等山か）で自殺、あるいは最後まで付き従っていた近臣に殺されたともいう。その首は、二十三日には大海人軍に届けられ、不破の大海人のもとに届けられる。この間、七月の二十日間ほど、琵琶湖の両岸は戦場となった。また、乱のあと近江朝の右大臣中臣連金は浅井の田根（現在の長浜市東北部か）で斬られる。

湖東を攻め上った大海人軍の四人の指揮官のうち、村国連男依・和邇部臣君手の二人は、大海人皇子が吉野から美濃に派遣した側近であったが、新たに加わった書首根麻呂・伊香瓦臣安倍のうち根麻呂は河内に本拠を持つ王仁博士の後裔を称する渡来氏族の一族出身で、大海人皇子一行の吉野から美濃への脱出に同行しており、その信頼は厚かったと考えられる（遠山美都男『壬申の乱』中央公論社、一九九六）。いっぽう安倍は近江の伊香郡出身の豪族とみられ、柘植で大海人皇子一行に合流した、高市皇子一行の舎人七人の一人であった。高市皇子の一行は、二十四日、近江朝廷を脱して甲賀道（杣街道）を通って柘植に到着していた。安倍は近江朝廷に出仕し、高市皇子の舎人として従ったのであろう。君手と同じく、近江の地理に詳しいこともあり、抜擢されたとみられる。

君手の出自

村国男依は美濃国各牟郡村国郷の豪族で、尾張国葉栗郡村国郷にも勢力を持っており、大海人皇子軍の中核にふさわしい武将であった。ただし、当初から連姓ではなく、乱後に得たとみられており、無姓の郷長クラスの豪族と考えられる（野村忠夫『古代の美濃』教育社、一九八〇）。君手については、先に検討したように、近江国滋賀郡和邇村を本拠とする豪族と考えられ、当初は臣姓でなく「和迩部君手」のように部姓であった。近江攻略軍の将軍となったのは、安倍と同様に、近江の地理、特に大津宮周辺に土地勘があったからであろう。君手は近江国滋賀郡の郡領氏族の出身と考えられるから、大津宮の地元であり、近江遷都を契機として東宮舎人に抜擢されたのであろう。

いっぽう小野氏については具体的に壬申の乱に関与した記録はない。しかしながら、これも先に詳しく検討したように、小野氏と和邇部臣氏とは在地においてきわめて近い関係にあり、しかも両氏は軍事的性格と伝統を持っていたとみられる。『書紀』の記録には現われないが、毛人も君手からの情報を得て、大海人皇子側で積極的な行動をしたことが想定される。したがって、妹子の後継者であった毛人も、史料に基づいて具体的に明らかにできないが、おそらく壬申の乱以前の朝廷において、それなりの要職にあったとみられる。本来は近江朝廷側に組したとみられるが、君手からの情報などもあり、天武側について功績をあげることになったのであろう。小野氏は、粟田氏などの和邇氏同族とともに、壬申の乱という激動の時代を切り抜け、毛人は天武朝の政府中枢に登用されたのであろう。父の経歴からみて、その外交政策の立案にも関わったとも考えられるが、天武初期に亡くなったこともあり、そうした動向を具体的に示す資料はない。

2　文武朝の参議小野朝臣毛野

遣新羅使毛野

毛人の子毛野の史料上の初見は持統九年（六九五）七月二十六日条で、伊吉連博徳（いきのむらじはかとこ）とともに擬遣新羅使に任命され物を賜ったとする記事である。この時直広肆（じきこうし）（従五位下に相当）で、九月六日に新羅に向かっている。この時期の新羅との関係の重要性は、すでに指摘されているように、壬申の乱後の国内体制の再編と国際的地位の確保の必要性から、天武新政権は律令体制の急速な形成を目指していたが、百済救援戦争敗北後の対唐警戒政策もあって、天武元年（六七二）から大宝元年（七〇一）のおよそ三十年間、遣唐使が中断していることから明らかである。すなわち、天武二年（六七三）から持統九年（六九五）までの二十二年間に、日本からの遣新羅使が十回、新羅からの遣日使は二十五回を数え、頻繁な交流が確認される。そしてその目的は、日本の国際的地位を保障するものとして新羅を「朝貢」国と位置付けること、律令法を含む先進的な制度・学芸・思想の導入にあったらしい。それを示すのが新羅の「国政奏請」＝「請政」である。天武五年・持統元年・同九年に、新羅は新羅王子を派遣して国政の奏請、その政情と国制を説明しており、日本の遣新羅使による情報の収集とともに本格的な唐制の導入を図ろうとするものである。毛野による新羅への遣使は、持統九年（六九五）三月二日に、新羅王子金良琳（きむりょうりん）らが国政の奏請と調進物を献上したのに対応し、その九月六日に派遣したもので、持統三年（六八九）の飛鳥浄御原令の制定後、大宝律令の制定を目指す重要な時期の派遣であり、その分毛野らにかけられた期待は大きかったとみられる（鈴木靖民「日本律令国家と新羅・渤海」『古代対外関係史の研究』吉川弘文館、一九八五）。実際、毛野と同行した伊吉連博徳は斉明朝の遣唐使で、唐の百済侵攻のため百済滅亡まで帰国を許されなかったことでも知られるが、博徳は大宝律令選定の中心メンバーでもあった。

毛野はその後、文武四年（七〇〇）直広参で筑紫大弐に任じられた。筑紫大弐は大宰府の長官であり、九州・南島の行政を管轄するほか対外交渉を統括する任務を持っていた。いわば遣外使の延長上にある重責でもあった。小野氏からは、毛野の後も老が神亀二年（七二五）に大宰小弐、天平五年（七三三）に大宰大弐に、田守が天平勝宝元年（七四九）に大宰小弐に、さらに小贄が宝亀元年（七七〇）に大宰小弐になり、その後も、岑守・恒柯・葛絃・貞樹・好古などが任じられており、小野氏の家職のような様相を示している。海外の情勢に詳しい小野氏の知識と情報網・人脈が評価された結果といえよう。

参議毛野

毛野は、大宝二年（七〇二）五月二十一日、初めて参議が置かれたのに対応して朝政に参議することを命ぜられた。時に資格ぎりぎりの従四位下で、一族の粟田朝臣真人より下の新参議中最下位であった。これらのことから持統朝においても毛野は真人にやや遅れて中央政界で一定の地位を築いており、父毛人の亡くなる前、おそらく天武初年には朝廷への出仕を果たしていたとみられる。毛野が参議になったこの時の台閣は計九名であり、うち阿倍・石上・藤原・紀の四名は大臣・大納言の令制官で別格であったが、残りの大伴・高向・粟田・上毛野と小野の五名は前者とかなり格差があった（高島正人「奈良時代の小野朝臣氏」『奈良時代諸氏族の研究』吉川弘文館、一九八三）。それでもぎりぎり小野氏が議定に列することができたのは、祖父妹子と父毛人の余光の賜物であったといえるであろう。毛野は参議に列した三年後の慶雲二年（七〇五）十一月三日に中務卿に任じられた。この時の冠位は、すでに三階昇進して正四位上であった。

　慶雲四年（七〇七）六月、文武天皇の崩御にあたり、三品志紀親王（しきしんのう）・従四位下犬上王（いぬかみおう）らとともに殯宮の事に携わり、和銅元年（七〇八）三月十三日中納言に任じられた。そして同年七月十五日には、即位した元明天皇が二品穂積親王（ほづみしんのう）と左右大臣以下の重臣を召して勅を賜う際に、毛野も召されており、重用されていたことがうかがえる。翌和銅二年正月九日の人事で従三位に昇叙され、同年十月付の『弘福寺田畠流記帳』には「従三位行中納言兼中務卿勲三等」とみえ、五年後の和銅七年（七一四）四月十五日、中納言従三位兼中務卿勲三等をもって薨去している。

　毛野の最終官職は「中納言従三位兼中務卿」であるが、ここで毛野が任じられた中納言について少しみておきたい。大宝律令の施行により国政の最高機関となった太政官は、常設でない太政大臣を除けば、左大臣・右大臣がその長官的存在で、大納言は両大臣とともに政務を審議する議政官で次官的な存在であった。大納言の定員は当初四名であったが、早くも慶雲二年（七〇五）に新たに定員三名の中納言が設置され、定員は二名に減員されている。中納言はもともと大宝令以前（浄御原令制下）に置かれており、大宝令が施行された大宝元年（七〇一）に廃止されていたが、わずか五年で復活したことになる。中納言の新設と大納言の減員は、大納言という重責を担う人材がいないという理由であるが、議政官のランク付けと関わるらしい。なお、大宝二年（七〇二）には太政官に参議の制が設置され、大臣・大納言の六名と各省の長官クラスの高官から五名を選んで（兼職）運営されていたが、中納言も参議とされたので、この時参議の定員は一人増えて十四名となった。この十四名が議政官として合議により国政を審議することになったのである（倉本一宏「議政官組織の構成原理」前掲書）。毛野はすでに大宝二年に中務卿として参議に列しており、中納言として参議の地位を確立したといえる。

毛野の没年齢は書かれていないが、父毛人の死から三十八年で、その初見である持統九年（六九五）からでも十九年であるから、五十歳で亡くなったとして天智三年（六六四）生まれとなる。おそらく孝徳朝から天智朝という古代国家成立期の激動の時代であったとみられる。父毛人が百済救援戦争・近江遷都・壬申の乱を生き抜いた時代に、多感な青年期を送ったのであろう。ちなみに毛野の名は父の毛人の一字を取ったといえるが、命名にあたって継体朝の伽耶派遣将軍で同じ近江出身の近江臣毛野のことを想起したのであろうか。『書紀』の記述では、近江臣毛野は「任那」滅亡に繋がる失政の責任者とされているが、『書紀』編纂はこれより後のことであり、天智朝前後では近江の豪族の活躍の先例として評価されていたのかもしれない。

小野中納言為忠と毛野

毛野についての直接的な資料ではないが、その居住地や墓地についての別の情報がある。すなわち、先に少しふれたように、『東大寺要録』巻六末寺条に、「右は、和銅元年歳次戊申に、天武天皇の御脳除愈の為に、小野中納言為忠、願興寺を建て奉る。字は山田寺。大和国添上郡の上津和邇に在り」とあり、小野氏が和邇氏の本拠に寺院を造営していることがうかがえる。ちなみに小野氏一族に中納言為忠なる人物はおらず、また天武は和銅元年（七〇八）には生存しないから、明らかに誤伝である。しかし、和銅元年は元明女帝の治世であって、当時の中納言は毛野であるから、この時願興寺を建立したのは毛野であった可能性が高い。もしそうなら、奈良時代の毛野のころには、小野氏の本拠は和邇の地であったことになる。また、興福寺大東院門跡の要覧である『三箇院家抄』に載せる大宅庄、十一町四段半の四至の記載に、「東の限は、故小野卿の墓。南の限は、山。西の限は、上限。北の限は、八嶋山陵」とあり、八嶋山陵は崇道天皇陵であるから、和邇一族の大宅氏の本拠に近い場所といえる。したがって、必ずしも「故小野卿」が毛野とはいえないが、その本拠が和邇一族の集住する土地であったことがうかがえる。妹子が朝廷で枢要の地位についたことから、その本拠を大和和邇の地に移したのであろうか。妹子・毛人・毛野の三代の墓が近江・山城・大和と移動しているのは興味深い。

毛野と粟田朝臣真人

ところで、毛野の生涯を考える上で参考になるのが、比較的史料に恵まれる、同族粟田朝臣真人の経歴である（高島正人「奈良時代の粟田朝臣氏」前掲書）。

真人は毛野より十四年ほど早く、『書紀』天武十年（六八一）十二月二十九日条に初見し、石上麻呂・藤原大嶋らとともに小錦下（令制従五位下相当）を賜り、同十三年十一月一日朝臣を賜っている。二ヶ月後の天武十四年正月二日、新爵位の制定により直大肆（令制従五位上に相当）に昇叙され、持統三年（六八九）正月九日条には筑紫大宰として活動するのがみられる。毛野よりこれも十一年早い就任であった。当時の筑紫大宰に就任している人は、諸王と蘇我氏の一族に限定されており、真人が当時の朝廷で思いのほか厚遇されていたことが推測される。このことについては、毛人の場合で考えたように、壬申の乱における活躍が想定されるのではなかろうか。

その後の真人の動向をもう少し追っておくと、『続紀』文武三年（六九九）十月二十日には、直大弐（令制従四位上相当）として造山科山陵使に任ぜられ、大宰大弐となった。翌文武四年六月十七日には、大宝律令選定の功により禄を賜っており、その序列は刑部親王・藤原不比等に次ぐ第三番目の地位にあったことがわかる。民部尚書に任ぜられた後の文武五年正月二十三日、遣唐執政役を命ぜられており、五月には節刀を賜っている。大宝元年（七〇一）三月には律令施行に伴う官位の改正があり、直広壱であった不比等は正三位大納言に、直広弐の紀朝臣麻呂は従三位大納言となったが、真人は正四位下にとどまり議定に列することはなかった。おそらく遣唐使任命と関わる処置と考えられる。そうした中、大宝元年六月ころ、遣唐大使として唐に向かうが、風浪に妨げられ果たせなかった。そして大宝二年五月二十一日、毛野とともに正四位下のまま朝政への参議を命ぜられるが、六月二十九日には再び筑紫から唐に向かい出発、朝政への参与は果たされなかった。

この遣唐使船は無事唐の楚州塩城県に到着、皇帝にも謁見を許され、「司膳員外卿」に任じられている。『旧唐書』倭国日本伝には、「好読経史、解属文、容止温雅」とあり、中国側からみても申し分のない人物であったことがうかがえる。二年後の慶雲元年（七〇四）七月一日筑紫に帰還、十月九日都に戻り天皇に拝謁している。慶雲二年（七〇五）四月二十二日、官制改革によって新設された中納言に任命され、八月十一日には従三位に叙された。和銅元年（七〇八）三月十三日の異動で太宰帥となり、霊亀元年（七一五）四月二十五日、正三位にすすみ、毛野の死の五年後、養老三年（七一九）二月五日薨去した。粟田朝臣真人は天武・持統朝に頭角を現し、大宝律令の撰修に関わり、また七十年ぶりに計画された本格的な遣唐使に大使としてその使命を果たすなど、中央政界で大きな地位を占めた。しかし議政官としての活躍は少なく、その点でも毛野と似た境遇にあったといえる。毛野との交流を示す史料はないが、同時期に同族からこうした人材が出たことは、毛野のこの時期の動向を考える上で注目される。

毛人と毛野

父毛人が、「太政官兼刑部大卿」で、「小錦中」（令制正五位相当）であったのに対し、毛野はより高位に昇ったともいえるが、粟田朝臣真人の事績を参照するなら、毛野も父とともに壬申の乱に天武方として関わっていた可能性が大きい。しかし、大宝令以前の父の時代とは制度も異なり天武朝独自の皇親優遇政策もあるので、単純に比較できず、ほぼ同等の地位を得ていたといえよう。毛野の後、小野氏からは奈良時代を通じて議政官に補任される人物は出ておらず、長い低迷の時代に入っている。これには後継者が不幸にも若くして亡くなったことも推測されるが、天武朝から元明朝にかけての毛人・毛野父子の時代が、小野氏にとっても壬申の乱後という特別な時代であったことを示している。このことは妹子の功績もあるが、二人の能力と活躍が際立っていたことを示している。ただそうはいっても、後に述べるように、毛野以降においても牛養（うしかい）・老（おゆ）・竹良（つくら）・石根（いわね）（追贈）らが従四位下までのぼり参議に列する資格を得ていたことは、小野氏が平安時代に再び議定に列する人物を生み出す基盤の形成に大きな役割を果たしたといえるであろう。

第六章　古代貴族小野朝臣家の軌跡——奈良・平安時代の小野家の人々

1　毛野の同世代の人々——文武朝から聖武朝の小野朝臣

小野氏の系図

ここまで、遣隋使としての小野妹子の足跡と、そうした妹子を生み出した小野氏のルーツについて、様々な方面からの検討を加えた。また妹子の跡を継いで、小野氏の律令貴族としての基盤を築いた妹子の子と孫である毛人・毛野の二代の事績についても、できるだけ詳しくみてきた。しかしながら、残念なことに残された史料が決定的に少なく、小野氏の全体像を俯瞰するにはいまだ不十分であることは否めない。そこでここからは、必ずしも豊富ではないが、ほぼ実録に近い奈良・平安時代の文献資料や歌集・漢詩集などにより、小野氏一族の具体的な動きを追跡し、妹子・毛人・毛野の後裔たちの苦闘の歴史を描くとともに、そこから浮かび上がる古代豪族としての小野氏の氏族的特性や特徴、そして多様な人物像をみることにしたい。奈良時代の小野朝臣氏についてはすでに高島正人に周到な研究があり（前掲論文）、また平安時代の前半には著名人を輩出したこともあり、扱った研究も多方面にわたっている。そうした先行研究も参照しながらすすめることにしたい。

そこでまず、残された系図により妹子・毛人・毛野以後の小野氏の家系をみておきたいが、後世に作られた簡略なもので、残念ながら良好な系図は残されていない。特に奈良時代後半から平安時代にかけての時代に欠落がある。現在伝わる小野氏の系図は、『尊卑分脈』に一種、『正続群書類従』に四種収録されているが、そのうち比較的良好な次の二つを掲出する。

（1）『尊卑分脈』「小野氏」（以下「系図1」）

敏達天皇―春日皇子―妹子「王」―毛人―毛野―永見
- 瀧雄―恒柯
- 峯守―篁
  - 後生―美材
  - 良真
    - 女子
    - 女子
  - 葛繪―好古
  - 忠範

（2）『群書類従』系図部巻第六十三「小野氏系図」（以下「系図2」、他に三種）

敏達天皇─春日皇子─妹子王─毛人─毛野─永見┬瀧雄─恒柯
　　　　　　　　　　　　　　　　　　　　　└峯守┬葛絃─道風
　　　　　　　　　　　　　　　　　　　　　　　　└篁┬俊生┬美材─利春
　　　　　　　　　　　　　　　　　　　　　　　　　　│　　└美村
　　　　　　　　　　　　　　　　　　　　　　　　　　├良真┬女子
　　　　　　　　　　　　　　　　　　　　　　　　　　│　　└女子（小町）
　　　　　　　　　　　　　　　　　　　　　　　　　　├葛繪┬保衛
　　　　　　　　　　　　　　　　　　　　　　　　　　│　　└好古
　　　　　　　　　　　　　　　　　　　　　　　　　　└忠範

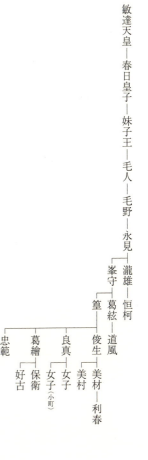

この二つの系図については、「系図1」が、南北朝時代から室町時代にまとめられた最古の系図集であり、「系図2」も基本的に「系図1」に依拠し、国史を参照して改定・増補したものとみられる。他の『群書類従』の系図も「系図1」を基本に作成されたものである。いずれも、先にみた『書紀』の和邇氏同祖系譜と異なり、その始祖を敏達天皇の皇子春日皇子とし、妹子を「妹子王」と王族のように扱うなど、妹子を実質的な始祖として仰ぐ体裁になっている。そして、毛野と永見の間に、一ないし二世代の欠落があることが従来より指摘されており（宝賀寿男『古代氏族系譜集成』第一巻、古代氏族研究会、一九八六）、六国史の記載などにより実際の世代の変遷をみても同様に考えられる。奈良時代の部分はすでに正確なデータが失われていたのであろう。また、平安時代前期の部分でも、この二つの系図の間に齟齬があり検証が必要である。そこで、欠落については数少ない没年代や没年齢、続

柄のわかる人物を取り上げ、不十分であるが考えてみたい。

「系図1」にみえる人物のうち、毛人の没年は墓誌により六七七年（ないしそれ以前）、毛野の没年は薨伝から七一五年で、二人とも年齢は不明であるが年代差は三十八年となる。「系図1」が毛野の子とする永見（ながみ）についてはデータがないが、永見の三男岑守（みねもり）の没年は八三〇年、その子篁（たかむら）の没年は八五二年で、その年代差は二十二年となる。岑守の没年齢は五十三歳、篁の没年齢は五十一歳とあるから、年代差が世代差に近いといえる。岑守の兄滝雄（たきお）のデータはないが、その子恒柯（つねえだ）の没年は八六〇年で、没年齢は五十三歳であり、滝雄の没年を、兄岑守のデータを参照して仮に八二五年とした場合、年代差は三十五年となる。こうしたデータを総合すると、小野朝臣家の世代差は、二十二年から三十八年となる。「系図1」は、毛人から恒柯まで四世代としているが、恒柯の没年の八六〇年と毛人の没年六七七年の差は百八十三年で、これを世代数四で割ると、四十五・七五となり、かなり長い。また毛野から篁は三世代であるが、その没年の差は百三十八年で、それを三で割ると四十六となり、これも開きすぎている。仮に百八十三年を五世代で割ると三十六・六、百三十八年を四世代で割ると三十四・五となり、一世代がほぼ三十四・五年から三十六・六年となり、やや長いが穏当な数字となる。したがって、「系図」には、毛野と永見の間に一世代の欠落を想定するのが、より史実に近いのではなかろうか。

以下では右の検討を参考とし、「系図1」には必ずしも全面的に依拠せず、これも参考程度とし、文献資料にみえる人物を同一世代ごとにまとめて比較検討し、その関係性をみていくことにしたい。

その場合、文献にみえるすべての人物を取り上げることはできないから、比較的データのある顕著な事績を残した人物を中心とし、必要な限りでそれ以外の人物にもふれることにしたい。ただ一般的に古代の文献資料は著名人であっても続柄の記載や生没年を記載しないことが多く、人物ごとの初見年代や官歴・叙位などを手がかりとして、続柄・生没年のわかる人物や「系図1」の記載を参照して、系譜の復原にも取り組んでみたい。その場合、たちまち手がかりとなるのは石根の卒伝に「老の子」とあるような数少ない続柄についての記載と、一部を除き多くの人物が従五位下に昇叙されるのが史料上の初見であり、それも参考になる。こうした手続きにより同一の世代の人物を整理することにしたい。また、これも数少ない没年や没年齢の記載から、その生年や平均的な寿命なども考慮する。ちなみに、小野氏の一族で没年齢のわかる人物は、先に指摘した人々のほか好古（よしふる）が八十五歳、道風（みちかぜ）が七十三歳とかなり長命で例外とすべきであろう。一般的にも当時の寿命は五十歳前後とみられるから、小野氏の場合もそうした傾向と大きく異ならない。

持統朝から聖武朝の小野朝臣

毛野の同世代は奈良前期から中期、八世紀前半代の持統・文武・元明・元正・聖武朝という古代国家の確立期に活動した人々であった。この時期、唐の諸制度を積極的に導入し、大宝二年（七〇二）に国の根幹である大宝律令が公布されたのをはじめ、太政官と八省百官からなる国家機構の整備もすすみ、大規模な都城も、藤原京から平城京へと相次いで造営された。そうした中で小野家の人々は、毛野の活躍もあり中央政界に登用され、重職についている。ただしこの世代の人々は、毛人・毛野との続柄は不明で、少し検討が必要になる。毛野の初見は、先にみたように、持統九年（六九五）で、その冠位は直広肆（従五位下相当）であった。持統天皇九年（六九五）遣新羅使となり、文武天皇四年（七〇〇）に筑紫大弐、大宝二年（七〇二）に参議・従四位に登用され、慶雲二年（七〇五）中務卿、和銅元年（七〇八）には中納言・従三位に昇叙されている。その五年後、和銅七年（七一四）四月十五日、中納言従三位兼中務卿勲三等をもって薨去している。

馬養（うまかい）は、大宝三年（七〇三）、従七位上・南海道巡察使とあるのが初見である。これにやや遅れて、牛養（うしかい）が霊亀二年（七一六）に従五位下に昇叙したことがみえる。馬養・牛養は初見の年次や官位および名前から兄弟の可能性が高いといえよう。老（おゆ）は次の世代の石根（いわね）の父と明記されているから、この世代の基準となる人物である。牛養にやや遅れ養老三年（七一九）が初見で、従五位下に昇叙したとある。またその卒年は、老が天平九年（七三七）に天然痘の流行に曝され従四位下大宰大弐で卒去したとあり、牛養も天平十一年（七三九）に従四位下で卒したとあるから、和銅七年（七一四）に従三位・中納言で薨した毛野とはほぼ同世代といえよう。

元正朝の遣新羅使馬養

馬養は、先にみたように、毛野が参議に任じられ従四位下となった翌年、大宝三年（七〇三）に南海道巡察使に任命され、冠位は従七位上であった。官職・位階とも毛野とは大きな差が認められるが、毛野に遅れること十年であるから、いちおう同世代とみて差し支えないであろう。馬養は、翌慶雲元年（七〇四）五月には従七位上のまま式部少丞となるが、この時、朝廷の西楼上に現れた「慶雲」を発見した功により正六位上に特進している。その四年後の和銅元年（七〇八）正月には従五位下に昇進し、その三月には帯剣寮長官に任じられている。

和銅三年正月の朝賀の儀では、右副将軍として騎兵・隼人・蝦夷を率いており、小野氏が政府の軍事部門に登用されていることは注目される。なお、和銅年間のものとみられる「平城京二条大路木簡」に、「外従五位下小野□（朝）」とみえるのは（『平城京出土木簡概報』三十、奈良国立文化財研究所、一九九五）、馬養のことか。

和銅六年（七一三）四月には従五位上に昇叙され、一族中では毛野に次ぐ地位を得ている。そして、毛野が和銅七年四月、中納言従三位兼中務卿勲三等をもって薨去した翌年の霊亀元年（七一五）七月には、穂積親王の喪事に携わっている。二年後の養老元年（七一七）正月には正五位下に昇進しているが、この間に少納言に任官したらしく、養老二年三月には少納言のまま遣新羅使に任じられ、翌養老三年二月、新羅から帰国している。元正朝最初の遣新羅使で、六年ぶりの遣使であった。目的は明らかでないが、しばらく絶えていた朝貢を促進するものとみられる。この時期の日羅関係は、藤原不比等の方針もあり友好関係の維持が図られており、そうした意向に沿うものであったとみられる（鈴木靖民、前掲論文）。

馬養はその後、養老三年（七一九）七月丹波国守であったが、この月に設置された丹波・但馬・因幡三国を併せ管する按察使（あんせちし）に任じられた。しかしながら、これを最後に馬養の記録はみえなくなり、間もなく卒去したとみられる。馬養は、こうした官歴や地位からみて小野氏本流に近い人物で、毛野の弟ではなかったか。また、没年齢は明らかでないが、その官歴からみて四十代前後とみられ、早世であろう。馬養が毛野の地位を受け継ぐことができなかったことは、その後の小野氏にとって大きな痛手であったろう。なお、馬養と同じころ、活動しているのが小野朝臣広人で、元明天皇の和銅元年（七〇八）、馬養等と一緒に造平城京司次官に任命されている。冠位は従五位下であったが、これが唯一の記事であり、これ以上のことはわからない。ただ、その職務や冠位からみて、馬養とほぼ同世代で、系譜的にも近い可能性が考えられよう。

聖武朝の鎮狄将軍牛養

牛養は、その名から馬養の親族で弟の可能性が高いが、その初見は霊亀二年（七一六）正月で、正六位上から従五位下に昇叙したとするものである。この時は毛野の死から一年八ヶ月後で、馬養はその翌年従五位上から正五位下に昇進しており、牛養は馬養に少し遅れて昇進していることがわかる。馬養の早世とも関わるのか、牛養はその後順当に昇進を重ね、聖武天皇の神亀元年（七二四）五月、鎮狄将軍に任じられ、出羽の蝦狄の鎮圧に従っている。同年十一月に都に戻り、従五位上に昇叙された。その後、神亀五年（七二八）五月には正五位下に昇叙され、おそらくはまもなく右中弁に登用されたとみられる。翌天平元年（七二九）二月の長屋王の変に際しては、右中弁正五位下で、藤原氏に同調して舎人親王と大納言多治比真人池守とともに長屋王の窮問に遣わされている。そしてその功績のためか、その年の八月には二階位をすすめて従四位下に昇叙されている。翌九月には皇后宮大夫に任命され、さらに天平二年九月には催造司監を兼ねている。「造仏所作物帳」（『大日本古文書』一－五五三）の天平六年（七三四）五月条には、「大夫従四位下兼催造司監勲五等」とみえる。

天平十年（七三八）の『駿河国正税帳』には次のように療養のため下野国那須湯に赴いた小野朝臣

（欠名）がみえる。次にみる老のこととする説もあるが、老は天平九年（七三七）六月に卒去しているから、牛養とすべきであろう（矢野健一「二人の『小野朝臣』と東国温泉行」『専修考古学』第6号、一九九六）。

依病下下野国那須湯従四位下小野朝臣上一口従十二口
六郡別一日食為単漆拾捌日上六口従七十二口

この時牛養は、十二人の従者を従え、駿河国を通過し、国司から正税を割いて六日分の食料を支給されたことがわかり、温泉治療も公務扱いであったことがわかる。しかし、治療の効なく、天平十一年（七三九）十月、従四位下で卒したとある。これより二年前の天平九年には天然痘が猛威を振るい、右大臣藤原武智麻呂以下藤原四子をはじめ、中納言多治比真人県守など左右大臣以下中納言までの正官と参議三名の議政官の大半が失われ橘諸兄（たちばなのもろえ）政権（せいけん）が誕生しているが、牛養も天然痘に罹病し、その時の後遺症で亡くなったのであろう。天平九年に牛養は同族の粟田朝臣人上とともに参議となる機会に恵まれたはずであるが、補任されていないのは病気が悪化したためであろうか。

万葉歌人・大宰大弐老

牛養と同じ時期に朝廷に出仕していた一族に、小野朝臣老がいる。老の初見は牛養より三年遅れの養老三年（七一九）正月で、正六位下から従五位下に昇叙したとある。そして翌養老四年（七二〇）十月に、早くも右少弁に任官している。『万葉集』の神亀年中の歌に、著名な「大宰少弐小野老朝臣の歌一首」がみえる。「青丹(あをに)よし寧楽(なら)の京師(みやこ)は咲く花の薫(にお)ふがごとく今盛りなり」（『新編国歌大観』巻第三の三二一、以下略記）とある。筑紫太宰に勤務していることがわかる。さらに『万葉集』には、神亀五年（七二八）十一月、大宰府官人が香椎廟を参拝した帰りに詠んだ歌の中に、「大弐小野老朝臣が歌一首」として、「いざ子ども香椎の潟に白栲(しろたえ)の袖さへ濡れて朝菜摘みてむ」（六－九六二）とある（大弐は少弐の間違い）。天平元年（七二九）三月にはようやく従五位上に昇叙され、『万葉集』には天平二年正月の大宰帥大伴旅人主催の梅花の宴で少弐小野大夫が読んだ歌に、「梅の花今咲けるごと散り過ぎず我が家の園にありこせぬかも」（五－八二〇）とあり、大宰府勤務が続いたため、大伴旅人が主催するサロンの一員として歌人の才能を開花させている（北山茂夫『大伴家持』平凡社、一九七一）。

翌天平三年正月には正五位下に、天平五年三月には正五位上に、天平六年（七三四）正月には従四位下と相次いで昇叙されている。この間、大宰少弐から大弐への昇進があったとみられるが、先にみた天平九年（七三七）の天然痘の流行にいち早く巻き込まれたらしく、同年六月に従四位下大宰大弐で卒去したとある。なお、天平十年の『周防国正税帳』によって、その遺骨は翌七月二十四日に骨送使対馬嶋史生(つしまのしましじょう)従八位下白氏子虫(しろしこむし)が大宰府から平城京に届ける途中、周防国を通過したことが知られる。

（七月）廿四日下傳使大宰故大弐小野朝臣骨送使対馬嶋史生従八位下白氏子虫

将従三人合四人、四日食稲五束二把、酒三升二合、塩三合二夕
大宰府の官人とみられる対馬嶋史生従八位下白氏子虫が、従者四人と骨送使として派遣されたことがわかる。遺骨の届けが遅くなったことについては、老が任地の大宰府で亡くなったのではなく、牛養のように温泉療養先であったため、いったん大宰府に送られた後、京に届けられた可能性が推測されている（矢野健一、前掲論文）。小野朝臣老は万葉歌人としても登場し、一見華やかな人生のようではあるが、その官歴の大半は大宰府勤務であり、早世により中央政界への復帰、議政官への道を断たれたことは、小野氏にとっても大きな痛手であった。老は、その初見の記録からみて牛養よりやや年下とみられるが、結果的には牛養に先んじてこの世を去っており、没年齢は不明であるが四十歳前後であったとみられる。その子石根は、後述するように遣唐副使となって遭難死しており、不運な家系ではあるが、その官歴からみて小野氏の主流であることは間違いなく、毛野の兄弟の可能性も考えられよう。このほか、天平六年（七三四）の「出雲国計会帳」には、「造兵器別当国司正八位下小野臣淑奈麻呂（しゅくなまろ）」がみえ、朝臣ではなく、臣姓であることは注目される（第四章参照）。
以上のように、毛野の同世代の小野氏は、毛野の活躍もあり、中央政界での地位は順調な展開を示している。ただ、毛野の死後、不運もあって、早世するものが多く、やや衰退の傾向が表れている。この世代では牛養・老が従四位下に昇進しており、いまだ政界における地位は維持しているといえよう。遣新羅使や東北経略の将軍・大宰府の要職など、小野氏一族の伝統はすでに表れている。

2　老の子石根の世代

聖武朝から光仁朝の小野朝臣　毛野の次の世代は、先にみたように、系図の記載に欠落している世代とみられる。奈良中期から後半、八世紀中葉から後半の時期に活動の中心があり、この世代の中心となるのは、東人（あずまんど）・竹良（つくら）・田守（たもり）・小贄（おにえ）・石根（いわね）の五人である。東人は天平九年（七三七）の九月に正六位上から従五位下に昇進したとあり、田守は東人に十年遅れて、天平十九年（七四七）正月に正六位上から従五位下に昇叙したとある。小贄は田守に五年遅れて天平勝宝四年（七五二）五月に正六位上から従五位下に昇叙、竹良（都久良）は天平勝宝六年（七五四）正月に正六位上から従五位下に昇叙されたとあり、小贄に一年半の遅れである。老の子石根は竹良に三年遅れて天平宝字元年（七五七）八月に正六位上から従五位下に叙されている。その没年からみると、刑死した東人、遭難死した石根を除き、竹良が神護景雲三年（七六九）五月に左京太夫従四位下勲四等で卒したことがわかるだけで、田守は渤海大使の任を終え帰国報告を奏状した天平宝字二年（七五八）十二月が最後の記載で、時に従五位上であった。小贄も宝亀二年（七七一）九月に摂津大夫に任じたとあるのを最後にみえなくなっており、まもなく没したのであろう。これらのことから、この世代では田守・竹良の二人が、官歴などからいちおう主流とみられ、毛野・馬養・牛養の系譜に繋がるとともに、「系図」に毛野の子とある小野氏本流、永見の父の可能性があろう。根拠はないが、遣外使の伝統などから田守の可能性を想定している。

この世代が活動した天平時代の中期から後期には、天平九年（七三七）の天然痘流行により、当時朝廷の中核を占めていた藤原氏の四兄弟が相次いで亡くなり、橘諸兄の政権がスタートした。聖武天皇は、翌天平十年、当時二十一歳の阿倍内親王を皇太子としたが、天然痘流行の後遺症で疲弊した人々の憤懣が底流にあり、当時大宰少弐に左遷されていた藤原広嗣が天平十二年に反乱を起こした。この乱を契機に聖武天皇は行幸・遷都を繰り返し、恭仁京・難波京・紫香楽宮および国分寺・国分尼寺の造営、そして大仏の造立へと突き進んでいく。天平勝宝元年（七四九）七月、聖武天皇が孝謙女帝に譲位し、左大臣橘諸兄が依然首班ではあったが、光明皇后をバックアップとする、実質的には藤原仲麻呂主導の台閣が発足し、仲麻呂専権への道筋がつけられた。大仏開眼会の盛事の後、天平勝宝八年（七五六）五月、聖武上皇が五十六歳で亡くなり、翌天平宝字元年正月、橘諸兄も亡くなると、三月には聖武の遺言で立てられた皇太子道祖王が廃されるなど、仲麻呂の専権が強まった。ついに五月には反仲麻呂派の筆頭、橘奈良麻呂が左遷され、七月には小野朝臣東人によるクーデターの陰謀の自白から、奈良麻呂・黄文王・道祖王・大伴古麻呂・多治比犢養・東人らは捕えられて獄死し、安宿王と妻子・大伴古慈悲・佐伯大成らは流罪となった。権勢を誇った仲麻呂も、道鏡の台頭を受けて、天平宝字八年（七六四）にクーデターを起こすが、たちまち鎮圧され敗死する。宝亀元年（七七〇）、称徳女帝が崩御、天智系の光仁天皇が即位し、擁立に関わった藤原氏も復権を果たした。このように、この時代は古代国家の最盛期であったが、他方で内乱・陰謀に明け暮れた時期でもあり、小野氏の一族もそうした歴史の渦に巻き込まれることになった。

遣新羅大使・遣渤海大使田守

田守は、天平二年（七三〇）正月に大伴旅人宅で開かれた梅花の宴に「少弐小野大夫」（老）とともに出席し、歌一首を献じたことが、『万葉集』にみえている。すなわち「小野氏淡理」が詠んだとある「霞立つ長き春日をかざせれどいやなつかしき梅の花かも」（五―八五〇）がそれである。「淡理」はタンリで田守のことであろう。これが初見となる。またこの時、一族の国堅（くにかた）も、「小野氏国堅」として「妹が家に雪かも降ると見るまでにここだとまがふ梅の花かも」（五―八四八）という歌を献じている。小野氏の一族から三人が出席しているように、大伴家と小野家の親しい関係を示している。

田守は、国史上では天平十九年（七四七）正月が初見で、正六位上から従五位下に昇叙したとある。天平勝宝元年（七四九）閏五月に大宰少弐に任じられたことがみえ、同年九月の「大宰府牒案」（『大日本古文書』二四―六〇四）にも大宰少弐従五位下と署名している。天平勝宝五年（七五三）二月には遣新羅大使に任じられ、天平宝字四年（七六〇）九月に、新羅の無礼のため任務を果たしえず帰任した。この時期の日羅関係は、新羅が朝貢外交を解消しようとし、対等な外交姿勢に転じたため冷却化している中で、田守は従来の主張を貫いたのであろう。天平勝宝六年（七五四）四月には再び大宰少弐に任じられ、天平勝宝八年五月には、聖武太上天皇の崩御に際し、多治比真人広足（たじひのまひとひろたり）・百済王敬福（くだらおうきょうふく）・塩焼王（しおやきおう）などとともに山作司を命ぜられている。同年六月の「東大寺図端書」（『大日本古文書』四―一一六・一一八）には左少弁従五位下とあり、天平宝字元年（七五七）七月に刑部少輔に転じた。『万葉集』

には、その後、遣渤海大使に任じられた天平宝字二年（七五八）二月十日に、内相藤原仲麻呂宅で餞別の宴が催されたことがみえ、右中弁大伴家持が、「渤海大使小野田守朝臣」らに贈った歌、「青海原風波靡き行くさ来さつつむことなく舟は早けむ」（二〇-四五三八）が収められている。田守は、同年九月に渤海国大使一行二十三人を伴い帰国し、従五位上に昇叙している。田守たちの昇叙については、平城宮跡から出土した木簡に、「遣高麗使の廻来に依りて、天平宝字二年十月廿八日、二階を進め叙す」とあることからも確認できる（写真11）。田守の動静を知る生の資料として注目される（ただし田守の昇叙は二階ではなく一階のみ）。同年十二月には渤海で得た情報や唐の消息を奏上し、安禄山の乱の詳細を報告した。政府は、これに基づき大宰府に対策を命じている。しかしその後、田守の消息は伝

写真11　『平城宮木簡』にみえる遣高麗使への叙位（奈良文化財研究所所蔵）

えられず、まもなく卒したか。その経歴から小野氏の本流に位置することは間違いないところであろう。

反骨・野心家の東人

東人は、天平九年（七三七）九月に正六位上から外従五位下に昇叙したのが初見である。この六月、先にみたように一族の老が天然痘に倒れ、二年後の天平十一年十月に牛養も卒しており、大きな世代交代の時期にあたっていた。東人は翌天平十年七月に左兵衛佐に任じられたが、天平十三年（七四二）三月には捕えられて平城獄に下され、翌日東西両市にて杖で各五十づつ打たれるという処罰を受けた後、伊豆の三島に流罪となっている。罪についての記載はないが、これは前年生起した、筑紫における藤原広嗣の乱に関わるとみられる。この年の一月には、この乱に関わり死罪二十六人・没官五人・徒罪三十二人・杖罪百七十七人が処断され、三十四人が流罪となっている。

その後暫くして許され、天平十八年（七四六）四月には従五位下にすすみ、翌天平十九年九月には治部少輔に、天平勝宝六年（七五四）七月には備前守への任命がみえる。そして天平宝字元年（七五七）五月には従五位上へ昇叙されるが、同年七月、橘奈良麻呂の変に連座し、捕えられて窮問され刑死した。奈良麻呂の変には大伴氏の一部の関与があり、小野氏と大伴氏の親密な関係が東人の連座に繋がったのであろうか。東人は小野氏では珍しい野心家であり、仲麻呂派の陰謀にはめられたのであろう。毛野の世代を継承する有力な立場にあったが、政界の渦に巻き込まれたのである。

東北経営の将軍竹良

東人に次いで史上にみえるのは竹良（都久良）で、東人が正六位上から外従五位下に昇叙された翌年、天平十年（七三八）四月の「上階官人歴名」（『大日本古文書』二四－七五）に美濃大掾とある。天平勝宝六年（七五四）正月には正六位上から従五位下に昇叙されたとあり、同世代の小贄に一年半の遅れであった。天平宝字四年（七六〇）正月には、出羽守として陸奥国按察使兼鎮守府将軍藤原恵美朝臣朝猟に従って雄勝城・桃生柵の造営にあたり、従五位下から従五位上に昇叙されている。これより前の竹良の動静を示すものとして、秋田城跡から出土した十一号漆紙文書に、「従五位下行守勲十二等小野朝臣『竹□』」の署名があり、本文の末に「以て解す」とあるから、出羽国府から政府に提出した上申文書とみられる（平川南「秋田城跡漆紙文書からみた出羽国府論」『律令国郡制の実像』上、吉川弘文館、二〇一四）。その官位から、おそらく天平宝字三年（七五九）の出羽守在任中の文書であることがわかる（写真12）。小野氏の伝統である東北経営に関与していることが確認され、天平宝字七年（七六三）正月には左中弁への任官がみえる。

翌年十月には、おそらく恵美押勝の乱鎮圧の功により正五位下に昇叙されている。竹良の具体的な勲功は明らかでないが、小野氏の反仲麻呂派としての立場がうかがえる。この時には東人はすでに刑死しており、一族中では最も高位にあったとみられる。東人の復権を図る行動ともいえる。その後も、天平神護元年（七六五）正月には押勝追討の功により勲四等を賜り、同年十月には大嘗会において美濃国が由機国となり、それに供奉した功により従四位下に二階すすめられている。そして、神護景雲二年（七六八）七月、左京大夫に任官、翌年（七六九）五月には左京大夫従四位下勲四等で卒したこと

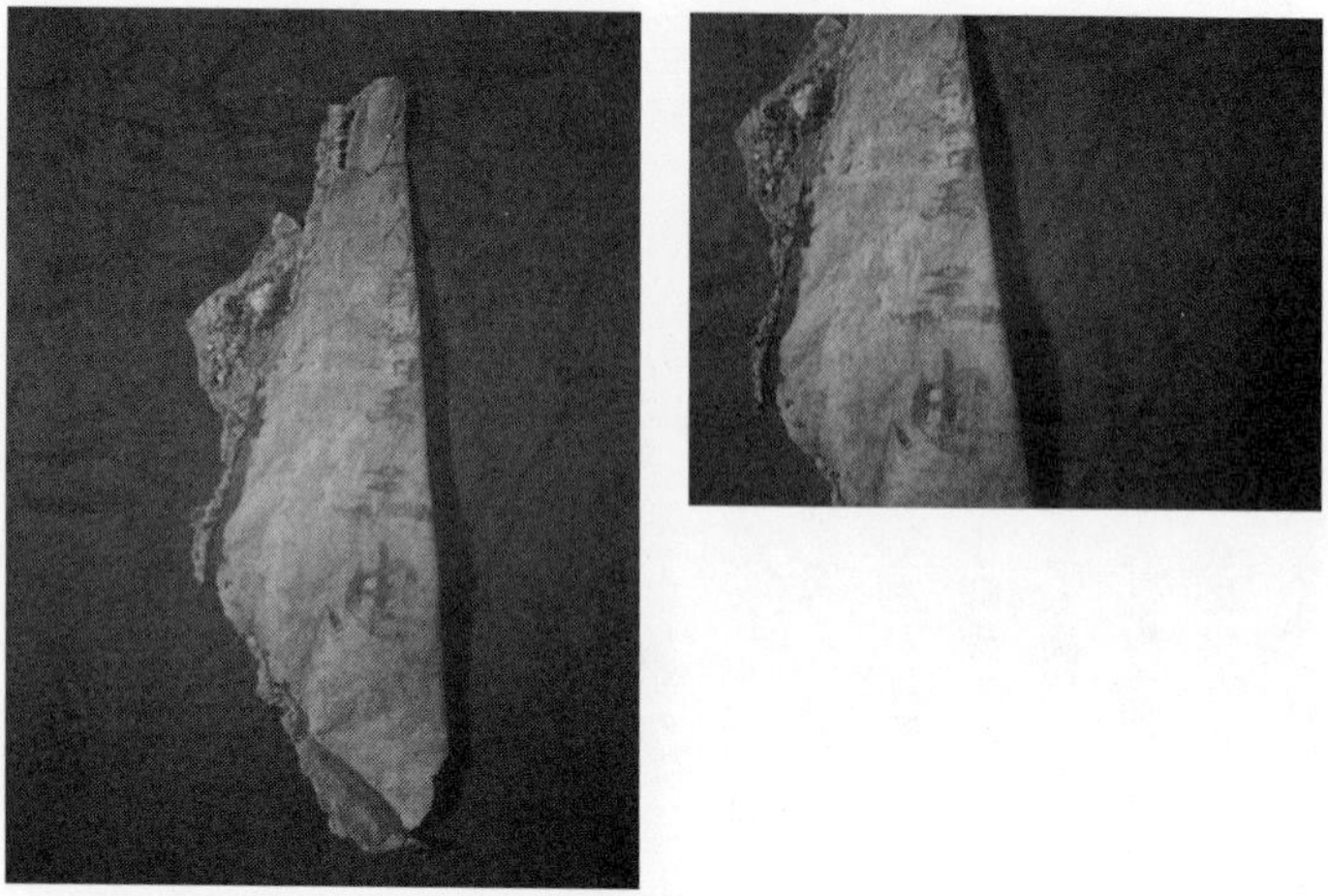

【釈文】

×送以解

天平宝字×

従五位下行守勲十二等小野朝臣「竹□〔良カ〕」

□六位上行介百済王「三忠」

写真12　秋田城跡出土漆紙文書にみえる竹良（秋田市立秋田城跡歴史資料館所蔵）

がみえる。竹良は、東北経営に活躍するとともに押勝の乱鎮圧に関わり、同世代の小贇を追い越して従四位下にまで昇進したが、議政官に登用されるところまでには至らなかった。こうした官歴・経歴からみて、小野家の主流に属する人物であったことは確実で、毛野・馬養・牛養の血縁に繋がる人物といえよう。

摂津大夫・大宰少弐小贇

次に小贇は、天平勝宝四年（七五二）五月に正六位上から従五位下に昇叙したとあるのが初見で、同年十一月には下野守に任じられている。天平宝字七年（七六三）正月に内蔵頭に転じ、同四月には造宮少輔に、天平宝字八年（七六四）正月には紀伊守に任じられた。天平神護元年（七六五）正月に従五位上への昇叙がみえ、翌二月には右衛士督とある。同年十月には、天皇の紀伊行幸に際し国守として仕え、正五位下に昇格している。帰途にも和泉国日根郡深日行宮まで供をし、褒賞されている。神護景雲三年（七六九）八月に中務大輔となり、宝亀元年（七七〇）六月には大宰少弐となっている。翌宝亀二年（七七一）九月に摂津大夫に任じられたが、その後の動向は知られず、亡くなったのであろう。いちおう二十年余の官歴で、正五位下が最終官位であった。一時、大宰少弐となるなど小野氏の主流に属していたとみられる。

悲劇の遣唐副使石根

石根は、先にみたように、老の子であることがわかっているが、その初見は天平宝字元年（七五七）八月で、正六位上から従五位下に叙されたとある。同五年（七六一）十一月に南海道節度使に任じられ、同七年（七六三）正月に長門守（ながとのかみ）、翌八年（七六四）十月造宮大輔（ぞうぐうだいふ）、神護景雲三年（七六九）八月に近江介（おうみのすけ）に任じられている。翌宝亀元年（七七〇）八月には、称徳天皇の崩御に際し作山陵司を務め、この後、左少弁に転じたらしく、宝亀四年（七七三）の七通の太政官符に従五位下守左少弁と記されている（「太政官符案帳」『大日本古文書』二一―二七二）。宝亀五年正月には従五位上に昇進したとあり、同年三月には左中弁に任じたとあるが、「中衛少将故の如し」とあり、これより前に中衛少将に任じていたとみられる。翌宝亀六年（七七五）十一月に「左少弁従五位上小野朝臣石根を兼中衛少将と為す」とあるのは、左中弁で中衛中将の誤記とみられる。

宝亀七年（七七六）十二月には遣唐副使に任ぜられるが、この時、「左中弁兼中衛中将鋳銭司（ずせんし）長官従五位上」とあり、これより前に鋳銭司長官にも任じられたとみられる。政府の要職を歴任し、その学識・実務を評価されたのであろう。ところで、佐伯有清が詳細に明らかにしたように、石根が副使に任じられる以前、第十四次の遣唐使は発遣までに多くの問題に直面していた（『最後の遣唐使』講談社、一九七八）。すなわち宝亀六年（七七五）六月に遣唐大使に任命された佐伯今毛人（さえきのいまえみし）らは、宝亀七年に光仁天皇に辞見し、節刀を賜わり、難波の三津浦から出帆、肥前国松浦郡合蚕田浦（あひとたのうら）に寄港した後、東シナ海を渡ることになった。しかし、航行に必要な風に恵まれず、出港はのびのびとなり、今毛人はこれを理由に船を博多の大津に引き返させ、翌夏までの渡海の延期を政府に上奏したところ、遣唐使一行は全員翌年の夏まで大宰府にとどまり待機することが命ぜられたが、大使の今毛人だけは都に戻り、節刀を返上してしまった。副使の大伴益立（おおとものましたて）と判官の海上三狩（うなかみのみかり）らは大宰府にとどまっていたが、やがて罷免され、新たに副使となったのが小野石根と大神末足（おおみわのすえたり）であった。

石根は、翌宝亀八年（七七七）正月には播磨守を兼ね、同年二月には副使の石根が主催して渡海の

写真13　復元遣唐使船模型

無事を祈るまつりを挙行したが、それから二ヶ月が経っていよいよ出発という段になり、大使の今毛人が病と称して出発を辞したため、四月二十二日、全権を委ねられた石根を大使代行として先発し、もし順風が得られたなら大使を待つ必要はないと命ぜられた。同年六月一日には再度副使として大使に代わり入唐すべきことを命ぜられ、六月二十四日、第一船に乗り込んだ石根は他の三船とともに出港、東シナ海を渡り、七月三日に揚州海陵県に無事到着した。八月、揚州大都督府に至り、翌年の大暦十三年（七七八）、日本の宝亀九年正月、石根ら一行四十三人が長安に入り、大明宮の正殿宣政殿で礼見の式に参列したが、皇帝代宗には接見できなかった。三月二十二日、宣政殿の西にあった延英殿で、石根らはようやく皇帝に謁見でき、内裏での宴会に招かれ、唐の官爵を与えられた。四月十九日、皇帝の勅が伝えられ、趙宝英（ちょうほうえい）らに答礼の土産物を持たせて同行させるという内容であった（写真13）。

帰途、石根の乗った第一船と第二船は、九月三日に揚子江のほとりから出港し、蘇州の常塾県で風待ちした後、十一月五日に東シナ海に入り、日本に向かった。しかし、しばらくして風が強まり波も高く、強いしけとなった。第一船は転覆して船板はすべて流されて海水が流入、石根ら三十八人と唐使趙宝英の一行二十五人は海中に投げ出され、帰らぬ人になったが、その三日後、第一船は艫と舳に分断され、それぞれに遣唐主神の津守国麻呂ら五十六人と遣唐判官の大伴継人ら四十一人がとどまって漂流、一週間ほど後、艫は薩摩国嶋郡に、舳は肥後国天草郡西仲嶋に、奇跡的に漂着した。第二船は第一船とともに出帆し嵐に遭ったとみられるが、十一月十三日、薩摩国出水郡に無傷で帰着し、遣唐判官小野滋野らが乗り込んだ第三船は、九月九日、海陵県から出港して三日後に逆風に遭い船が破損するものの、十月二十三日に肥前国松浦郡橘浦に無事帰着した。第四船は楚州の塩城県から出帆したが、嵐に遭い済州島に漂着し、遣唐判官海上三狩が島民に捕まえられるも脱出に成功し、十一月十日に薩摩国甑嶋郡に帰着した。

海難に遭った石根は翌宝亀十年（七七九）二月に従四位下を追贈されたが、あまりにも早い死であった。石根は、父老の功績にもかかわらず、昇進はやや遅れたようであるが、中央・地方の要職を歴任しており、無事帰国していればさらに重職に昇れた可能性は高い。彼の死は、小野氏一族にとっても大きな痛手であったとみられる。ただ、後代の史料であるが、石根の海難以前の近江における活動を示す史料が残されている。すなわち、後冷泉天皇の治暦四年（一〇六八）三月二十九日付の「太政官符写」（『平安遺文』古文書編、第十巻、東京堂出版、一九六五）には、平等院領（関白藤原頼通領）であった近江国高島郡河上庄の来歴についての記載があり、その庄地は、もともとこの地の古代豪族で、高島郡少領であった角山君家足が天平十二年（七四〇）に開墾して立券したもので、おそらく家足が天平宝字八年（七六四）の恵美押勝の乱に連座して没落した後、「正三位小野石根朝臣」の領有に移り、その後、長い年月の間に藤原摂関家領に帰したとしている。なお、先にみたように、石根は神護景雲三年（七六九）八月に近江介に任じられており、そうしたことと関わるかもしれない。ちなみに角山君は、第三章でみたように、小野氏と同じく和邇氏の同族であり、河上庄もその四至についての記載から、本来角山君が支配していた高島郡北部の角河上流の河上郷を中心とする地域に所在し、南の限りは角河（石田川）、東の限りは琵琶湖、北と西の限りは、若狭国堺という広大な地域に広がっていた。小野氏の勢力が石根の時代には高島郡北部にまで及んでいたことがうかがえ、興味深いものがある。

なおこの世代にはほかに小野朝臣綱手（つなて）があり、東人より三年遅れ、竹良より一年半後の天平十二年（七四〇）十一月に正六位上から外従五位下に叙されており、天平十五年（七四三）六月に内蔵頭に任官したとある。天平十八年（七四六）四月には上野守に転じ、その後外従五位下から従五位下にすんでいるが、これを最後に消息は確認できなくなる。早世したのであろう。なお、『万葉集』には、天平十八年（七四六）正月、左大臣橘諸兄が諸臣を率いて太上天皇の御在所で雪はらいと宴を催した際、詔に応じて和歌を奏したとあるが、歌は家持が記録しなかったため収録されていない（一七－三九四四・七－三九四八）。

この世代は次の世代とともに、小野氏の勢力がやや衰退した時期であった。古代国家の最盛期であったにもかかわらず、毛野の後継者たちが早世したこともあって、古代貴族としては念願の議政官を出すことはできなかった。ただ竹良が従四位下、石根も死後従四位下を追贈されており、また遣新羅使・遣渤海使・遣唐使などの遣外使や大宰少弐に任じられ、東北経営にも携わるなど多彩な活動を示しており、家の伝統は維持している。石根が老の子であるから、田守か竹良が毛野の子で、「系図1」に毛野の子とある永見の父にあたるのではないか。

3　文武の家の成立——永見の時代

光仁朝から桓武朝の小野朝臣

この世代は、永見（ながみ）・滋野（しげの）・川根（かわね）・沢守（さわもり）・石子（いわこ）などで、奈良末から平安前期にあたり、八世紀後半から九世紀初めの、光仁朝から桓武朝に該当する。このうち、『続日本紀』の後を継いで桓武天皇の延暦十一年（七九二）から淳和天皇の天長九年（八三二）までの記録である『日本後紀』（以下『後紀』と略記）には欠落部分が多くあり（四分の三）、小野氏一族の動向も不明なところが多い。本流を継いだとみられる永見についても、後の文献で次世代の参議岑守（みねもり）の父で、「征夷副将軍従五位下行陸奥介」という最終官歴がわかるだけで、詳細は明らかでない。滋野は遣唐判官として渡海した時にはまだ正六位上の勅旨大丞兼下総権介で、帰国後宝亀十年（七七九）に従五位下に昇進したことまでが追える。また川根は延暦四年（七八五）に正六位上から従五位下に昇叙した後は史上にはみえず、同じく延暦七年（七八八）に正六位上から従五位下に昇叙した沢守ともども、動向は明らかでない。石子はその薨伝に年七十一とあり、天平十七年（七四五）の生まれとなるが、世代的に石根の妹の可能性も考えられる。

この世代ではやはり永見の存在が大きい。岑守の父ということは差し引いても、征夷副将軍陸奥介といった武人としての経歴や、当代きっての文人、賀陽豊年（かやのとよとし）との交流、あるいは漢詩集に取り上げられるなどの文人としての経歴は、次の世代の小野家の人々に受け継がれている。「系図1」に毛野の子とあるのは明らかに間違いであるが、毛野の子と推測される田守か竹良のいずれかの子であろう。また石子は石根の妹か娘と推測されるが、その経歴や長命もあり、次の岑守の世代における宮廷にて大きな力を持っていた可能性があり、平安時代の小野氏の復活・躍進に重要な位置を占める人物とみている。

この世代の生きた時代はいわば新王朝の成立期にあたり、特に光仁の後を継いだ桓武によって新しい政策が相次いで打ち出され、都も奈良を離れて長岡京から平安京へという大きな変化もみられた。政府中枢にあった有力氏族にとっても、大きな試練の時代であった。桓武が皇太子となった宝亀四年（七七三）から即位した天応元年（七八一）の前後には、皇位をめぐり、井上（いのうえ）内親王の廃后・他戸（をさど）親王の廃太子、氷川川継（ひかわのかわつぐ）の変、早良（さわら）親王の廃太子など、政変が相次いだ。延暦三年（七八四）には長岡京への遷都が図られ、その後まもなく延暦十三年（七九四）には平安京への遷都がなされた。また桓武の諸改革の大きな柱として朝廷の唐風化がすすめられ、華夷政策として蝦夷征討が大きく取り上げられている。宝亀五年ごろから蝦夷の公民化政策が積極的に推しすすめられることになるが、小野氏が本格的に東北経営に乗り出すのも、そうした政府の方針に関わるといえよう。

生き残った遣唐判官滋野

滋野は、宝亀八年（七七七）六月、一族の石根が持節遣唐副使として渡唐する時、遣唐判官として第三船に乗り唐に渡っている。その時の職位は勅旨大丞正六位上兼下総権介であった。七月、第一船とともに揚州に着き、翌宝亀九年正月、長安城で礼見、四月に辞見し帰途についた。六月に揚州に着き九月九日出発したものの、三日目に逆風に遭い座礁したため船を補修して十月十六日再出発し、十月二十三日、無事肥前国松浦郡橘浦に帰着して唐の消息を奏状した。第一船は沈没し石根は卒去したが、朝廷は滋野とともに来朝した唐の使節を労問させ、滋野に速やかに入京するよう命じた。この後、宝亀十年（七七九）四月には従五位下に昇叙し、翌宝亀十一年三月に豊前守任官のことがみえるが、これ以降は、国史の欠落もあり、その消息は知られていない。遣唐使に任じられているところから小野氏一族の主流の人物とみられ、生きていればそれなりの地位を得たとみられるが、続柄についても情報はない。滋野と同じ世代に川根がいる。宝亀七年（七七六）五月の「啓状」（『正倉院文書』二五－三六二）に初見し、九年後の延暦四年（七八五）正月に正六位上から従五位下に昇叙されたことがみえるだけである。沢守も、延暦七年（七八八）十一月に正六位上から従五位下昇叙されたことがみえ、翌延暦八年（七八九）三月に摂津亮に任命されたのがみえるだけである。なお、この世代では、内命婦として登用された一族の女性が史上にみえる。田刀自（たとじ）と小野虫売（むしめ）である。田刀自は、天平神護二年（七六六）十一月に無位から従五位下に叙されたとあり、三十三年後の延暦十八年（七九九）十二月に従五位上に昇叙された（『後紀』）。小野虫売は、宝亀二年（七七一）五月に正六位上から従五位下に叙されたことがみえる。女官として出仕していたのであろう。後にみる石子や小町の活躍とも関わる動きであろう。

「野将軍」・征夷副将軍　陸奥介永見

「系図1」に毛野の子とある永見については、『後紀』の欠落のため史料に恵まれない。先にみたように、次の世代の岑守の父であるから毛野の孫とすべきであろう。小野朝臣家の主流であるが、その事績としては、わずかに『日本三代実録』（以下『三代実録』と略記）貞観二年（八六〇）五月十八日条の孫にあたる恒柯の卒伝に、その祖父を「征夷副将軍従五位下永見」とあることと、わが国最初の勅撰漢詩集『凌雲集』（日本古典全集『懐風藻・凌雲集・文華秀麗集・経国集・本朝麗藻』日本古典全集刊行会、一九二六）に「征夷副将軍従五位下行陸奥介」とあることから、その経歴の一端がわかるだけである。『凌雲集』には「田家」「遊寺」の二首の漢詩が載っているが、『凌雲集』は永見の子岑守が嵯峨天皇の命で編纂にあたったものであり、岑守の配慮によるものであろう。

田家

庵を結び三径に居り、園に灌ぎ一生を養ふ。糟糠寧腹に満ち、泉石但情を歓ぶ。
水裏の松影を低れ、風前の竹聲を動かす。聊か太平の祝を輸し、獨り小山の亭を守る。

永見の生没年・受爵の年次などはすべて不明である。先の恒柯の卒伝に祖永見、父滝雄とあり、『後紀』天長七年（八三〇）四月十九日条の岑守の卒伝に永見の子とあって、岑守・滝雄の父であることがわかる。毛野の孫の世代であるから、父は、田守・竹良が有力な候補であろうが、確証はない。

そして、弘仁六年（八一五）六月二十七日条の賀陽豊年の卒伝には豊年の友人としてその名がみえており、豊年の『凌雲集』に収録された「野将軍を傷む」の一首は、永見のことを詠ったとみられている。

野将軍を傷む

蝦夷乱を構うること久し。将を擇して吾賢に属す。指を屈し三署を馳せ。眉を揚げて二権を出す

縣頭勳未だ展びず。馬革の志方に宣ぶ。完士何ぞ過ぎ難からん。徒凶間の傳はらんことを悲しむ。

「征夷副将軍」「陸奥介」「野将軍」といった記載から、武人としての生涯がうかがわれるが、当代きっての文人賀陽豊年らとの交流から、文人としての側面も無視できないであろう。

嵯峨朝の従三位典侍石子

嵯峨朝に従三位典侍として朝廷で重用された石子は、薨伝に年七十一とあり、天平十七年（七四五）の生まれで、永見や滋野らと同年代となる。先にみた女官の田刀自や小野虫売とも同じ時代に朝廷に出仕した可能性が高い。その名から、老の孫で石根の妹か娘の可能性があり、小野朝臣家の主流に属する人物といえる。やや時代は下るが、嵯峨天皇に寵愛された石子は大同五年（八一〇）正月が初見で、典侍従四位下で宮で衣服を侍臣に賜う役割を果たしている。弘仁三年（八一二）五月、従四位下から正四位下に昇叙され、翌弘仁四年正月には正四位下から従三位にと、とんとん拍子に昇進している。弘仁七年（八一六）正月には石子が長岡之第に使いして

文人に詩賦を詠むように命じ、ついに正三位に昇進している。しかし同年三月に石子の薨がみえ、年七十一とある。小野氏一族で正三位に昇進したものはなく、異例の出世といえる。石子の在世中、小野氏から多くの有位者が出たのは、その影響であろうか。

4 復活する小野朝臣家

嵯峨朝から仁明朝の小野朝臣

永見の次の世代は、平安時代前期、九世紀前半が中心となる活動の時期とみられ、嵯峨・淳和・仁明朝である。永見の子である岑守、滝雄のほか、野主（やぬし）・真野（まの）・諸野（もろの）・木村（もくむら）などがいる。ただ、この世代についても、基本史料である『後紀』の欠落と、仁明天皇一代の実録で天長十年（八三三）から嘉祥二年（八四九）までの記録を編纂した『続日本後紀』（以下『続後紀』と略記）が完本ではなく省略本であることもあり、史料が不足している。岑守の初見は大同元年（八〇六）で、東宮少進とあり、従五位下となったのは大同四年（八〇九）である。滝雄は記録がなく、野主は弘仁元年（八一〇）正月に左中弁兼美濃守とみえるのが初見で、真野は延暦二十三年（八〇四）十月、従六位下で刑部大丞に任官している。諸野は弘仁元年（八一〇）十一月に正六位上から従五位下に昇進している。岑守と滝雄が兄弟であるから、他の三人もほぼ同じ世代といえよう。

嵯峨・淳和・仁明朝は天皇の親政が敷かれ、大家父長として嵯峨上皇が朝廷を総裁していたこともあり、皇位をめぐるさしたる変乱はなく、前後にない安定期であった。桓武以来の政治・文化の唐風化が本格化し、唐制に倣った皇太子制や太上天皇制の整備により、皇位継承も順当に推移している。朝廷では、天皇・上皇が公卿・百官の人々を集め、年中行事だけでなく臨時の酒宴が催されている。嵯峨上皇が主催する朝廷のサロンでは唐風追随の文華が近臣を集めて繰り広げられた。そうした中で小野氏の一族も、外交・東北経営などの従来からの役割に加え、学問・文学・書などの分野に力を注いでいる。

文人・能史、参議岑守　永見の三男岑守は篁の父で、九世紀前半の能史・文人として知られる。『公卿補任』によると、「征夷副将軍永見三男」とあり、嵯峨天皇の即位前、賀美能（がびの）親王時代の大同元年（八〇六）に二十九歳で春宮少進になり、大同三年（八〇八）、畿内観察使の判官を経て、大同四年（八〇九）四月の嵯峨天皇の即位の日に従七位上から従五位下に昇進し、間もなく式部少輔に任じられている。『後紀』弘仁元年（八一〇）九月には近江介となり、同月には内蔵頭を兼務している。その後、弘仁三年（八一二）正月、美濃守を兼ね、弘仁四年（八一三）正月、三十六歳で早くも従五位上に昇叙している。

これは、嵯峨天皇がわが国最初の勅撰漢詩集『凌雲（新）集』の編纂を岑守に命じたことと関わるらしい。その序に岑守は「左馬頭兼内蔵頭美濃守」とある。『凌雲（新）集』は、岑守のほか菅原清公（すがわらのきよきみ）・勇山文継（いさやまのふみつぐ）が関与し、文人として知られ、父永見の友人であった賀陽豊年の指導を仰ぎ、弘仁五年（八一四）に完成したとされる。小野家の人々は、永見以来、家門の伝統である軍事的・外交的な部門に加え、桓武・嵯峨がすすめた、政治・文化の唐風化に倣い、学問にも力を注いでいたのであるう。弘仁六年（八一五）正月、陸奥守に転じ、弘仁八年（八一七）七月、蝦夷の帰服などをすすめている。この時、篁が同行し、多くの経験を積んだことは後にふれる。弘仁十年（八一九）、嵯峨天皇が発議しながら中断していた修史事業が淳和朝に再開され、岑守のほか清原夏野・坂上今継・島田清田などに命ぜられている。岑守はこの年の正月、正五位下に昇叙されている。なおこの修史は、その後、承和八年（八四一）に『日本後紀』として仁明天皇に提出された。弘仁十一年（八二〇）、治部大輔兼阿波守、翌弘仁十二年、従四位下で皇宮大夫を兼ねている。この年撰進された『内裏式』の編纂にも携わっており、翌十三年三月には参議に昇進し、同時に大宰大弐を兼ねた。弘仁十四年二月、大宰府管内において、四年に限って公営田の設置を提案し、実施されている（『類聚三代格』巻十五、易田幷公営田事）。これは、当時、律令体制が衰退し、班田農民の疲弊がすすみ、調・庸などの税収がままならない状況を改善すべく案出されたもので、一定の成果を生み出している。能史としての岑守の才能を示しているといえよう。天長三年（八二六）正月、従四位上となり、同年八月に「慶雲」が大宰府管内で発見されたことを報告。十二月、大宰大弐・従四位上となる。同五年（八二八）、勘解由長官・刑部卿を兼ね、この時、大宰府への旅行中の病人の療養施設「続命院」設置を建議し認められた（『続後記』承和二年十二月三日条）。そして、天長七年（八三〇）四月卒去した。時に五十三歳であった。嵯峨朝の代表的な文人であり、空海とも親交があった。『凌雲（新）集』に十三首、『文華秀麗集』に八首、『経国集』に九首の漢詩を残している。代表的なものをあげる。

江楼の春望。応製。一首。

春雨濛々として江楼黒く、悠々たる雲樹尽く微亡なり。
橋頭孤つ立つ一竿の柱、湖口競い入る千許の檣。
麦瓏の新色荒村の緑、楓林の初葉釣家の香。
滔々たる流水何の似たる所ぞ、四海朝宗して聖王に帰する。

文友に留別す。一首。小野岑守。

一朝吏に従いてより十年許、文友存亡半ばこれ新たなり。
固より道を同じくするがために新旧なきも、但悲しむ我が万里作るを。

小野朝臣家の長老野主

この世代で岑守と同等か、それ以上に活躍したのが、野主である。野主は弘仁元年（八一〇）九月に権右中弁とみえるのが初見で、同年同月、右中弁に転じ、二年正月、左中弁となり、弘仁三年正月、正五位下から従四位下に昇進、同年同月、左中弁兼摂津守となる。弘仁四年（八一三）十月には、摂津守従四位下で猿女のことで奏言し、弘仁五年二月、摂津守従四位下から従四位上に昇進している。猿女のことについては第四章で詳しく検討しているが、これは当時の小野朝臣家を代表して、小野朝臣野主等が、その配下である小野臣・和邇部臣の両氏が本来の職務でない猿女の貢上に携わっている不当性を訴え出てその停廃を求め許されたものである。猿女とは鎮魂祭という朝廷の重要な祭祀において楽舞を奏上する女官のことで、本来伊勢国の土豪宇治土公と猿女君が貢上するのが習わしとなっていた。当然、その「猿女の養田」も地元の伊勢にあったが、このころには近江国和邇村と山城国小野郷にあったらしい。「今、小野臣、和邇部臣等は、すでにその氏にあらずして、猿女を供せらる」とあって、両氏が猿女公に代わって猿女の貢進もおこなっていたようなのである。野主等はそうなった事情として、猿女のために設置された「養田」の取分を、小野臣・和邇部臣の両氏が横取りしたことをあげ、「神事を先代に乱し、氏族を後裔に穢す」「家門は正しきを得ん」と強く批判している。そして、両氏が「猿女は永く停廃」するよう官裁を求めたところ、勅に基づく右大臣の宣が出て本来の形に戻すことが命じられたのである。

野主は小野家を代表して、一族の不正をただすべく、「家門」の統制を果たそうとしており、一族中でも中枢に位置したのではなかろうか。続柄は不明であるが、官歴も長く、一族の長老的位置にあったとみられる。そしてその後も、天長十年（八三三）三月正四位下から正四位上に昇進し、承和四年（八三七）六月岑守の死の七年後、散位正四位上を以って卒去した。岑守より高位の正四位上まで昇進するなど小野朝臣家の主流の人物と考えるべきではないか。岑守は永見の三男とあるから、「系図1」にあるように、滝雄がその兄とすれば、野主は、系図にみえない長男か次男の可能性が出てくる。滝雄が早世した後それに代わって氏族を代表する地位についたのではなかろうか。そうなると野主は岑守より長生しており、野主がその後も「氏上」の地位を維持したとみられる。

岑守の兄、出羽守滝雄

滝雄は永見の子で、「系図1」では岑守の兄とされる。恒柯の父で、恒柯の卒伝に、「出羽守正五位下」とあるのが唯一の記録で、国史の欠落のためその経歴はよくわからない。後述するように小町の父とする見解もある。ただその業績のうち、父の後を継いで東北経営に関わっていることは注目される。おそらく岑守に準ずる活躍が想定できる。

なお、この世代で国史に名を残す一族に真野と諸野がいる。真野は、延暦二十三年（八〇四）十月、従六位下で刑部大丞に任官し、大同元年（八〇六）正月、豊前介に転じ、同二月、紀伊介に任じられている。弘仁三年（八一二）正月、斎宮頭従五位下の時、伊勢権介を兼ねている。弘仁六年（八一五）正月、上総守に転じ、弘仁八年（八一七）八月、上総国守として就任前の正倉焼失事件の処理にあたっている。弘仁十四年（八二三）十一月、従五位下から従五位上に昇叙し、天長九年（八三二）正月、従五位上から正五位下に昇進しているが、この後の動向は知られない。間もなく卒去したとみられる。真野は三十年余の官歴の大半をほぼ地方官として過ごしており、中央での活躍はみられないから、やや一族の中枢からは遠かったのではないか。

諸野は弘仁元年（八一〇）十一月が初見で、正六位上から従五位下に昇進している。翌弘仁二年四月、典薬助（てんやくのすけ）に任じられ、三年二月には大膳亮（だいぜんのすけ）に、弘仁五年（八一四）七月には備中守を兼ねたが、その後の動静は不明。このほか、木村は延暦二十三年（八〇四）十月に和泉掾正六位上で従五位下に昇叙し、継手麿（つぎてまろ）は弘仁七年（八一六）正月に従六位上から従五位下に昇叙したとある。ただ史料の欠落もあるのか、その後の動向はわからない。

この世代では、永見の三男、岑守の活躍が突出しており、嵯峨天皇の寵愛を背に昇進を重ね、弘仁十三年（八二二）には従四位上・参議となっている。小野氏にとっては毛野以来の議政官であった。

「系図1」にあるように、滝雄はおそらく岑守の兄であろう。そして、野主もほぼ岑守と同様の官歴を持ち、弘仁四年（八一三）には一族を代表して「猿女養田」のことを朝廷に奏上するなど、一族中で重きをなしている。おそらく長寿で、岑守の死の七年後に散位正四位上を以って卒去しており、議政官には登用されなかったが、岑守より高位の正四位上まで昇進するなど、滝雄の兄か弟であったとみられる。

5　「野相公」参議篁の時代

淳和朝から文徳朝の小野朝臣

岑守の子篁の世代は九世紀前半から後半にかけて、淳和・仁明・文徳の三代にあたる。この時期は『後紀』『続後紀』『日本文徳天皇実録』（以下『文徳実録』）が対象とするが、前二書には欠落・省略があり、記録が失われた人物も少なくない。篁を筆頭に、滝雄の子恒柯のほか石雄（いわお）、豊雄（とよお）などが知られ、史上にみえる千株（ちかぶ）・末嗣（すえつぐ）・興道（おきみち）・宗成（むねなり）などもこの世代か。石雄の初見は弘仁十三年（八二二）で正六位上から従五位下に昇叙しており、豊雄は岑守の死の二年前、天長五年（八二八）五月に正六位上から従五位下に昇進している。篁は天長九年（八三二）正月に正六位上から外正五位下に昇叙したとあり、千株は、天長十年（八三三）十一月、正六位上から従五位下に昇叙したとある。恒柯は承和二年（八三五）少内記となり、承和十一年（八四四）、従五位下に叙されている。末嗣は承和四年（八三七）九月、従五位下に、興道は承和五年（八三八）正月、正六位上から従五位下に昇叙したとあり、やや幅はあるが、ほぼ同世代といえる。

この時代は、その前半は嵯峨上皇がまだ健在で、嵯峨朝以来の安定した政局が続いた。しかし嵯峨上皇が亡くなった承和九年（八四二）七月、政変が起こり、皇太子恒貞親王（淳和上皇の長子）を廃し、仁明の長子道康親王が立てられ、伴健岑・橘逸勢が謀反人として流罪となった（承和の変）。仁明は、父嵯峨上皇に倣い天皇親政を敷き、朝廷のサロンでは唐風追随の文華が近臣を集めて繰り広げられた。しかし、病がちな仁明は嘉祥三年（八五〇）三月、わずか四十一歳で早世し、文徳天皇が即位した。文徳もひ弱な体質で、政治への意欲・能力はあったが、政務に専念できなかった。天安二年（八五八）八月、これもわずか三十二歳で死去し、九歳の清和天皇が即位した。仁明天皇の時代以来天皇を支えてきた、清和の外戚の太政大臣藤原良房が大きな力を持つことになる。藤原氏の摂関政治への動きが始まるのである。岑守の長子篁はその才能を嵯峨上皇・仁明天皇に愛され、承和三年（八三六）の第十七次遣唐使の副使となる。

蝦夷の乱鎮圧の武人石雄

石雄は、国史の欠落により経歴も出自もはっきりしない。弘仁十三年（八二二）十一月、従五位下に昇叙し、天長六年（八二九）正月に従五位下から従五位上に昇進したとあるだけで、その後の消息は知られていない。悲劇の遣唐使石根の弟とする指摘もあるが、年代的にもかなり離れており、確証はない。石子との関係や、孫の可能性はあるかもしれない。ただ、次の世代の春風・春枝が、その子であることは、春風の所伝に、父石雄が弘仁四年（八一三）の蝦夷の乱鎮圧に活躍したとあり、遺品の甲冑を兄の春枝に贈ったことがみえており、石雄が永見や岑守と同じく、小野氏の一族として、東北経営に関わっていることが知られる。滝雄か野主の子かもしれない。なお豊雄は、天長五年（八二八）五月に、正六位上から従五位下に昇進したとあるのが唯一の記録であり、それ以外の詳細はわからない。

「最後の遣唐使」参議篁

篁については、薨伝によると仁寿二年（八五二）十二月二十二日、五十一歳で薨したとあるから、延暦二十一年（八〇二）の生まれとなる。参議正四位下小野岑守の長子で、十四歳の時、陸奥守となった岑守に従い陸奥に赴いたこともあり、帰京後は乗馬に明け暮れることもあったらしい。しかしその後、学問にも才能を発揮し、その文章は後年「天下無双」と呼ばれているし、書も草書・隷書ともに優れた模範とされた。その初見は、薨伝に弘仁十三年（八二二）の二十歳の時に文章生になったとある記載で、天長九年（八三二）正月には、正六位上から外正五位下に昇叙したとある。翌『続後紀』天長十年（八三三）三月に、従五位下東宮学士に任じられ、三月末には弾正少弼に任官している。そして早くも、翌承和元年（八三四）正月に第十七次の遣唐副使に任命された。時に歳三十三であった（佐伯有清『最後の遣唐使』前掲）。これより一つ前の遣唐使は延暦二十年（八〇二）であったから、三十四年ぶりのことであった。任命のあと、派遣準備がすすみ、承和元年二月の初めに造船使の任命があり、遣唐使船の建造も開始された。『続後紀』承和元年（八三四）二月二十日条には「小野氏の神社は近江国滋賀郡に在り。勅して、彼の氏の五位已上は、春・秋の祭り至らん毎に、官符を待たずして、永く以て往還することを聴す」とあり、本来許可を要する畿外近江への官符を持たない往還が特別に許されており、篁に便宜を与えたものとみられる。

承和二年（八三五）正月には従五位上への昇叙があり、その十一日には備前権介を兼ねている。翌承和三年（八三六）正月、従五位上から正五位下に昇進した。一連の派遣準備の処置であり、仁明天皇は二月九日に遣唐使一行を引見している。その後、四月二十四日・二十六日には遣唐使の餞別の儀が、二十九日には節刀を賜る儀式があり、一行は直ちに難波津に向かった。五月十三日には船に乗り込み、翌十四日、船は港を出た。暴風雨があったりして、到着がやや遅れたが、ようやく七月二日、四船揃って博多津を出帆（第一回）、唐へ向かった。しかし、七月十六日の大宰府からの報告により、第一・第四船が遭難して肥前国に漂着し、第二・第三船の安否は不明という知らせが届いた。第一・第四船の傷みは激しく、修理の命が下され、七月二十四日には篁の乗った第二船の肥前国松浦郡別島への漂着の知らせが入り、八月に入って第三船遭難の模様もようやく判明した。それによると、七月二十日、水手ら十六名が対馬の南浦に板切れを編んだ筏に捕まり漂着したこと、その後船員九名が筏に捕まり肥前国に漂着したことがわかった。八月二十五日の早馬では第三船の被害の報告があり、生存者は三人のみで、残り百十余人の命は失われたという内容であった。

その後、再度の出発準備が始まり、遣唐使船の修理、体制の立て直しがすすめられ、承和四年（八三七）二月、遣唐使のために山城国愛宕郡の郡家門前で天神地祇を祭り、航海の安全を祈っている。『続後紀』承和四年（八三七）二月一日条には、「勅して、大春日・布瑠・粟田の三氏の五位已上は、小野氏に準じ、春・秋二祠の時に、官符を待たずして、近江国滋賀郡に在る氏の神社に向うことを聴す」とあって、小野氏に準じ大春日・布瑠・粟田の同族三氏の五位以上のものも、春秋の祭りの時近江滋賀郡の小野氏の神社に官符を持たず出向くことが許された。篁への配慮といえる。次いで、大使の藤原常嗣（つねつぐ）は大宰権帥を兼任し、再びの渡唐が迫ってきた。承和四年（八三七）三月、二度目の餞別の儀が開かれ、節刀を賜る儀式があった。三月十九日に大使は京を出発したが、副使の篁はなぜか出発を遅らせ、ようやく二十四日に大宰府に向かった。その後間もなく出帆したらしい（第二回）。八月二十二日には大宰府からの報告が京にもたらされた。それによると、出帆した三隻の遣唐使船はまたもや遭難し、第一・第四船は壱岐島に、第二船は値賀島（ちかしま）に漂着したという。第一・第四船の損傷は激しく、修理に相当の時間を必要とするとみられ、この時の派遣も失敗に終わった。

篁の乗船拒否

大使・副使は都に戻らず船の修理と準備のため大宰府にとどまっていたとみられるが、二度目の遭難から一年余経った承和五年（八三八）四月、遣唐大使・副使に勅が発せられ、三度目の渡唐準備がすすみだした。四月から五月にかけて、渡海の安全と飢饉・疫病の退散を願って全国で大般若経の転読が命ぜられ、いよいよ出帆が迫ったことがわかる。六月二十二日になり篁が病と称して渡海を拒否したことが伝えられ、出発は遅れたものの、ようやく七月五日、大使の乗る遣唐使第一船と第四船が出帆し、（第三回）、第二船は副使小野篁の乗船拒否のため遅れて七月二十九日に出帆した。幸いこの時の遣唐使は、三船とも船は大破したものの、何とか渡海に成功し、唐での諸行事を無事務めた。帰途は、承和六年八月、乗船が大破したため、楚州で新羅船九隻を雇い無事帰着した。

いっぽう乗船を拒否した篁は、法に照らせば「絞刑」に該当した。ただ、篁の才を惜しんだ嵯峨太上天皇の意向もあり、ようやく承和五年（八三八）十二月十五日、篁を遠流処分と決し、同二十七日、すべての官位を剝奪され隠岐島に向かった。しかしそれから一年八ヶ月後の承和七年（八四〇）二月、流人篁を朝廷に召す決定がなされ、六月には入京している。なお、この間、四月には篁との確執があった元遣唐大使の参議藤原常嗣が薨去している。そしてさらに一年余後の承和八年（八四一）九月、無位篁を本爵正五位下に復すことが命ぜられ、十月、刑部少輔に任官。承和九年（八四二）八月、再び東宮学士に任命されている。承和十二年（八四五）正月に正五位下から従四位下に昇叙し、承和十三年（八四六）五月権右中弁に、九月には左中弁に任官し、翌承和十四年（八四七）正月、ついに参議に任命された。父岑守に続き、二代にわたる議政官への補任であった。四月、弾正大弼に任命され、嘉祥元年（八四八）正月、左中弁兼信濃守勘解由長官に、二月、班山城田使長官に任命されている。四月には左大弁兼信濃守勘解由長官、嘉祥二年（八四九）正月、従四位上に昇進し、五月には鴻臚館で渤海使に対応している。『文徳実録』嘉祥三年（八五〇）四月、正四位下に昇進し、仁寿元年（八五一）正月、近江守に任官したが、仁寿二年（八五二）十二月には病を得て官を辞し、従三位に叙されるも、十二月二十二日、五十一歳で薨去した。

その薨伝には、上述の通り、弘仁年間の初め、父に従い陸奥に行き、武芸に励んだため、都へ帰ってからも学業に専念しなかったが、これを憂えた嵯峨天皇からの忠告により学業を極め、弘仁十三年（八二二）春の文章生の試験に合格したことから筆を起こし、天長九年（八三二）大宰少弐であった時、父を亡くし、翌十年東宮学士として朝廷にのぼり、翌承和元年には上述のように遣唐副使に任命されたことを述べている。渡海の拒否により遠流の処分を受けたが、「文章奇麗」「知文之輩」「當時文章、天下無双」「草隷の工、古二王之倫」と評して、その復帰の状を記述している。博識で卓越した詩才を持ち、書にも優れていたことがわかる。『本朝文粋』『経国集』『扶桑集』『和漢朗詠集』などに漢詩が収録され、『古今和歌集』にも六首の和歌を収めている。その一部を掲げる。

五言。試に奉ず。隴頭秋月明かなりを賦し得たり。一首（『経国集』）
反覆は単于の性、邊城未だ兵を解かず。戊夫朝に蓐食し、戒馬暁に寒鳴す。
水を帯び城門冷かに、風を添へて角韻清し。隴頭一孤月。
満物影云に生ず、色満都護の道。光流る佽飛の営。
邊機侵冠を候ひ、應に驚くべし此の夜明かなるを。

梅の花に、雪の降れるを、よめる
花の色は雪にまじりて見えずとも香をだににほへ人のしるべく　古今和歌集　335
隠岐国に流されける時に、舟に乗りて出で立つとて、京なる人のもとに遣わしける
わたの原八十島かけてこぎいでぬと人にはつげよ海人のつり舟　古今和歌集　407

妹の身まかりける時、よみける

泣く涙雨と降ら南渡り河水まさりなば帰りくるがに　古今和歌集　829

諒闇の年、池のほとりの花を見て、よめる

水の面にしずく花色さやかにも君が御かげの思ほゆる哉　古今和歌集　845

隠岐国に流されて侍ける時に、よめる

思いきや鄙のわかれに衰へてあまの縄たき魚りせむとは　古今和歌集　961

なお、篁には風変わりな伝説が伝えられている。京都の庶民はいつのころからか、盂蘭盆会になると東山の六波羅蜜寺に近い珍皇寺（六道さん）に「六道まいり」をすることを常としている（林屋辰三郎『京都』岩波書店、一九六二）。本堂の前が「六道の辻」と呼ばれ、冥途への通い路と考えられていたからである。この本堂の手前右に一堂があり、小野篁の大きな木造の像が安置されているが、篁は本堂奥の井戸から冥府に往還したとされている。昼間は朝廷に仕えながら、夜になると冥府の閻魔大王の下でその裁判の補佐をしていたというのである。こうした伝説が生まれた背景としては、篁が文武両道に優れ、その才を認められながら、寵愛を受けた嵯峨上皇に逆らい死を賭してまで遣唐使を拒否し、流罪になりながらも奇跡的に許され、再び登用されて参議にまでのぼり詰めたという、超人的な行動力を示していたからではないか。

滝雄の子、「当代一の書道家」恒柯

恒柯は、卒伝により大同三年（八〇八）生まれであることがわかる。父は出羽守滝雄、祖父は征夷副将軍で『凌雲集』に漢詩を残す永見であり、篁は従兄となる。また卒伝には、承和二年（八三五）少内記となり、その後、大内記に転じ、次いで美作掾を兼ね、大内記のまま近江大掾に遷ったとある。承和八年（八四一）十二月、式部大丞正六位上で存問兼領渤海客使に任命され、同三月には渤海使の書簡を奏上している。承和十一年（八四四）正月、従五位下に叙され、嘉祥二年（八四九）二月、大宰少弐とみえる。この時、筑前守紀朝臣今守と論争し、滋野朝臣貞主に批判されている。同三年正月、右少弁に任じられ（卒伝では仁寿三年（八五三）のこととある）、斉衡元年（八五四）正月、播磨守に任じられている。卒伝には、国務については簡要を貴び、治績は上がらなかったとある。『三代実録』貞観元年（八五九）十一月、従五位上に叙され、貞観二年五月、散位・従五位上で卒去した。時に五十三歳であった。卒伝には、幼少より学問を好み、文才もあり、書道も良くしたとある。飾り気のない性格で、人を侮るなど欠点もあったが、当代一の書道家として知られ、草書・隷書に秀でており、その書を手本とするものも多かった。武人であった父滝雄と異なり、渤海客使・大宰少弐にも任じられているが、どちらかといえば文人としての一生であったと思われる。

篁の同世代にはこのほかに千株・末嗣・興道・宗成などがいる。千株は、天長十年（八三三）十一月、正六位上から従五位下に昇叙したのが初見で、翌承和元年正月、尾張介に任官する。承和六年（八三九）九月、備中介に任じられ、承和七年六月、出羽守になっている。同八月、備中守に転じ、承和十二年（八四五）二月、弾正正弼となり、同三月、土佐守に任官した。嘉祥三年（八五〇）三月、散位従五位下で仁明天皇の崩御に際し「鈴印櫃（れいいんひつ）」となっている。同三月、右近衛少将兼土佐守従五位下の肩書で近陵七ヶ寺に派遣されている。同四月に右近衛少将への任官を記しており、三月の右近衛少将は誤記か。仁寿元年（八五一）正月、土佐権守に降格され、同四月、侍従に転じた。十一月、従五位上に叙され、仁寿二年正月、伊予介となり、斉衡元年（八五四）十一月、備前守に転じている。貞観二年（八六〇）正月、内匠頭に任じられ、同三月、諸臣とともに宅地を賜う。同六月、播磨守に任官した後、史上からみえなくなる。間もなく卒去したか。三十年近い官歴であったが、その大半を中級官人・地方官として過ごしており、小野氏一族では傍系か。なお、次の世代で九世紀末ごろから史上に見える千邦（ちくに）・千里（ちさと）は、その子か。

末嗣は、承和四年（八三七）九月、従五位下・筑前権守で修理船使に任じられ、二度目の出帆直後に暴風雨に遭い、大破した遣唐使船の修理業務にあたっている。承和六年（八三九）五月、安芸権守に任じられたとあるが、これ以降史上にはみえない。ただ、勅撰の第三詩集『経国集』に、漢詩一首がみえる。

　七言。試に奉ず。王昭君を賦し得たり。一首〈六韻を限りと為す〉

一朝寵を辞す長沙の陌、満里愁へ行路の難。漢地悠悠去る随ひて盡き、

燕山迢迢として猶未だ殫きず。青蟲髪影風吹き破り、黄月顔粧點残す。

塞を出で笛聲腸闇に絶ち、紅を鎖するに羅袖涙乾く無し。
　高巌猿叫び重檀苦しく、遙かに嶺鴻飛び隴水寒し。
　計り識る腰圍昔日に損するを、何ぞ勞船せん毎に鏡中に向って看るを。

興道は、承和五年（八三八）正月、正六位上から従五位下に昇叙し、承和六年（八三九）正月、左衛門佐に任官している。承和十三年（八四六）正月、陸奥守に任官し、その二月、下野権守を兼ねた。その後の動向はわからない。宗成は天長七年（八三〇）正月、従五位下から従五位上に昇進したとあり、承和四年（八三七）六月、出羽国最上郡に済苦院の建立を建議し、国分二寺のために造像された仏像と写経四千余巻を官帳に登載することを提起している。承和七年（八四〇）二月、民部少輔に、六月には従五位上・大蔵大輔に任官している。永道は天長九年（八三二）正月、正六位上から外正五位下に昇進したとあり、承和七年（八四〇）八月、従五位下・刑部少輔に任官し、承和八年四月、右京亮に転じたとある。弘永は天長十年（八三三）正月に従六位上から従五位下に昇叙したとあるが、いずれも記録に恵まれず、その出自や動向は明らかにできない。

篁の世代は、篁を筆頭に、滝雄の子恒柯、石雄・豊雄がいるが、いずれも史料に恵まれず動静は明らかではない。ただ篁や恒柯のように遣外使や大宰府に勤務するもの、石雄のように父永見の後を継いで東北経営に携わっていたものがいることは興味深い。

6 摂関政治前夜の小野朝臣家

文徳朝から宇多朝の小野朝臣

この時代を扱う官府の記録は、『文徳実録』と清和・陽成・光孝の三代の実録である『三代実録』であるが、『三代実録』は天安二年（八五八）八月から仁和三年（八八七）六月までしか叙述しておらず、宇多天皇の仁和三年からは官府の記録の編纂が途絶する（宇多・醍醐二代の編年史『新国史』四〇巻は、散逸して伝わらない）。後世に編纂された『日本紀略』や『百錬抄』などに拠らねばならず、現在も編纂中の『大日本史料』に依拠することになる。したがって、官府の記録に基づく叙位の記載も得られず、小野家の人々の動向も、一部を除いて追跡できなくなる。この世代は、篁の子葛絃・後生、石雄の子春枝・春風と春泉の世代で、女流歌人として著名な小町やその恋人ないし夫とみられる貞樹もこの世代といえよう。ほかにも當岑、千里・千邦、喬木（季）・国梁などがいる。その初見は、貞樹が嘉祥三年（八五〇）四月、外従五位下から従五位下に、春枝が斉衡二年（八五五）正月、正六位上から従五位下に昇叙したとあり、春風が貞観十二年（八七〇）正月、従五位下対馬守とある。後生は貞観九年（八六七）正月、大内記・正六位上から従五位下に昇進したとある。葛絃は元慶元年（八七七）十一月、式部大丞で従五位下に昇叙されたことがみえる。當岑は元慶元年（八七七）正月、直講で従五位下とあるのが初見で、春泉は元慶二年（八七八）四月、秋田城が凶族により焼かれた時、出羽国権掾・正六位上で登場している。千邦は元慶三年（八七九）正月、大内記で正六位上から従五位下に昇進し、千里は元慶八年（八八四）十一月、大内記で正六位上から従五位下に昇進したとある。「系図1」には、葛絃・後生が篁の子とあり、春風の所伝に石雄の子とあるので、ほぼ同世代とすることができる。

葛絃・後生たちが生きた時代はほぼ九世紀後半で、文徳朝から宇多朝にあたる。この時代は、文徳天皇が早世し、九歳の幼帝清和が即位した。太政大臣藤原良房が実質的に摂政の地位についたらしい。貞観八年（八六六）閏三月、応天門の変が起こり、大納言伴善男・紀夏井が配流された。この事件の過程で良房の摂政が確立した。貞観十八年（八七六）十一月、二十七歳となった清和天皇は、政治不信を招いて九歳の陽成天皇に譲位し、良房の養子基経が摂政の役割を受け継いだ。成人した陽成は基経とそりが合わず、元慶八年（八八四）二月に退位させられ、仁明天皇の子光孝が即位した。六月、基経を事実上の関白に任じ、藤原氏の摂関政治への道筋が整うことになった。こうした中、小野氏は岑守・篁のように嵯峨上皇・仁明天皇との個人的な関係を継承できず、政府の中枢からは遠ざかることになる。

美材の父刑部大輔後生

後生は、『三代実録』の貞観九年（八六七）正月条に大内記・正六位上から従五位下に昇進し、その二月に大判事に転じたとある。七月には石見守となり、元慶元年（八七七）十一月、樫生を阿波権介・従五位下に任じたとあるが、樫生は官位・年代からして誤記で後生のこととみられる。その後、元慶三年（八七九）十一月に下野守・従五位上に任命されている。仁和二年（八八六）五月、従五位上刑部大輔から摂津守に転じたとあるが、その後の消息は途絶している。平凡な官歴であるが、後生は『古今和歌集目録』の美材の官歴に、「参議従三位左大弁篁孫、大内記伊予介後生男」とあるから、小野氏の主流であった。「系図2」に「俊生」とあるのは誤記であろう。大内記・大判事になるなど学問に秀でていたらしく、また、その子の美材は、後にみるように、詩文と能書で知られており、伝統の継承には力を尽くしたといえるのではないか。

大宰大弐、参議好古・三蹟道風の父葛絃

葛絃は、『三代実録』の元慶元年（八七七）十一月、式部大丞で従五位下に昇叙され、元慶二年正月に加賀介に転じている。元慶七年（八八三）正月、散位で従五位下に昇叙したとあるが、その後の動静は明らかではない。ただ、『気比神社文書』に寛平八年（八九六）五月、越前守在任中に気比大神宮寺の再興に尽くしたとあり、またその子好古の官歴に（『公卿補任』天暦元年条）「参議従三位左大弁篁孫、大宰大弐従四位上葛絃二男」とあり、大宰大弐・従四位上が最終官歴であることがわかる。なお、葛絃は「系図1」にはみえず、篁の子に葛繪がみえ、好古の父とある。「系図2」には、岑守の子で篁の兄としてもみえ、その子を道風とし、葛繪が篁の子で好古の父としている。後にみるように、好古と道風は兄弟とみられるから、葛絃と葛繪は同一人物かつ篁の子で好古・道風の父とすべきであろう。そして、葛絃の場合も最終官歴は大宰大弐従四位上に昇進しており、文武に秀でた好古と三蹟の一人として著名な道風を育て、小野氏の伝統を次代に引き継いだといえよう。

小町の恋人貞樹

続柄などわからないが、嘉祥三年（八五〇）四月、外従五位下から従五位下に叙されたのが初見である。同八月に刑部少輔に任官し、仁寿元年（八五一）正月、甲斐守に転じ、仁寿三年十月にも甲斐守任官のことがみえる。斉衡二年（八五五）正月、従五位上に昇進し、天安元年（八五七）正月大宰少弐に任じられ、貞観二年（八六〇）正月、大宰少弐から肥後守に転じたとある。これ以降の記事はなく、間もなく卒したか。約十年あまりの官歴しか確認できないが、小野氏一族と関わりのある大宰府に籍を置いているので、小野氏の主流に近い人物とみられる。貞樹については、同族とみられる小野小町との贈答歌があり、同世代と考えられ、文学史上に足跡を残している。

今はとてわが身時雨にふりぬれば言の葉さへうつろひにけり　　小野小町　古今和歌集　782

返し

ひとの思ふこころの葉にあらばこそ風のまにまにちりもみだらめ　　小野貞樹　古今和歌集　783

とあり、貞樹がある時期の小町の夫ないし恋人であったと推定されている。また、甲斐守時代の歌として、次の歌がある。

甲斐守に侍る時、京へまかり上りける人に、遣わしける　　小野貞樹

宮こ人いかにと問わば山たかみはれぬ雲居に侘ぶとこたえよ　　古今和歌集　937

王朝前期の女流歌人小町

小町については、出羽国の郡司小野朝臣良真（よしざね）の娘で、篁の孫、美材・好古の従妹とする系図もあるが、年代が異なり誤りである。小町という名については、『古今和歌集』にみえる「三条町」「三国町」と呼ばれた女性の存在から、「小野町」の妹として小町と呼ばれたのではないかとされ、また采女の総称を「小町」と呼んだという説もあった。しかし、前田善子は、「町」と呼ばれる女性が国司クラスの人物の女房であるとし、小町の出自を「中臈女房」とする説を提出した（『小野小町』三省堂、一九四三）。また桜井秀は、『後紀』の承和九年（八四二）正月条に正六位上を授けられた小野朝臣吉子（よしこ）が、小町の同時代にみえる小野氏出身の唯一の女官であることから、これを小町の実名とみている（「小野小町」『国史上問題の女性』国史講習会、一九二四）。こうした指摘を受けて、角田文衛は、さらに小野朝臣吉子の授位記事を検討し、この時並んで授位された藤原朝臣賀登子（がとこ）が女官ではなく仁明天皇の皇子国康親王の母で、更衣であったことを明らかにし、吉子（小町）も女官ではなく更衣であったと推定した（「小野小町の実像」『王朝の映像・平安時代史の研究』東京堂出版、一九七〇）。そして贈答歌の相手の年齢を検討した前田善子の見解を支持して、小町が承和年間から貞観年間の仁明・文徳・清和天皇のころに、宮中にあって更衣としてまた女流歌人として名声を博していたとした。角田はさらに踏み込んで、小町の出自を「出羽国郡司の女」（『古今和歌集目録』など）とする所伝がある背景を検討し、出羽守として赴任していた岑守の兄滝雄に注目、小町が滝雄と出羽郡司の娘の間に所生した女の可能性を指摘し、父と上京した小町は、腹違いの兄恒柯の下で成人し篁などの推挙により、宮廷に上がったと推測している。興味深い指摘であろう。事実、『古今和歌集』『後撰和歌集』には、小町の姉や孫がみえており、ほかにも一族から宮廷に上るものもあったと考えられよう。

『古今和歌集』に十八首、『後撰和歌集』に四首、『新古今和歌集』に六首、以後の勅撰集に計三十八首を掲載し、『新撰和歌集』に五首など、私歌集にもいくつかの小町の歌とするものがある。歌集『小町集』は後に諸書から集めたもので、偽作や他人の歌もあるが、百十余首を収める。大半が恋歌で、そのほかの歌も恋に関わる人生を歌うものが多い。紀貫之は、『古今和歌集』の序で、「あわれなるようにて強からず、いわばよき女の悩めるところあるに似たり」と評している。王朝女流文学の先駆をなした女性であった（北山茂夫『平安京』中央公論社、一九六五）。次にその一部を掲げる。

人に逢わん月のなきには思いおきてむねはしり火に心やけおり　古今和歌集　1030
現にはさもこそあらめ夢にさへ人めを守ると見るがわびしさ　古今和歌集　656
かぎりなきおもいのままによるもこむ夢路さへに人はとがめじ　古今和歌集　657
夢路には足もやすめず通へどもうつつにひとめ見しごとはあらず　古今和歌集　658
思いつつ寝ればや人の見えつらん夢としりせば覚ざらましを　古今和歌集　552
秋風にアフタのみこそ悲しけれ我が身むなしくなりぬと思えば　古今和歌集　822
花の色はうつりにけりないたずらに我身世にふるながめせしまに　古今和歌集　113
色見えでうつろふ物は世の中の人の心の花にぞありける　古今和歌集　797

わびぬれば身を浮きくさの根をたえてさそふ水あらいなんとぞ思ふ　古今和歌集　938

鎮守将軍・陸奥権守春枝　春枝は石雄の子で春風の兄であるが、その初見は春風に一年遅れ、斉衡二年（八五五）正月で、正六位上から従五位下に昇叙している。貞観二年（八六〇）二月に鎮守将軍になったことがみえる。貞観六年（八六四）正月に上野権介（鎮守将軍）となり、貞観九年（八六七）正月に従五位上に昇叙している。貞観十二年（八七〇）正月、散位従五位上で陸奥介となり、三月、陸奥介から陸奥権守に昇叙し、同月に父石雄の甲冑を賜うことがみえる。しかし、元慶二年（八七八）の秋田城下での俘囚の乱（元慶の乱）では春風・春泉の活躍はみえるが、春枝はみえずその消息は絶えている。早世したか。

鎮守将軍・陸奥権守春風　春風は石雄の子で、春枝の弟である。『古今和歌集目録』の官歴などによると、仁寿四年（八五四）右衛門少尉、天安二年（八五八）右近将監に転じ、貞観六年（八六四）正月武蔵介・従五位下、貞観十二年（八七〇）正月従五位下対馬守となり、三月肥前権介を兼ねる。三月二十九日従五位下行対馬守兼肥前権介となり、甲冑補強用保侶衣・携帯食料用帯袋の製作と陸奥の動乱の時父石雄が着用した羊革甲一領の兄春枝への下給などを奏請して許された。後讒言により免官となり家居にあったが、元慶二年（八七八）四月、秋田城下で俘囚の乱が起こり（元慶の乱）、同年六月散位従五位下で鎮守将軍兼相模介に起用された。同六月九日陸奥権介坂上大宿祢好陰と陸奥に下向。六月十六日出羽守営所に派遣され、七月十日、八月八日、九月五日、十月十二日、元慶三年正月十一日、三月二日などに、その活躍が朝廷に報告されている。この間春風は上津野（鹿角）村方面の経営に尽くし、降伏した族長を秋田営に伴い、出羽権守藤原朝臣保則に征夷戦争の弊害を説き、教諭策を提言し（『藤原保則伝』）、六月二十六日、春泉らと凱旋した。元慶六年（八八二）正月従五位上に昇進、仁和三年（八八七）五月、大膳大夫になった時にも出羽国府遷置問題の諮問を受けている（『三代実録』）。後、摂津権守に、仁和四年（八八八）三月左衛門権佐、次いで検非違使などを歴任し、寛平二年（八九〇）、右近衛少将となり陸奥権守を兼務した。翌年、讃岐権守、昌泰元年（八九八）、正五位下に叙されている（『三代実録』）。ほどなく世を去ったか。四十四年以上の官歴で、長命であったとみられるが、小野氏の伝統を維持した人物であり、永見・岑守・篁と続く本流に属していたことがうかがえる。春風の性格は直隷で大臣の非違を直言したりしており、若くして辺塞にあり、「夷語」に通じたとされる。『古今和歌集』に歌二首を残し、『九暦』の天慶九年（九四六）条に春風所進の甲一領が、蔵人所に所蔵されていることがみえる。

花すすきほにいでて恋ひば名をおしみ下結ふ紐のむすぼぼれつ　　古今和歌集　653

　　左近将監解けて侍りける時に、女の訪ひに遣せたりける返事に、よみて、遣わしける

天彦のをとずれじとぞ今は思我が人かと身をたどる世に　　古今和歌集　963

なお一族の春泉は、元慶の乱の発端である元慶二年（八七八）四月に秋田城が凶族により焼かれた時出羽国権掾・正六位上で、精兵を率いて城中に入ろうとするが失敗。六月七日いったん奪い返すも再び敗退した。翌三年には、陸奥鎮守将軍春風のところへ連絡に赴いている。その後春風と行動をともにしたらしく、乱の鎮圧に成功し、六月二十六日、春風と凱旋している。春枝・春風の弟あるいは子であろう。

このほかに、同じ世代とみられる、国梁・喬木（季）・當岑・千邦・千里などがいる。主流となる人物も含まれるかもしれないが、史料が断片的で不足している。国梁は斉衡二年（八五五）正月、正六位上から従五位下に昇叙し、貞観三年（八六一）正月、備後介に任じられている。貞観五年（八六三）二月、備後守に転じ、貞観十二年（八七〇）三月、散位から日向守に任命されている。喬木は、清和天皇の貞観十六年（八七四）備後守とあり（『藤原保則伝』）、仁和二年（八八六）二月に散位従五位下で図書頭に任じられ、六月には刑部大輔に転じている。仁和三年二月には山城守に任じられている。當岑は、貞観十八年（八七六）四月、大極殿火災について意見を述べ、元慶元年（八七七）正月、直講で従五位下を賜る。その二月、『礼記』・『中庸』について奏上。四月、勘解由次官に任官した。元慶二年（八七八）十二月、山城国愛宕郡小野郷の人で、本拠を左京識に移したとあり、仁和二年（八八六）正月、散位従五位下で周防守に転じている。二月、鋳銭司長官に任ぜられるが、その後の動向は明らかでない。ただ、『類聚符宣抄』安和二年（九六九）八月十一日の文書に、朱雀天皇の承平元年（九三一）十二月二十七日に「依博士」であったとある。官歴を積み上げていたことがうかがえる。その官歴から小野氏の本流とみられる。

千邦は、元慶三年（八七九）正月、大内記で正六位上から従五位下に昇進し、仁和元年（八八五）四月、玄蕃頭に転じ、仁和三年（八八七）三月、右京亮に転じたとある。その名から、次にみえる千里とともに、前の世代の千株の子か親族であろう。千里は、元慶八年（八八四）十一月、千邦の後を承け大内記に任官、正六位上から従五位下に昇進し、仁和二年（八八六）正月、散位から山城介に転じ、同二月、伊勢権介に転じている。仁和三年（八八七）三月には因幡権介に転じている。このほか、安影が陽成天皇の元慶三年（八七九）十二月に主計少属・従六位下で山城国に班田の事で派遣されており、元慶七年正月には、造酒佑安野が従五位下を賜ったとある。安影・安野はあるいは同一人物か。また、仁和三年（八八七）四月、少丞・正六位下連峯が大学大充に転じたとある。なお、この世代に属するとみられる二人の女性もみえる。貞観九年（八六七）従五位下から外従五位上に昇叙した後賢子と、貞観十年（八六八）正月、従五位下となった氏野で、女官として出仕したのであろう。

後生・葛絃・春枝・春風たち篁の子の世代が生きたのは、藤原氏が摂関政治への道筋を着々とすすめていた時代であり、残念ながら父の世代のように顕著な事績を残していない。しかし、学問に秀でた後生や、大宰大弐に就任した葛絃の存在と、石雄の子春枝・春風と春泉たちが、得意とする東北経営で活躍したのは無視できない。また、小町・貞樹のように文芸面で秀でた人材も出しており、次にみるその子どもたちの世代は、文武にわたる逸材を出しており、それを準備した世代といえよう。

7　最後の輝き・文武の逸材輩出

宇多朝から村上朝の小野朝臣

篁の孫にあたる美材・道風・好古たちは、小野氏の伝統の中で最後の輝きをみせている。このほか、滋陰・良弼・保衛・美實（清貴）・葛根・維幹・時遇（通）などがこの世代である。美材の初見は寛平九年（八九七）、従五位下・大内記とみえる。滋陰は寛平三年（八九一）正月、周防守への任官が初見で、良弼は寛平四年正月に渤海存問使に任じられた。保衛は昌泰元年（八九八）正月、少内記・文章生になったとあるのが初見で、好古は延喜十二年（九一二）三月に讃岐権掾に任官したのが初見である。道風は延喜二十年（九二〇）五月、非蔵人とあるのが初見で、維幹は天慶三年（九四〇）正月、東山道使に任じられたのが唯一の所伝である。時遇（通）は安和二年（九六九）十月、少外記とある。好古は、『公卿補任』に、「大宰大弐従四位上葛絃二男」、道風は『歴代編年集成』に、「同年（延喜五年）、小野道風生、〈大宰大弐葛絃男〉」、保衛は「系図2」に葛繪（絃）の子で好古の兄とあり、保衛・好古・道風は三兄弟であることがわかる。また、美（義）材は『古今和歌集目録』の官歴に「参議従三位左大弁篁孫、大内記伊予介後生男」とあるから、好古たちと同一世代である。

この世代が活躍したのは、仁和三年（八八七）の宇多天皇即位から康保四年（九六七）の村上天皇の崩御までで、宇多・醍醐・朱雀・村上の四代である。この時代は六国史が途絶え、『日本紀略』『百錬抄』のほか、『大日本史料』第一編などを参照して記述するが、小野氏の動向はよりみえなくなっている。ただ、美材・好古・道風という文武の逸材を輩出したことから、小野氏最後の栄光の歴史をみることはできる。この時代は、藤原忠平（ただひら）が醍醐・朱雀・村上朝に摂政・関白となって政局を指導しており、宇多朝には、関白基経の死後、藤原保則（やすのり）・菅原道真が参議となり、忠平との確執が表面化している。寛平六年（八九四）には遣唐使の任命があったが、道真の提言ですぐに停止しており、延喜元年（九〇一）には右大臣道真が大宰府に左遷されている。この間、宇多朝では『類聚国史』・『新撰万葉集』が撰進され、醍醐朝には『日本三代実録』・『古今和歌集』が作成されている。朱雀天皇の天慶三年（九四〇）、坂東において平将門が反乱に立ち上がり、南海では藤原純友が反旗を翻し、東西呼応するように天下の大乱となった。乱後の天慶九年（九四六）、朱雀は譲位し、村上天皇が即位したが、間もなく関白忠平が没し、天皇親政が復活した。村上朝では、延喜の遺風を引き継ぎ『新国史』の編纂や『後撰和歌集』の撰進がすすめられた。

道真の左降以後の「文を知れる士」美材

「系図1」「系図2」に後生の子で篁の孫とある美（義）材については、『古今和歌集目録』の官歴などによると、「参議従三位左大弁篁孫、大内記伊予介後生男」とあり、元慶四年（八八〇）に給料学生となり、仁和二年（八八六）に秀才（文章得業生）となっている。仁和三年（八八七）に越中権掾に任じられ、寛平四年（八九二）六月、渤海国牒の一通を分担している（『日本紀略』）。寛平五年に伊予少掾となり、翌寛平六年正月、少内記に転じ、寛平九年（八九七）七月、従五位下で大内記となっている。醍醐天皇の昌泰元年（八九八）二月の講書で尚復を務め（『江次第』）、公卿との同席を許されている。昌泰二年（八九九）、伊予権介に、昌泰三年（九〇〇）、信濃権介に転じるが、延喜二年（九〇二）、卒去したとある。詩文に優れ、嵯峨天皇・空海と並ぶ能書で知られる（『二中歴』）。『本朝文粋』に七夕の応製の詩序を納め、寛平九年の大嘗会の屏風や、内裏西面の三門の額を書いたと伝えられる（『二中歴』）。『古今和歌集』に二首あり、『後撰和歌集』にも一首あって、和歌にも長じていた。さらに、『菅家後集』に、道真が詩文の道が絶えたと嘆き、美材の死を悼んだ詩「傷野大夫」がみえる。紀長谷雄（きのはせお）が『本朝文粋』の「延喜以降の詩の序」で、「昌泰の末に至りて、菅丞相罪を得て左遷せられたり。文を知れる士、当時遺る無し。適内史野大夫有り。興を託くること幽ならずと云ふと雖も、然も早く成ること稍過ぎたり。予深く嘉す」と述べ、道真の左遷以後の知文の士を失ったと、その早世を傷んでいる。

題しらず　　　　　　　　　　　　古今和歌集　229
をみなへし多かる野べにやどりせばあやなくあだの名をやたち南

（寛平御時后宮歌合の歌）　　　　古今和歌集　560
わが恋は深山がくれの草なれやしげさまされど知る人のなき

　　　　　　　　　　　　　　　　後撰和歌集　321
秋の池の月の上に漕ぐ船なれば桂の枝に竿やさはらん

参議好古の兄、肥前守保衛

保衛は「系図2」に葛繪（葛絃）の子で好古の兄とみえるが、醍醐天皇の昌泰元年（八九八）正月、少外記から少内記・文章生に昇進したとあるのが初見である（『日本紀略』）。延喜三年（九〇三）正月、大外記・従五位下から肥前守に転じ、延喜十三年（九一三）三月、肥前守を辞している。その十一月、勘解由使が前肥前守小野保衛の「雑怠ヲ勘判セシム」とある（『政事要略』五九「勘解由使勘判抄」）。また、『伏見宮御記録』に収録される延喜十七年（九一七）正月二十八日付の文書に、「尾張国　小野朝臣保衛」とあり、その後も健在であることがわかる。ただし、この後の記録にはみえず、長生きした二人の弟と違い、早世したか。

従三位中納言・参議好古

好古は、先にみたように、『公卿補任』の官歴に「参議従三位篁孫、大宰大弐従四位上葛絃二男」とあり、篁の孫で葛絃の次男である。道風は弟となる。薨伝に康保五年（九六八）二月、従三位で薨去したとあり、年八十五とあるから、陽成天皇の元慶八年（八八四）の生まれとなる。『公卿補任』の官歴には、醍醐天皇の延喜十二年（九一二）三月に讃岐権掾に任官し、同十七年正月、春宮権少進に、同二十二年正月、従五位下に叙され、その五月に右京亮となったとある。延長二年（九二四）八月、大蔵少輔となり、同三年十月、中宮大進に転じたとある。延長八年（九三〇）九月の醍醐天皇の崩御に際し奉悼歌を呈し、その十一月、右衛門権佐となっている。朱雀天皇の承平元年（九三一）閏五月、昇殿を許され、同二年十一月従五位上に叙され、同五年（九三五）二月、備前権介を兼ねた。同六年正月、中宮権亮を兼ね、同八年（九三八）三月、中宮亮で右少将を兼ねている。天慶二年（九三九）正月、正五位下に昇叙し、その二月に近江権介を兼ねている。天慶三年（九四〇）正月、山陽道使に任じられ、二月には右近衛少将として藤原純友の反乱に際し追捕凶賊使となる。天慶四年五月、博多湾で藤原純友軍を破り、八月、京に凱旋し昇殿している。天慶五年三月、右中弁に任じられ、その十二月、備前守となっている。天慶六年、日本紀・和歌を呈上し、同七年二月、山城守を兼ねている。天慶八年（九四五）十月、大宰大弐に任じられ、天慶九年（九四六）、大宰府の混乱を治めるため対策を立てている。天暦元年（九四七）四月、六十四歳で参議となり、その五月、大宰大弐を元の如しとされている。天暦四年（九五〇）二月、ようやく大宰大弐を免ぜられている。天暦七年正月、従四位上に昇叙し、讃岐権守を兼ね、同九年閏九月、備中権守となっている。天徳元年（九五七）には、藤原師輔の五十の賀に際し屛風歌を贈った。同二年正月、正四位下に昇進し、その閏七月には弾正大弼を兼ねている。同三年七月、左大弁を兼ね、翌四年正月備中守を兼ねている。その四月、再び大宰大弐となり、康保二年（九六五）まで筑前国に在任した。この間、康保元年（九六四）十月には、菅原道真の廟前で初めて残菊宴を催し（『本朝文粋』十二）、安楽寺における曲水宴も好古が創始したとされる（『安楽寺草創日記』）。応和二年（九六二）正月、従三位に昇格し、応和三年には中納言に任じられている。しかし、康保四年（九六七）七月、高齢のため致仕し、翌康保五年二月、従三位、八十五歳を以って没した。好古は武人として著名であるが、少なからず和歌を残している。

　　異女に物言うと聞きて、元の妻の内侍のふすべ侍ければ

目も見えず涙の雨のしぐぬれば身の濡衣は干るよしもなし　後撰和歌集　955
きつけてつかはしける　源公忠朝臣
玉匣ふたとせあはぬ君が身をあけながらやはあらむと思し　後撰和歌集　1123
返し　小野好古朝臣
あけながら年ふることは玉匣身のいたずらになればなりけり　後撰和歌集　1124
一条摂政中将に侍ける時、父の大臣の五十賀し侍ける屏風に　小野好古朝臣
吹風によその紅葉は散りくれど君がときはの影ぞのどけき　拾遺和歌集　282
天暦御時、内裏にて、為平の親王袴着侍けるに　参議好古
ももしきに千年の事は多かれど今日の君はためずらしき哉　拾遺和歌集　1171

三蹟、正四位下行内蔵頭道風

『歴代編年集成』に、「大宰大弐葛絃男」とあり、篁の孫、葛絃の子で、好古の弟となる。道風は三蹟の一人として著名であるが、『新札往来』に寛平六年（八九四）生まれとある。『日本紀略』康保三年（九六六）十二月二十七日条に七十一歳で卒去したとあるから、寛平四年（八九二）生まれとなるが、宮内庁所蔵の「屛風土代」の跋文の記載によれば康保三年に七十三歳で卒したと考えられるから、好古の十歳年下の寛平六年生まれとするのが正しいようである（山本信吉『人物叢書　小野道風』吉川弘文館、二〇一三）。

道風が、晩年の天徳二年（九五八）正月に村上天皇に奉った奏状に、延喜五年（九〇五）十二歳の時、召されて醍醐天皇に拝謁したことを生涯の栄誉としているのが初見となる（『本朝文粋』）。そして、延喜二十年（九二〇）五月五日条（『蔵人補任』）に非蔵人とあり、翌延喜二十一年、右兵衛少尉とある。延長三年（九二五）八月に少内記となり（『扶桑略記』）、天慶二年（九三九）十一月に従五位下・内蔵権助となっている。天慶五年（九四二）四月、右衛門佐となり（『本朝世紀』）、天慶九年（九四六）八月に従五位下・木工頭とある（『政事要略』）。天徳元年（九五七）正月に木工頭とあり（『九暦』）、天徳二年正月十一日付の文書に、従四位下・木工頭とある（『本朝文粋』）。また同年四月にも同様の記載がある（『日本紀略』）。天徳四年（九六〇）十月に正四位下とあり（『扶桑略記』）、翌天徳五年（九六一）正月には、内蔵権頭で藤原佐理（すけまさ）とともに昇殿したとみえる。そして、前述のように康保三年十二月に正四位下行内蔵頭で卒去したとある。享年七十三（七十一）歳であった。

若い時から能書家として知られ、草書に優れていた。醍醐天皇はその書を愛し、延長四年（九二六）の興福寺僧寛建（かんけん）入唐の際には道風の行草法帖各一巻を持たせている（『扶桑略記』）。清涼殿の壁に、漢以来の賢君・名臣の徳行を書き、紫宸殿の賢聖障子の命を書き改めるなど、宮門の偏傍や殿壁に書いたものも多い（『日本紀略』ほか）。天徳二年の村上天皇に奉った奏状によると、醍醐・村上天皇の大嘗会の屏風も道風が書いたとある。特に晩年の天徳詩合の清書は、「能書之絶妙也、義之再生」と称賛されている。多くの人がその書を所持し、贈答にも使用された。道風の書風は穏やかでゆるやかな整ったもので、和様の典型とされている。現存する真蹟は少なく、国宝「円珍贈法印大和尚位並智証大

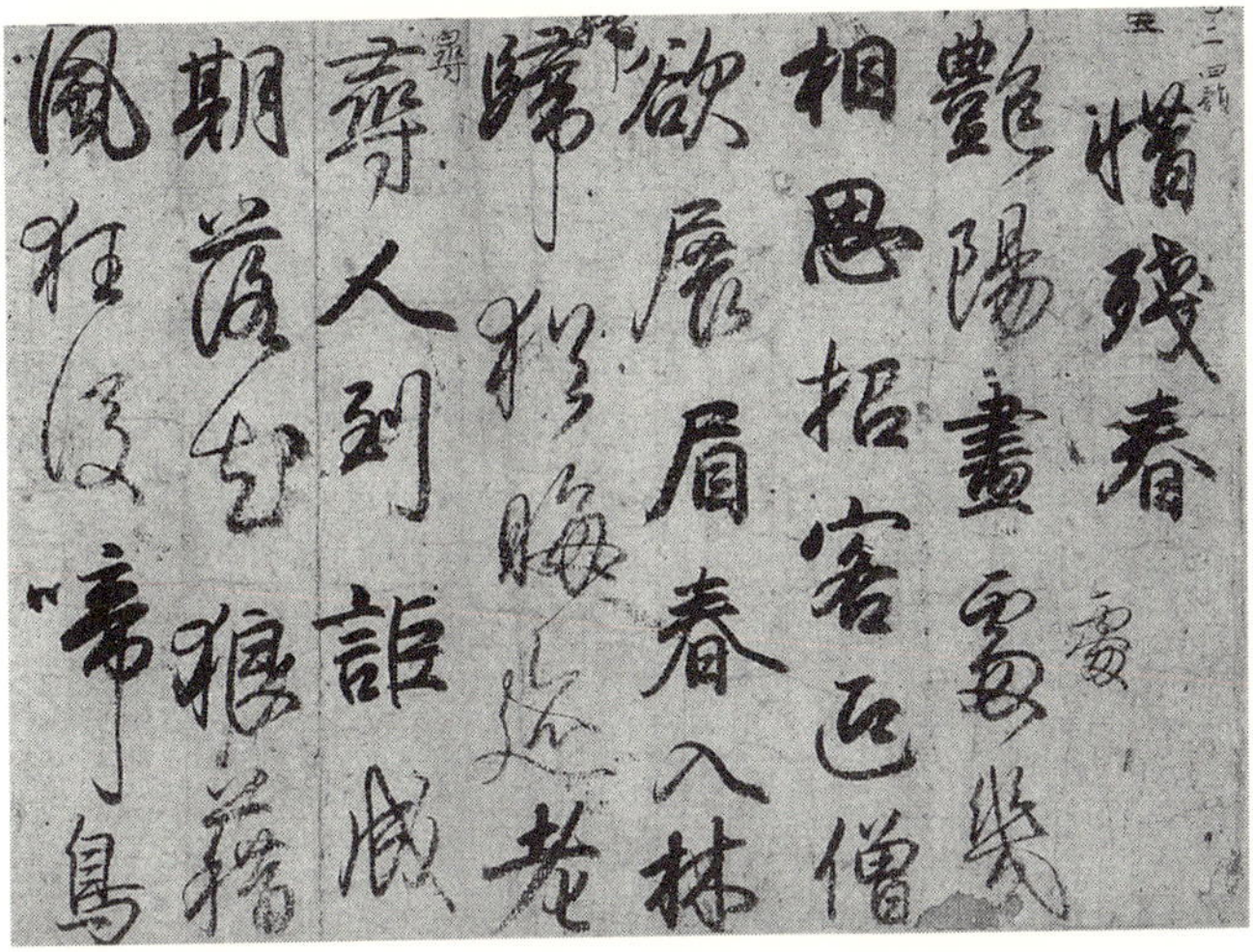

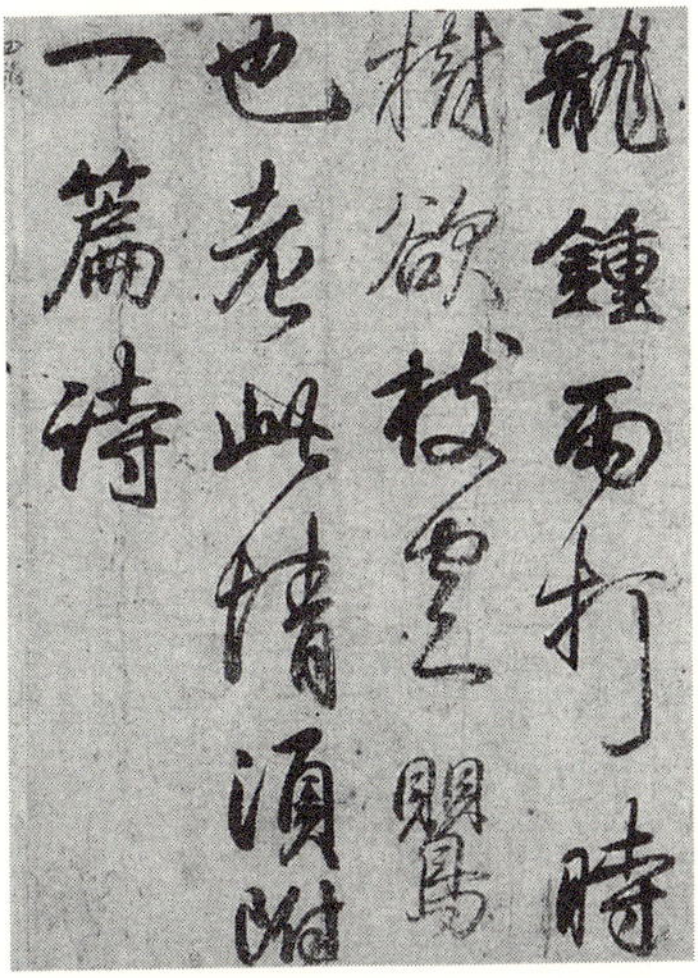

惜残春
艶陽盡處幾
相思。招客迎僧
欲展眉。春入林
歸猶晦迹。老
尋人到詎成
期。落花狼藉
風狂後。啼鳥
龍鍾雨打時。
樹欲枝空鶯
也老。此情須附
一篇詩。

写真14　御物「屏風土代」

師諡号勅書」「三体白氏詩巻」御物「屏風土代」「玉泉帖」などしかない（写真14）。

この世代の滋陰は、『古今和歌集目録』の官歴などには、仁和四年（八八八）二月、大蔵少丞に任官し、その十月、従五位下に昇叙されたとある。寛平三年（八九一）正月、周防守に、寛平五年（八九三）三月、信濃守に、その四月に掃部頭に任じたとあり、寛平八年（八九六）に卒去したとある。続柄などはわからない。良弼は、寛平四年（八九二）正月、渤海客存問使となっている。小野氏の伝統的な職掌の継承がうかがえるが、出自やその後の動静は追跡できない。清貴は、延喜二年（九〇二）九月、大外記に任じ「転元少」とあり、少外記から昇叙したのであろう（『外記補任』一）。延喜四年（九〇四）正月、大外記・従五位下小野美實を「信乃守」に任ずとある（『外記補任』一）。官歴からみて清貴と同一人物とみられる。また、延喜十四年（九一四）四月、元大学大充の美實を進士に任じたとある。時に四十八歳とする（『外記補任』一）。延喜十六年（九一六）六月、右大臣藤原忠平の宣に少外記として署名し（『類聚符宣抄』二）、同八月には少外記美實を「撰式所ニ直セシム」とある。

葛根は、『扶桑略記』に、延喜八年（九〇八）四月、兵部少丞葛根を渤海領客使に任ずとあり、渤海使を曲宴でもてなしたとあるのが、唯一の記録である。続柄など不明であるが、小野氏と関わりの深い渤海国との外交に関与していることは注目される。その名は、保衛・好古・道風の父葛絃との関係が推測されるが、確証はない。維幹は、好古・道風と同世代ではあるが、続柄などは不明。天慶三年（九四〇）正月、好古が山陽道使になった時、東山道使に任じられている。好古が純友の乱に対応したのに対し、維幹は将門の乱に起用されたとみられ、東西の変乱に小野氏から二人の人材が起用されていることは注目される。好古とほぼ同じ経歴、血筋の人物とみられる。時遇は、安和二年（九六九）十月、少外記とあり、天禄元年（九七〇）正月にも権少外記（権は誤り）とある（『外記補任』二）。ほかに、この時期の小野氏の居住地についての動静を伝えるのが、康保五年（九六八）六月八日の文書にみえる、左京二条五坊の戸主正六位上（小野朝臣）則世とその戸口吉則で、吉則は三十二歳であった。

この世代は好古が、長命もあるが、純友の乱などの鎮圧、大宰府の運営など小野氏の得意分野で活躍し、六十四歳で参議に任じられ、従三位にまで昇進して八十五歳で薨ずるまで現役で通しており、小野氏の最後の残光を彩っている。また、詩文と能書で知られる美材は、『本朝文粋』や『古今和歌集』『後撰和歌集』などに詩文・和歌を残すなど、岑守・篁・恒柯・小町などの文業を受け継ぎ、三蹟と称せられる道風とともに、書の伝統も継承している。詩文の伝統は、桓武・平城天皇がすすめた中国化の先頭に常に小野氏があったことが大きいといえよう。

なお、本章で検討したところにより、巻頭に小野氏系図の復元案を示した。

8　古代史上の小野氏

本章では古代貴族小野朝臣家の奈良・平安時代の軌跡を、やや詳しくみてきた。その中で、小野氏が朝廷内で担った独自な役割がいくつか浮かび上がってきた。最後にそれを整理したい。

（1）遣外使として、唐・新羅・渤海にたびたび派遣されていること

遣唐使となったのは意外と少なく、妹子以降では光仁朝の石根・滋野、仁明朝の篁の三人であったが、篁は先にみたように渡海を最終的に拒否しているし、石根は帰国の際に海に没しており、妹子のような役割は果たせなかった。また、小野氏で最初に遣新羅使になったのは毛野で、持統九年（六九五）に派遣されている。元正朝の養老二年（七一八）三月に遣新羅使となった馬養の派遣は定例的なものだったらしいが、天平勝宝五年（七五三）の遣新羅使田守は、唐と新羅の関係が良好になった時期で、新羅が日本との対等な外交姿勢に転じたため、藤原仲麻呂政権の新羅征討計画の立案などにみられるように、緊張関係の中での派遣という重要任務であった。当初の目的はいちおう果たしたようである。その後、天平宝字二年（七五八）、遣渤海大使として渡海し、渤海国大使一行を伴い、その年に無事帰国している。このころ、対新羅政策として渤海国との連携がすすめられており、田守は仲麻呂の外交政策担当者として重用されていたことがうかがえる。その後、恒柯が承和八年（八四一）、渤海客使に対応してその書簡の奏上にあたり、晩年の篁が嘉祥二年（八四九）、渤海使節に対応するなど外交分野での活躍が目立っている。

（2）外交とも関わる、大宰大弐・少弐を輩出していること

小野氏の大宰府との関係の基礎を築いたのも毛野で、文武天皇四年（七〇〇）、筑紫大弐となっている。次いで、聖武朝に長く大宰大弐・少弐を歴任した老がいる。初見は神亀五年（七二八）で、没年

の天平九年（七三七）まで十年余その職にあった。次の世代の田守も天平勝宝元年（七四九）に大宰少弐となり、一時遣新羅使となるが、天平勝宝八年（七五六）まで在任している。その後、しばらくの空白を挟んで仁明朝の弘仁十三年（八二二）、参議に昇進した岑守が同時に大宰大弐に任命されている。その学識・政治的識見により嵯峨天皇に登用され、晩年には、衰退していた西辺の護り、外交の拠点である大宰府の再編を特命されたとみられる。岑守はそれに応えて、弘仁十四年に大宰府管内において四年に限って公営田の設置を提案・実施し、調・庸と土地税の確保を図り、天長五年（八二八）、大宰府に、旅行中の病人の療養施設「続命院」設置を建議し認められている。その後、岑守の子篁が天長九年（八三二）、大宰少弐として短期間在任したほか、貞樹が天安元年（八五七）から貞観二年（八六〇）まで大宰少弐として在任している。そして、天慶四年（九四一）五月、藤原純友の反乱に際し追捕凶賊使となり、博多湾で藤原純友軍を破った篁の孫好古が、天慶八年（九四五）十月、大宰大弐に任じられ、翌年大宰府の混乱を治めるため対策を立てている。小野氏にとっては家業ともいえるものではなかろうか。

（3）軍事、なかでも東北経営に関わる人物が多いこと

外交の延長上に軍事があるとはよくいわれることであるが、小野氏は東北の蝦夷征討や公民化政策に関わる人々を数多く輩出しており、これも小野氏の家業ともいえる状況がうかがえる。すなわち奈良時代には馬養が聖武天皇の神亀元年（七二四）五月、鎮狄将軍に任じられて出羽の蝦狄の鎮圧に従

っていることをはじめ、竹良が天平宝字四年（七六〇）正月に出羽守として陸奥国按察使兼鎮守府将軍藤原朝獦に従い雄勝城・桃生柵の造営に携わり、天平宝字八年（七六四）には恵美押勝の乱鎮圧に活躍している。そして、年代は明らかでないが、奈良末から平安前期にかけて征夷副将軍で陸奥介であった永見、その子で、弘仁六年（八一五）正月陸奥守となり、弘仁八年（八一七）七月、蝦夷の帰服などをすすめた岑守の活動は著名で、同じく永見の子で出羽守であった滝雄、弘仁四年（八一三）の蝦夷の乱鎮圧に活躍した石雄も、詳細はわからないが軍事だけでなくその後の経営にも重要な働きをしたとみられる。

石雄の子である春枝は、貞観二年（八六〇）二月に鎮守将軍になったことがみえ、貞観五年（八六三）三月には陸奥権守（介か）になっている。翌貞観六年（八六四）正月には上野権介（鎮守将軍）となり、貞観十二年（八七〇）正月には散位従五位上で陸奥介となっている。その三月、陸奥介から陸奥権守になり、父石雄の甲冑を賜うことがみえる。春枝は父の後を継いで北辺の経営に関わったのであろう。その弟、春風も元慶二年（八七八）四月、秋田城下の俘囚の乱（元慶の乱）で兄の後を継いで鎮守将軍に起用され、陸奥に下向、出羽守営所に派遣され、上津野（鹿角）村方面の経営に尽くした。その後も、仁和三年（八八七）五月、大膳大夫在任中に出羽国府遷置問題の諮問を受け、寛平二年（八九〇）にも右近衛少将で陸奥権守を兼務している。

また、春枝・春風の弟か子とみられる春泉も、元慶の乱において、その端緒となった秋田城における攻防に精兵を率いて派遣され、その後も春風と行動をともにしたらしい。これ以降、東北経営に関わる一族の名はみえないが、篁の孫にあたる好古は、天慶三年（九四〇）三月、山陽道使に任じられ、二月には右近衛少将として藤原純友の反乱に対応、追捕凶賊使となって天慶四年五月、博多湾で藤原純友軍を破っており、小野家の伝統を引き継いでいる。小野氏がこのように外交だけでなく軍事と深く関わっていたことについては、それが小野氏の伝統的な職掌であったのか、それとも律令制下で新たに培われたものかはさらに考えてみる必要があろう。それとともに、対蝦夷政策や大宰府の経営について、それぞれ斬新な政策を提言しており、軍事だけでなく経営手腕も評価されたのであろう。

（4）詩文・和歌などの文芸や、学問・書などに活躍が目立っていること

妹子が遣隋使に選ばれた理由として、彼の学識と漢語に理解のあったことが推定されるが、右にみた外交への関与や、大宰府勤務も、そうしたことと無関係ではないだろう。事実、小野氏の多くが学問や文芸の素養を持っている。奈良時代では老が『万葉集』に著名な和歌を残しており、大伴旅人が主催する大宰府のサロンの有力メンバーでもあった。また綱手も天平十八年（七四六）正月、左大臣橘諸兄が諸臣を率いて太上天皇の御在所で雪はらいと宴を催した際、詔に応じて和歌を奏したとある。田守にも、『万葉集』に大伴旅人の酒宴での一首が載る。平安時代になると、桓武・嵯峨のすすめた唐風化の中で一族の多くが、和歌のほか、漢詩文や書に、秀でた才能を開花している。

岑守の父永見は、岑守が編集したわが国最初の勅撰漢詩集『凌雲（新）集』に、「田家」「遊寺」の二首の漢詩を残し、当代一の文人賀陽豊年らとの交流も知られており、文武に秀でた人物であったら

しい。さらにその後のこの分野での活躍の基礎をつくったのが、永見の子岑守である。岑守は、嵯峨天皇の即位前の賀美能親王時代に侍読となったことから即位後も重用され、嵯峨天皇の命でわが国最初の勅撰漢詩集『凌雲（新）集』の編纂にあたった。また、『続日本紀』に続く『日本後紀』の編纂や『内裏式』の撰修にも携わっている。空海とも親交があり、自身も『凌雲（新）集』に十三首、『文華秀麗集』に八首、『経国集』に九首の漢詩を残している。その子篁は、弘仁十三年（八二二）春、文章生の試験に合格し、天長十年（八三三）、東宮学士として朝廷に上り、その後朝廷の要職を歴任するとともに、その才能は「文章奇麗」「知文之輩」「當時文章、天下無双」「草隷の工、古二王之倫」と評され、『本朝文粋』『経国集』『扶桑集』『和漢朗詠集』などに多くの漢詩文が収録されるほか、『古今和歌集』にも六首の和歌を残している。

　篁の伯父滝雄の子である恒柯は、卒伝には、幼少より学問を好み、文才もあり、当代一の書道家として知られ、草書・隷書に秀でており、その書を手本とするものも多かったとある。また、貞樹については、地方官を歴任しているが、『古今和歌集』に同族とみられる小野小町との贈答歌があり、文学史上にも足跡がみられる。小町は、その美貌でつとに名高いが、平安前期の女流歌人としてその才能を開花しており、王朝文学の先駆をなしている。當岑（まさみね）は、元慶元年（八七七）正月、直講で従五位下を賜り、その二月、『礼記』・『中庸』について奏上しており、学問に長じていたとみられる。また武人として名の知られる春風も、『古今和歌集』に歌二首を残している。後生の子である美材は元慶四年（八八〇）に給料学生となり、仁和二年（八八六）に文章得業生となっており、詩文と能書で知られる。昌泰元年（八九八）の講書で尚復を務め、『本朝文粋』などに詩文を残す。また書でも寛平九年（八九七）の大嘗会の屛風や、内裏西面の三門の額を書いたと伝えられる。『古今和歌集』に二首、『後撰和歌集』に一首あって、和歌にも長じていた。さらに、武人として知られる好古も『拾遺和歌集』『後撰和歌集』に歌を残している。好古の弟道風は能書家として知られ、小町とともに小野家の人々の中では妹子に次ぐ著名人であった。

以上のように、奈良・平安時代の小野朝臣家は、常時、議政官（参議）を出す家ではなかったが、朝廷の重要な職務である対外使・大宰府の運営・東北経営（軍事）などに優秀な人材を輩出し、いっぽう特に平安時代以降は、桓武・嵯峨父子により推進された朝廷儀式の中国化、それと密接に関わる学問・詩文・書など、文芸の漢風化にも多くの人材を出した。こうした小野氏の氏族としての特徴は、妹子・毛人・毛野の三代で基礎づけられたともいえるが、その後の一族の努力の結果といえるであろう。そして、それだけではなく、妹子以前から小野氏が長く育んできた伝統であったとみるべきであろう。

9　遣唐使の停止と小野氏

遣唐使が停止されたのは寛平六年（八九四）九月三十日で、『日本紀略』同日条に、「其日、遣唐使を停む」と簡略に記されている。この遣唐使の停止については、同年九月十四日付の道真の上奏と、同年七月廿二日付の宇多天皇の勅に基づき、左大史菅原道真が起草した太政官牒にその事情が書かれている（『菅家文草』巻第九・十）。

（1）参議菅原道真の上奏

諸公卿をして遣唐使の進止を議定せしめんことを請ふの状

右、臣某、謹んで案ずるに、在唐僧中瓘、去年三月商王訥等の附し、至る所の、録記を案ずるに大唐の凋弊、載せて具さなり。更に朝せざるの問いを告げ、終に入唐之人を停むという。中瓘区々の旅僧と雖も、聖朝の為にその誠を尽す。代の馬越の鳥、あに習性に非んや。臣等伏して旧記を検するに、度々の使等、或は海を渡るに命堪へざる者有り。或は賊に遭いて遂に身を亡ぼす者有りしも。ただ未だ唐に至りて難阻飢寒の悲み有るを、見ざるに、中瓘の申報する所の如き、未然の事、推して知る可し。臣伏して願くは、中瓘録記の状を以て、遍く公卿博士に下して、詳にその可否を定められんことを。国の大事なり、独り身のためにのみあらず。且く款誠を陳べ、伏して処分を請ふ。謹言

寛平六年九月十四日

大使参議勘解由次官従四位下兼守左大弁行式部権大輔東宮亮菅原朝臣某

（2）宇多天皇の勅に基づき左大史菅原道真が起草した太政官牒

太政官在唐僧中瓘に牒して上表に報ずるの状

牒す。勅を奉じ、「中瓘の表を省して之を悉すに、久しく兵乱に阻むも、今は稍やく安和なりと、一書の数行にも憂いを先にし喜びを後にすなり。船源茶等、状に准いて領受す。誠の深さたる、溟海の浅きが如し。来状に云ふ、『温州刺史朱褒、特に人信を発して、遠く東国に投ずと。波浪は渺縁たり。宿懐を感ずと雖も、之を旧典に稽ふるに、容納を奈何せん。敢て固疑せず』と。中瓘の消息の事の理至れるも、罷ると欲するも能はず。聞くが如くんば、商人大唐の事を説くの次でに、多くを云ふ、『賊寇以来十有余年、朱褒独り所部を全ふし、天子特に忠勤を愛しむ』と。事は之れ髣髴なり。由緒を風聞に得ると雖も、苟も人君為る者、孰れか耳を傾けて之を悦ばざらん。儀制には限り有り。言申びて志屈す。迎送之中、旨趣を披陳せん。又頃年頻りに災し、資具備え難し。而も朝議已に定まり、使者を発せんと欲す。弁整の間、或は年月を延さん。大官問ふ有らば、意を得て之を叙べよ」てへり。勅に准じて牒を送る。宜しく此の意を知るべし。沙金一百五十小両は、以て中瓘に賜ふ。旅庵衣鉢、適分銖を支へよ。故に牒す。

寛平六年七月廿二日左大史

（1）は、これより前、寛平六年八月廿一日、第十八次遣唐大使に任命された参議菅原道真が、（2）の太政官牒を踏まえ、その停止を奏状した文章で、（2）は、在唐中の留学僧中瓘（ちゅうかん）の太政官宛ての上表に対する返牒で、宇多天皇の勅を左大史の道真が文章化したものである。これ以降、遣唐使の任命はなされなかったから、道真の上奏は遣唐使「廃止」を提唱したものとされてきたが、山尾幸久が明快に指摘するように、二つの文章からうかがえるのは、遣唐使の一時的な停止であり、今後永遠に派遣をしないとは述べていない（山尾幸久「遣唐使——律令国家におけるその意義と性質」『東アジアにおける日本古代史講座第6巻　日本律令国家と東アジア』学生社、一九八二）。

この二つの文章が述べていることは、ほぼ次のように要約される。（増村宏「遣唐使の廃止について」『鹿大史学』二一、一九七四。鈴木靖民「遣唐使の停止に関する基礎的研究」『古代対外関係史の研究』吉川弘文館、一九八五〔初出一九七五〕）

①　第十八次の遣唐使の派遣は、もともと唐の温州刺史朱褒が自分の業績を上げるため宇多天皇に働きかけたもので、自分の権力基盤を強固にし、天皇親政をすすめんとする宇多天皇が主導するものであった。

②　遣唐使派遣の事が朝議において定まり、使節の任命がなされたが、朝廷内ではこれに対する危惧の動きが潜在化していたらしい。こうした事情が、在唐の僧中瓘の知るところとなり、（2）の牒が書かれた八九四年の七月末以前に、唐の商人王納に託した中瓘の表（前年の三月以前に認められた）が届き、派遣中止が建言された。

③　中瓘が、派遣中止を建言した理由は、唐国内の治安の悪化および派遣を要請した温州刺史朱褒の政治的な動きであった。そして、（1）の道真による派遣中止の根拠も、この中瓘からの書状の内容

であった。そして、道真がさらに危惧したのは、宇多天皇による強引な派遣が、朝廷の反対勢力を伸張させ、新たな政争の原因となることを恐れたからとみられている。

このように、第十八次遣唐使は宇多天皇の独走で押しすすめられたもので、「天皇親政」を快く思っていなかった摂関家の忠平らは、その勢力の回復を虎視眈々とうかがっていた。それはそれとして、こうした遣唐使派遣の中止を求める動きは、これより前からすでに議論されるところであった。すなわち、この文章ではふれられていないが、新羅との関係悪化で南路を取るようになり、海上の遭難が度々起こったこと、新羅の海賊に襲撃される危険が高いこと、すでに唐朝が内乱のため凋弊しその滞在や旅行に不安があったこと、来航が増加した新羅商人らから唐の新しい文物や政治情報などがもたらされ、あえて危険な遣唐使船の派遣をおこなう理由が失われていたことなど、遣唐使派遣のデメリットが多くなり、遣唐使派遣に消極的な風潮が広がっていたのである。

すなわち、先にみたように、寛平六年（八九四）の第十八次遣唐使の前となる承和の第十七次遣唐使は、承和元年（八三四）のことで六十年ぶりの派遣であったが、第十七次遣唐使は延暦二十三年（八〇四）に派遣された第十六次遣唐使からは三十年ぶりの派遣であり、この間大きな空白があり、遣唐使派遣の意欲がかなり低下していたことを示している。さらに、承和の遣唐使については、先に詳しくみたように、小野篁の乗船拒否という前代未聞の事件が起こり、問題が顕在化している。篁の乗船拒否は、一族の石根の遭難や、二度にわたる自分の遭難の経験も大きいが、篁の遠流決定の日の

『続後紀』が記すように、「遂に幽憤を懐きて、西道の謠を作り、以て遣唐の役を刺るなり。其の詞、興に率いて、多く忌諱を犯す」と派遣そのものへの批判もあったのである。そして篁のとったこうした行動が、承和の遣唐使を結果的に最後の遣唐使とすることになったとするのが、佐伯有清の指摘であった。確かに、寛平の第十八次遣唐使の中止を上奏した道真により、およそ二百六十年間続いた遣唐使派遣は、終止符を打つことになったが、その使命はすでに第十六次遣唐使の段階で終わっていたのであろう。

遣隋・遣唐使の第一ページを飾った妹子、その最後を演出することになった篁と、小野氏一族が遣外使において果たした役割は、偶然とはいえ運命的なものを感じさせる。そして、皮肉にも、遣唐使の派遣が中止された平安中期以降、長く栄華をきわめた、朝廷における小野氏の姿も、しだいに失われていくことになるのである。

参考文献

史料

和田清・石原道博編訳『魏志倭人伝　後漢書倭伝　宋書倭国伝　隋書倭国伝』岩波書店、一九五一年。

青木和夫・石母田正・小林芳規・佐伯有清校注『古事記』日本思想体系一、岩波書店、一九八二年。

坂本太郎・家永三郎・井上光貞・大野晋校注『日本書紀』上・中・下、日本古典文学大系六七・六八、岩波書店、一九六五～一九六七年。

青木和夫・稲岡耕二・笹山晴生・白藤禮幸校注『続日本紀』一～五、新日本古典文学大系一二～一六、岩波書店、一九八九～一九九八年。

黒板勝美編輯『日本後紀』『続日本後紀』『文徳天皇実録』『日本三代実録』『日本紀略』『類聚国史』『扶桑略記』『公卿補任』新訂増補国史大系、吉川弘文館、一九六四年全六十六冊完成。

東大史料編纂所『大日本史料』第一編、東京大学、一九二二年。

伊藤博校注『万葉集』上・下、角川書店、一九八五年。

秋本吉郎校注『風土記』日本古典文学大系二、岩波書店、一九五三年。

佐伯有清『新撰姓氏録の研究』本文編、吉川弘文館、一九六二年。

佐伯有清『新撰姓氏録の研究』考証編第一～第六、吉川弘文館、一九八一～一九八三年。

小島憲之校注『懐風藻　文華秀麗集　本朝文粋』日本古典文学大系六九、岩波書店、一九六四年。

全体に関わるもの

『まちづくりシンポジウム　遣隋使・小野妹子』志賀町・志賀町教育委員会、一九八七年。

『志賀町史』第一巻、滋賀県志賀町、一九九六年。

北山茂夫『平安京　日本の歴史第四巻』中央公論社、一九六五年。

早川庄八『律令国家　日本の歴史第四巻』小学館、一九七四年。

吉田孝『古代国家の歩み　体系日本の歴史第三巻』小学館、一九八八年。

『滋賀県の地名　日本歴史地名体系25』平凡社、一九九一年。

第一章

森克己『遣唐使』至文堂、一九六〇年。

篠川賢『日本古代の王権と王統』吉川弘文館、二〇〇一年。

山尾幸久『古代の日朝関係』塙書房、一九八九年。

武田佐知子『古代国家の形成と衣服制』吉川弘文館、一九八四年。

若月義小『冠位制の成立と官人組織』吉川弘文館、一九九八年。

石母田正『日本の古代国家』岩波書店、一九七一年。

篠川賢『日本古代国造制の研究』吉川弘文館、一九九六年。

廣瀬憲雄『東アジアの国際秩序と古代日本』吉川弘文館、二〇一一年。

鈴木靖民『日本の古代国家形成と東アジア』吉川弘文館、二〇一一年。

大隅清陽『律令官制と礼秩序の研究』吉川弘文館、二〇一一年。

渡辺信一郎『中国古代の楽制と国家――日本雅楽の源流』文理閣、二〇一三年。

森公章『戦争の日本史1　東アジアの動乱と倭国』吉川弘文館、二〇〇六年。

川上麻由子『古代東アジア世界と仏教』山川出版社、二〇一一年。

中村裕一『唐代制勅研究』汲古書院、一九九一年。

中野高行『古代国家の成立と国際的契機』同成社、二〇一七年。

河内春人『東アジア交流史のなかの遣唐使』汲古書院、二〇一四年。

増村宏『遣唐使の研究』同朋舎出版、一九八八年。

第二章
丸山竜平『巨大古墳と古代国家』吉川弘文館、二〇〇四年。

大橋信弥『古代豪族と渡来人』吉川弘文館、二〇〇四年。

柴田實編『滋賀県史蹟調査報告　第八冊』滋賀県史蹟天然記念物調査会、一九三九年。

花田勝広『古代の鉄生産と渡来人』雄山閣、二〇〇二年。

林屋辰三郎ほか編『新修大津市史　第一巻　古代』大津市役所、一九七八年。

岡田精司編『史跡でつづる古代の近江』法律文化社、一九七九年。

大山誠一『日本古代の外交と地方行政』吉川弘文館、一九九九年。

西田弘・小笠原好彦・田中勝弘・林博通『近江の古代寺院』近江の古代寺院刊行会、一九八九年。

第三章
平野邦雄『大化前代社会組織の研究』吉川弘文館、一九六九年。
井上光貞『日本古代国家の研究』岩波書店、一九六五年。

岸俊男『日本古代政治史研究』塙書房、一九六六年。
黒沢幸三『日本古代の伝承文学の研究』塙書房、一九八六年。
加藤謙吉『ワニ氏の研究　日本古代氏族研究叢書③』雄山閣、二〇一三年。
加藤謙吉『大和政権と古代氏族』吉川弘文館、一九九一年。
磯貝正義『郡司及び采女制度の研究』吉川弘文館、一九七八年。
田中卓『新撰姓氏録の研究』田中卓著作集九、国書刊行会、一九九六年。
本居宣長『古事記伝　二三之巻』本居宣長全集第二巻、筑摩書房、一九六八年。
佐伯有清『日本古代氏族の研究』吉川弘文館、一九八五年。

第四章

太田亮『姓氏家系大辞典』角川書店、一九六三年。
田中卓『壬申の乱とその前後』田中卓著作集五、国書刊行会、一九九六年。
溝口睦子『古代氏族の系譜』吉川弘文館、一九八七年。
鈴木正信『日本古代氏族系譜の基礎的研究』東京堂出版、二〇一二年。
武光誠『日本古代国家と律令制』吉川弘文館、一九八四年。
鎌田元一『律令公民制の研究』塙書房、二〇〇一年。
松前健『古代伝承と宮廷祭祀』塙書房、一九七二年。

第五章

『日本古代の墓誌』奈良国立文化財研究所、一九七九年。

倉本一宏『日本古代国家成立期の政権構造』吉川弘文館、一九九七年。

早川庄八『日本古代官僚制の研究』岩波書店、一九八六年。

門脇禎二『蘇我蝦夷・入鹿』吉川弘文館、一九七七年。

倉本一宏『戦争の日本史2　壬申の乱』吉川弘文館、二〇〇七年。

遠山美都男『壬申の乱』中央公論社、一九九六年。

野村忠夫『古代の美濃』教育社、一九八〇年。

鈴木靖民『古代対外関係史の研究』吉川弘文館、一九八五年。

高島正人『奈良時代諸氏族の研究』吉川弘文館、一九八三年。

宝賀寿男『古代氏族系譜集成』第一巻、古代氏族研究会、一九八六年。

北山茂夫『大伴家持』平凡社、一九七一年。

平川南『律令国郡制の実像』上、吉川弘文館、二〇一四年。

佐伯有清『最後の遣唐使』講談社、一九七八年。

林家辰三郎『京都』岩波書店、一九六二年。

前田善子『小野小町』三省堂、一九四三年。

角田文衛『王朝の映像・平安時代史の研究』東京堂出版、一九七〇年。

柳田国男『定本柳田国男集』第八巻、筑摩書房、一九六九年。

細川涼一『女の中世――小野小町・巴・その他』日本エディタースクール出版部、一九八九年。

山本信吉『人物叢書　小野道風』吉川弘文館、二〇一三年。

おわりに

最初の遣隋使であった小野妹子とその一族の軌跡について、ようやく書き上げることができた。思っていた以上に難産であった。できるだけ想像は交えず、史料に基づき記述することに努めているため、やむをえないこととはいえ、小野妹子をはじめ小野家の人々の人物像や容姿・性格、あるいは考え方などについては、ほとんど描くことができなかった。ただ、妹子については少し想像を広げる手がかりがある。本文でもふれたが、小野氏の同族で、妹子の孫の毛野とともに文武朝で参議を務め、大宝二年（七〇二）の第九次遣唐大使となった粟田朝臣真人の人となりについて、『旧唐書』倭国日本国伝は、好んで経史の書を読み、文章を作り、容姿は温雅であったと書いており、中国側からみても真人が教養・容姿ともに申し分のない人物であったことがうかがえる。当時の対外使の登用条件として、そうしたこともかなり考慮されていたのであろう。妹子も、学問・教養にすぐれていただけでなく、容姿・振る舞いにおいても申し分のない人物であったとして間違いないところであろう。妹子の後の小野家の人々も、その経歴からみて、そうした妹子の人物像を引き継いでいたことが想像される。

ところで、本書は私にとっては五冊目の単著となる。最初に刊行した『日本古代国家の成立と息長氏』（吉川弘文館、一九八四年）は、書下ろしではあったが、若さの勢いもあり、一年余で書き上げている。その後は多忙もあって、一年に一〜二本の文章を書くのが精一杯で、その後の著作はいずれも既発表の文章に新稿を加えて構成したものであった。そうしたことから本書は、三十年ぶりの書下ろしということになる。とはいえ、退職すれば余裕を持って執筆できるはずであったが、その目論見は見事に外れることになってしまった。そもそも本書は、今から十余年前、たまたまご一緒した遠山美都男さんとお話をしている中で、「ミネルヴァ日本評伝選」の一冊として『小野妹子』を書かないかとのお薦めをいただいたことによる。遠山さんからは、二〇〇七年が妹子の入隋から一四〇〇年になるから、それを目指してはどうかとのアドバイスもいただいた。そのため、ミネルヴァ書房の編集担当堀川健太郎さんとの最初の打ち合わせでも、そのつもりで執筆構想をお話しした記憶がある。ところが、その後もなぜか多忙は続き、またこの間に遣隋使をめぐる議論は「賓礼」や仏教との関わりも含めて深められており、新しい研究動向を取り込む必要も生じた。さらに、妹子の後継者を追跡していく過程で、これまで取り扱うことが少なかった奈良・平安時代史にも関わることになってしまった。

こうしたわけで、何とか脱稿までこぎつけることができたが、当初の約束から十年余の遅れとなり、版元には大変迷惑をおかけすることになってしまった。ただこうして刊行にたどり着けたのは、日ごろからご指導・ご教示をいただいている諸先生・同学の諸兄弟の学恩によるところが大きい。本書がそうした学恩にどれほど答えることができたかは、まことに心もとないが、皆様のご厚情に、あらためて御礼を申し上げたい。最後に、ご推薦をいただいた遠山美都男さんと、辛抱強く原稿の完成をお待ちいただいたミネルヴァ書房の歴代の編集担当者の方々、そしてご多忙の中、本書をこのように仕上げていただいた涌井格さんに、お詫びと御礼を申し上げたい。

大橋信弥

小野氏略年譜

西暦	天皇	年号	小野氏関連事項	一般事項
五八九				隋が中国を統一。
六〇〇	推古	推古 八	第一次遣隋使（『隋書』）。	
六〇三		一一		12月冠位十二階の制定。
六〇七		一五	7月第二次遣隋使、大禮小野妹子を通事鞍作福利と派遣。	
六〇八		一六	4月小野妹子隋使裴世清とともに帰国。9月第三次遣隋使。隋使裴世清を送るため、再び妹子を派遣。	
六〇九		一七	9月小野妹子帰朝。	
六一四		二二	6月第四次遣隋使、犬上御田鍬を派遣。	
六一八		二六		唐が中国を統一。
六二二		三〇		2月厩戸皇子没。
六二六		三四		5月蘇我馬子没。
六三〇	舒明	舒明 二	8月第一次遣唐使、大仁犬上御田鍬を派遣。	

六四五	孝徳	大化	元		6月乙巳の変。
六四六			二		1月大化改新詔。
六六〇	斉明	斉明	六		百済滅亡。
六六三	天智	天智	二		8月倭の百済救援軍、唐・新羅軍に大敗。
六六七			六		3月近江遷都。
六七〇			九		2月庚午年籍作成。
六七二	天武	天武	元		6月壬申の乱。
六七七			六	太政官兼刑部大卿・小錦中小野毛人卒去（墓誌）。	
六九四	持統	持統	八		12月藤原京遷都。
六九五			九	7月直広肆小野毛野を擬遣新羅使に任命。	
七〇〇	文武	文武	四	10月小野毛野を筑紫大弐に任命。	
七〇一		大宝	元		6月大宝律令制定。
七〇二			二	5月従四位小野毛野参議となる。	
七〇三			三	1月従七位上小野馬養を南海道巡察使に任命。	
七〇五		慶雲	二	11月正四位上小野毛野を中務卿に任命。	
七〇八	元明	和銅	元	3月中務卿小野毛野を中納言に任命（小野中納言為忠　願興寺建立）。	
七〇九			二	1月中務卿・中納言小野毛野を従三位に叙す。	
七一〇			三	1月従五位下小野馬養を右副将軍に任命。	3月平城京遷都。

七一四			七	4月中納言・従三位・中務卿・勲三等小野毛野薨去（薨伝）。	
七一六	元正	霊亀	二	1月正六位上小野牛養を従五位下に叙す。	
七一七		養老	元	1月小野馬養を正五位下に昇叙。	
七一八			二	3月少納言小野馬養を遣新羅大使に任命。	
七一九			三	1月正六位下小野老を従五位下に叙す。7月丹波国守小野馬養を丹波・但馬・因幡三国の按察使に任命。	
七二〇			四	10月小野老を右少弁に任命。	5月『日本書紀』撰上。
七二四	聖武	神亀	元	5月従五位下小野牛養を鎮狄将軍に任命。11月小野牛養を従五位上に叙す。	
七二九		天平	元	小野牛養2月に右中弁正五位下8月に従四位下9月に皇后宮大夫。	2月長屋王の変。
七三〇			二	1月大宰府における大伴旅人主催の宴で大宰少弐小野大夫（小野老?）と大宰府官人小野淡理（田守?）が和歌を詠んでいる。	
七三四			六	1月小野老を従四位下に叙す。	
七三七			九	6月従四位下大宰大弐小野老が発病して下野国那須湯で湯治をするが六月に卒す。	
七三八			一〇	4月小野竹良が美濃大掾とみえる。小野朝臣（欠	

			名）病気のため下野国那須湯に赴く（牛養?）。	
七三九		一一	10月従四位下小野牛養が卒す。	
七四〇		一二		9月藤原広嗣の乱。
七四五		一七	小野石子（老の娘あるいは孫か?）出生。	
七四七		一九	1月正六位上小野田守を従五位下に叙す。	
七四九	孝謙	天平勝宝元	閏5月従五位下小野田守を大宰少弐に任命。	
七五二		四	5月正六位上小野小贄を従五位下に叙す。11月下野守に任命。	4月大仏開眼。
七五三		五	2月小野田守を遣新羅大使に任命。	
七五四		六	1月正六位上小野竹良を従五位下に叙す。4月従五位下小野田守を再び大宰少弐に任ず。	
七五五		七	4月従五位下・内蔵助小野小贄を造宮少輔に任命。	
七五七		天平宝字元	7月従五位上小野東人、橘奈良麻呂の変に連座して刑死。8月正六位上小野石根（老の子）を従五位下に叙す。	
七五八	淳仁	二	2月刑部少輔小野田守を遣渤海大使に任命。9月遣渤海大使小野田守を従五位上に叙す。	
七六〇		四	1月従五位下・出羽守小野竹良、雄勝城・桃生柵を造営し、従五位上に昇叙す。	
七六一		五	11月小野石根を南海道節度使に任命。	

七六四	称徳	八	10月左中弁小野竹良を正五位下に叙す。	9月恵美押勝の乱。
七六五		天平神護元	1月紀伊守小野小贄を従五位上に叙す。小野竹良に押勝鎮圧の功により勲四等を賜う。2月右衛士督に任命。10月従四位下に叙す。	
七六八		神護景雲二	7月小野竹良を左京大夫に任命。	
七六九		三	5月左京大夫・勲四等・従四位下小野竹良卒す。	
七七〇	光仁	宝亀　元	6月小野少贄を大宰少弐に任命。	
七七一		二	9月小野少贄を摂津大夫に任命。	
七七四		五	3月従五位上・中衛少将小野石根を左中弁に任命。	7月陸奥の蝦夷が蜂起（三十八年戦争の始まり）。
七七六		七	12月左中弁・中衛中将・鋳銭司長官・従五位上小野石根を遣唐副使に任命（第十四次）。	
七七七		八	6月遣唐副使小野石根、大使代行として第一船に乗り込み渡唐。	
七七八		九	1月小野石根・長安城に到着。11月その帰途海難死（宝亀十年従四位下を追贈）。	
七八四	桓武	延暦　三		11月長岡京遷都。
七九四		一三		10月平安京遷都。
七九七		一六		2月『続日本紀』撰上。
八〇二		二一	小野篁出生（薨伝）。	

八〇六		大同　元	権少外記小野岑守を春宮少進に任命。	
八〇九	嵯峨	四	4月従七位上小野岑守を従五位下に叙し、間もなく式部少輔に任命。	
八一〇		弘仁　元	1月典侍・従四位下小野石子　宮で衣服を侍臣に賜う。9月小野野主を右中弁に任命。	
八一三		四	1月正四位下小野石子従三位に昇進。10月左中弁兼摂津守・従四位下小野野主が猿女の事を奏上、小野石雄が蝦夷の乱で賊を撃つ。	
八一四		五	小野岑守『凌雲集』の編纂を担当。2月摂津守・従四位下小野野主を従四位上に叙す。	6月『新撰姓氏録』撰上、この年『凌雲集』撰上。
八一五		六	1月小野岑守を陸奥守に任命。	
八一六		七	1月従三位小野石子に正三位を叙す。3月小野石子薨去（七十一歳）。	
八一七		八	7月陸奥守小野岑守蝦夷の帰服に功あり。	
八二二		一三	3月小野岑守を参議・大宰大弐に任命。小野篁文章生となる。11月正六位上小野石雄を従五位下に叙す。	
八二三	淳和	一四	2月参議・大宰大弐小野岑守、大宰府管内での公営田設置を提言。	
八二七		天長　四		5月『経国集』撰上。

八二九		六	1月小野石雄を従五位上に叙す。	
八三〇		七	4月参議・大宰大弐・勘解由長官・刑部卿小野岑守卒す（五十三歳）。蔵人小野篁を式部少丞に任命。	
八三三	仁明	一〇	3月正四位下小野野主を正四位上に叙す。小野篁を従五位下東宮学士・弾正少弼に任命。	
八三四		承和元	1月従五位下小野篁を遣唐副使に任命（第十七次）。2月近江国滋賀郡の小野氏の神社に官符を待たず往還を許される。	2月『令義解』施行。
八三五		二	小野恒柯を少内記、大内記、美作掾、近江大掾に任命。	
八三六		三	1月従五位上小野篁を正五位下に叙す、父岑守の功績を記す。4月遣唐使の餞別の儀。7月渡航失敗。	
八三七		四	6月散位・正四位上小野野主卒す。2月大春日・布瑠・粟田の三氏も小野氏に準じ氏社への往還を許される。7月小野篁二度目の渡海。8月漂着。	
八三八		五	6月小野篁三度目の出航を前に渡海拒否。12月止官となり隠岐国に配流。	
八四〇		七	2月小野篁召返される。	

八四一			八	9月無位小野篁を本爵に復し正五位下10月に刑部少輔に叙す。12月式部大丞・正六位上小野恒柯を存問渤海客使に任ず。	12月『日本後紀』撰上。
八四二			九	1月小野吉子を正六位上に叙す。8月小野篁を東宮学士に任命。	7月承和の変。
八四四			一一	1月小野恒柯を従五位下に叙す。	
八四七			一四	1月従四位下小野篁を参議に任命。	
八四九		嘉祥	二	2月従五位下小野恒柯を大宰少弐に任ず。	
八五二	文徳	仁寿	二	12月小野篁病を得て官を辞し従三位に叙されるも薨去す（五十一歳）。	
八五四		斉衡	元	1月小野恒柯を播磨守に任命。小野春風を右衛門少尉に任命。	
八五五			二	1月正六位上小野春枝を従五位下に叙す。	
八五八	清和	天安	二		11月藤原良房摂政となる。
八五九		貞観	元	11月従五位下小野恒柯を従五位上に叙す。	
八六〇			二	2月従五位下小野春枝を鎮守将軍に任命。5月小野恒柯卒す、右京人滝雄の子、征夷副将軍・従五位下永見の孫とある。	
八六六			八		閏3月応天門の変。
八六七			九	1月大内記・正六位上小野後生を従五位下に叙す。	

八六九			一一	その後、2月大判事、7月石見守を歴任。	8月『続日本後紀』撰上。
八七〇			一二	1月散位・従五位上小野春枝を陸奥介に。3月陸奥権守に任命。小野春風を従五位下・行対馬守兼肥前権介に叙す。	
八七七	陽成	元慶	元	11月小野葛絃を式部大丞・従五位下に叙す。	
八七八			二	1月従五位下小野葛絃を加賀介に任命。6月散位・従五位下小野春風を鎮守将軍兼相模介に任命。	
八七九			三	1月出羽国、鎮守将軍小野春風の活躍を奏言。11月小野後生を下野守・従五位上に叙す。	11月『日本文徳天皇実録』撰上。
八八二			六	1月小野春風を従五位上に叙す。	
八八三			七	1月散位小野葛絃を従五位下に叙す（最終官歴は大宰大弐・従四位上とある）。	
八八四			八	小野好古出生。	6月藤原基経を関白に任じる。
八八六	光孝	仁和	二	5月従五位上下野守・刑部大輔小野後生を摂津守に任命。小野美材、文章得業生となる。	
八八七	宇多		三	2月小野美材を越中権掾に任命。5月散位小野春風を大膳大夫に任命。出羽国の奏言につき春風の意見を聴す。	
八九〇		寛平	二	小野春風を右近衛少将兼陸奥権守に任命。	

八九二			四	6月小野美材が渤海国牒一通を分担。	『類聚国史』撰修。
八九四			六	1月小野美材を少内記に任命。小野道風出生。	菅原道真、遣唐使休止を建言。
八九八	醍醐	昌泰	元	1月少外記小野保衛を少内記・文章生に任命（葛紘の子、好古の兄）。2月小野美材が講書において尚復を務める。小野春風を正五位下に叙す。	
九〇一		延喜	元		5月『日本三代実録』完成。
九〇二			二	小野美材卒去。	3月延喜の荘園整理令発布。
九〇三			三	1月大外記・従五位下小野保衛を肥前守に任命。	
九〇五			五	小野道風（十二歳）が醍醐天皇に拝謁。	4月『古今和歌集』撰上。
九〇七			七		唐滅ぶ。
九一二			一二	3月小野好古を讃岐権掾に任命。	
九一三			一三	3月小野保衛が肥前守を辞す。勘解由使から「雑怠ヲ勘判セシム」とある。	
九一七			一七	1月『伏見宮御記録』に「尾張国　小野保衛」とある。小野好古春宮権少進となる。	
九二〇			二〇	5月小野道風非蔵人とみえる。	
九二二			二二	5月従五位下小野好古を右京亮に任命。	
九二五		延長	三	8月小野道風を少内記に任命。10月小野好古を中宮大進に任命。	
九二七			五		12月『延喜式』撰上。

九三〇	朱雀		八	9月小野好古、天皇崩御に際し奉悼歌を呈す。	
九三一		承平	元	閏5月従五位下小野好古が昇殿を許される。	
九三五			五	2月小野好古備前権介を兼ねる。	2月平将門の乱。高麗が新羅を滅ぼす。
九三九		天慶	二	1月小野好古を正五位下に叙す。2月近江権介を兼ねる。11月小野道風を内蔵権助・従五位下に叙す。	藤原純友の乱。
九四〇			三	小野好古を1月山陽道使2月追捕凶賊使に任命。	
九四一			四	5月小野好古、博多湾で藤原純友を破り凱旋。	
九四五			八	10月小野好古を大宰大弐に任命。	
九四六	村上		九	小野好古が大宰府の混乱を治める。8月小野道風を従五位下・木工頭に叙す。	
九四七		天暦	元	4月小野好古六十四歳で参議となる。大宰大弐は継続。	
九五〇			四	2月小野好古、大宰大弐を免ぜられる。	
九五七		天徳	元	小野好古が藤原師輔の五十歳を賀す。	
九五八			二	1月小野道風を従四位下・木工頭に叙す。小野好古正四位下に叙す。閏7月弾正大弼を兼ねる。	
九五九			三	7月小野好古、左大弁兼ねる。	
九六〇			四	1月小野好古、備中守を兼ねる。4月再び大宰大	

				弐に任ず。10月小野道風を正四位下に叙す。
九六一			五	1月内蔵権頭小野道風、藤原佐理とともに昇殿。
九六二		応和	二	1月小野好古を従三位に叙す。
九六三			三	小野好古を中納言に任命。
九六五		康保	二	小野好古、大宰大弐を免ぜられる。
九六六			三	12月正四位下・行内蔵頭小野道風卒去。七十一歳（記載は七十三歳）。
九六七	冷泉		四	7月小野好古、高齢のため致仕。
九六八		安和	元	2月小野好古、従三位で薨す（八十五歳）。

わ 行

ま　行

や　行

ら　行

な　行

は　行

た　行

事項索引

は　行

ま　行

や　行

わ　行

さ　行

た　行

な　行

か　行

人名索引

あ 行

《著者紹介》

大橋信弥（おおはし・のぶや）

1945年　茨城県生まれ
1967年　立命館大学大学院文学研究科修士課程日本史学専攻修了
現　在　成安造形大学非常勤講師，渡来人歴史館顧問
主　書　『日本古代国家の成立と息長氏』吉川弘文館，1984年。
『日本古代の王権と氏族』吉川弘文館，1996年。
『古代豪族と渡来人』吉川弘文館，2004年。
『継体天皇と即位の謎』吉川弘文館，2007年。
ほか

ミネルヴァ日本評伝選
小野妹子（おののいもこ）・毛人（えみし）・毛野（けの）
――唐國，妹子臣を號けて蘇因高と曰ふ――

2017年12月10日　初版第1刷発行　〈検印省略〉

定価はカバーに
表示しています

著　者　大　橋　信　弥
発行者　杉　田　啓　三
印刷者　江　戸　孝　典

発行所　株式会社　ミネルヴァ書房
607-8494 京都市山科区日ノ岡堤谷町1
電話代表（075）581-5191
振替口座 01020-0-8076

共同印刷工業・新生製本

ISBN978-4-623-08168-4
Printed in Japan

刊行のことば

歴史を動かすものは人間であり、興趣に富んだ人間の動きを通じて、世の移り変わりを考えるのは、歴史に接する醍醐味である。

しかし過去の歴史学を顧みるとき、人間不在という批判さえ見られたように、歴史における人間のすがたが、必ずしも十分に描かれてきたとはいえない。二十一世紀を迎えた今、歴史の中の人物像を蘇生させようとの要請はいよいよ強く、またそのための条件もしだいに熟してきている。

この「ミネルヴァ日本評伝選」は、正確な史実に基づいて書かれるのはいうまでもないが、単に経歴の羅列にとどまらず、歴史を動かしてきたすぐれた個性をいきいきとよみがえらせたいと考える。そのためには、対象とした人物とじっくりと対話し、ときにはきびしく対決していくことも必要になるだろう。

今日の歴史学が直面している困難の一つに、研究の過度の細分化、瑣末化が挙げられる。それは緻密さを求めるが故に陥った弊害といえるが、その結果として、歴史の大きな見通しが失われ、歴史学を通しての社会への働きかけの途が閉ざされ、人々の歴史への関心を弱める危険性がある。今こそ歴史が何のためにあるのかという、基本的な課題に応える必要があろう。評伝という興味ある方法を通じて、解決の手がかりを見出せないだろうかというのも、この企画の一つのねらいである。

狭義の歴史学の研究者だけでなく、多くの分野ですぐれた業績をあげている著者たちを迎えて、従来見られなかった規模の大きな人物史の叢書として、「ミネルヴァ日本評伝選」の刊行を開始したい。

平成十五年（二〇〇三）九月

ミネルヴァ書房

ミネルヴァ日本評伝選

企画推薦　梅原猛　ドナルド・キーン　佐伯彰一　角田文衞

監修委員　上横手雅敬　芳賀徹

編集委員　石川九楊　伊藤之雄　猪木武徳　今谷明　今橋映子　熊倉功夫　佐伯順子　坂本多加雄　武田佐知子　竹西寛子　西口順子　兵藤裕己　御厨貴

上代

*俾弥呼　古田武彦
*日本武尊　西宮秀紀
*仁徳天皇　若井敏明
雄略天皇　吉村武彦
継体天皇　若井敏明
*蘇我氏四代　遠山美都男
推古天皇　義江明子
聖徳太子　仁藤敦史
斉明天皇　武田佐知子
*小野妹子・毛人・毛野　大橋信弥
*額田王　梶川信行
弘文天皇　遠山美都男
天武天皇　新川登亀男
持統天皇　丸山裕美子
阿倍比羅夫　熊田亮介
*藤原四子　木本好信
*柿本人麿　古橋信孝
*元明天皇・元正天皇　渡部育子
聖武天皇　本郷真紹
光明皇后　寺崎保広
*孝謙・称徳天皇　勝浦令子
藤原不比等　荒木敏夫
橘諸兄・奈良麻呂　遠山美都男
吉備真備　今津勝紀
*藤原仲麻呂　木本好信
道鏡　吉川真司
*藤原種継　木本好信
大伴家持　和田萃
*行基　吉田靖雄

平安

*桓武天皇　井上満郎
嵯峨天皇　西別府元日
宇多天皇　古藤真平
醍醐天皇　石上英一
村上天皇　京樂真帆子
花山天皇　上島享
*三条天皇　倉本一宏
藤原薬子　中野渡俊治
*藤原良房・基経　瀧浪貞子
菅原道真　竹居明男
*紀貫之　神田龍身
源高明　所功
*安倍晴明　斎藤英喜
藤原実資　橋本義則
*藤原道長　朧谷寿
*藤原伊周・隆家　倉本一宏
藤原定子　山本淳子
藤原彰子　朧谷寿
清少納言　三田村雅子
紫式部　竹西寛子
和泉式部　ツベタナ・クリステワ
大江匡房　小峯和明
*阿弖流為　樋口知志
坂上田村麻呂　熊谷公男
*源満仲・頼光　元木泰雄
平将門　西山良平
藤原純友　寺内浩
最澄　吉田一彦
円珍　岡野浩二
*空也　石井義長
奝然　上川通夫
*源信　小原仁
慶滋保胤　吉原浩人
*後白河天皇　美川圭
式子内親王　奥野陽子
建礼門院　生形貴重
*藤原秀衡　入間田宣夫
平時子・時忠　元木泰雄
平維盛　根井浄
守覚法親王　阿部泰郎
藤原隆信・信実　山本陽子

鎌倉

源頼朝　川合康
*源義経　近藤好和
源実朝　神田龍身
*九条兼実　加納重文
九条道家　上横手雅敬
北条時政　野口実
熊谷直実　佐伯真一
*北条政子　関幸彦
北条義時　岡田清一
曾我十郎・五郎　杉橋隆夫
北条時頼　山本隆志
北条時宗　近藤成一
安達泰盛　山陰加春夫
平頼綱　細川重男
竹崎季長　堀本一繁
西行　光田和伸
鴨長明　浅見和彦
藤原定家　赤瀬信吾
*京極為兼　今谷明
*兼好　島内裕子
重源　横内裕人
*運慶　根立研介
快慶　井上一稔
法然　今堀太逸
栄西　中尾良信
慈円　大隅和雄
明恵　西山厚
*親鸞　末木文美士
恵信尼・覚信尼　西口順子
覚如　今井雅晴
*道元　船岡誠
叡尊　細川涼一
*忍性　松尾剛次
*日蓮　佐藤弘夫
一遍　蒲池勢至

夢窓疎石　原田正俊
*宗峰妙超　竹貫元勝

南北朝・室町

後醍醐天皇　上横手雅敬
*護良親王　新井孝重
懐良親王　森　茂暁
*赤松氏五代　渡邊大門
*北畠親房　岡野友彦
楠正成　兵藤裕己
楠正行・正儀　生駒孝臣
*新田義貞　山本隆志
*光厳天皇　深津睦夫
足利尊氏　市沢　哲
*足利直義　亀田俊和
佐々木道誉　下坂　守
細川頼之　亀田俊和
円観・文観　田中貴子
足利義詮　早島大祐
足利義満　川嶋將生
*足利義持　吉田賢司
足利義教　横井　清
足利義政　木下昌規
*大内義弘　平瀬直樹
伏見宮貞成親王　松薗　斉
*山名宗全　山本隆志
細川勝元・政元　古野　貢
畠山義就　呉座勇一
足利成氏　阿部能久

世阿弥　西野春雄
雪舟等楊　河合正朝
宗祇　鶴崎裕雄
*満済　森　茂暁
一休宗純　原田正俊
蓮如　岡村喜史

戦国・織豊

北条早雲　家永遵嗣
北条氏政　黒田基樹
大内義隆　藤井　崇
斎藤氏三代　木下　聡
*毛利元就　岸田裕之
*毛利輝元　光成準治
小早川隆景・秀秋　光成準治
*今川義元　小和田哲男
六角氏四代　村井祐樹
*武田信玄　笹本正治
*武田勝頼　笹本正治
*真田氏三代　笹本正治
*三好長慶　天野忠幸
松永久秀　天野忠幸
*宇喜多直家・秀家　渡邊大門
*上杉謙信　矢田俊文
大友宗麟　鹿毛敏夫
島津義久・義弘　福島金治
*長宗我部元親・盛親　平井上総
浅井長政　長谷川裕子
吉田兼倶　西山　克

山科言継　松薗　斉
*雪村周継　赤澤英二
正親町天皇・後陽成天皇　神田裕理
足利義輝・義昭　山田康弘
織田信長　三鬼清一郎
織田長益　八尾嘉男
豊臣秀吉　藤井讓治
豊臣秀次　矢部健太郎
*北政所おね　田端泰子
*淀殿　福田千鶴
蜂須賀正勝・家政　三宅正浩
前田利家　東四柳史明
山内一豊・忠義　長屋隆幸
*黒田如水　小和田哲男
*蒲生氏郷　藤田達生
石田三成　堀越祐一
*細川ガラシャ　田端泰子
伊達政宗　伊藤喜良
*支倉常長　田中英道
千利休　熊倉功夫
*長谷川等伯　宮島新一
顕如　神田千里
教如　安藤　弥

江戸

*徳川家康　笠谷和比古
本多忠勝　柴　裕之
*徳川家光　野村　玄

徳川吉宗　横田冬彦
*後水尾天皇　久保貴子
後桜町天皇　所　京子
光格天皇　藤田　覚
崇伝　杣田善雄
*春日局　福田千鶴
宮本武蔵　渡邊大門
*池田光政　倉地克直
保科正之　八木清治
シャクシャイン　岩崎奈緒子
*田沼意次　藤田　覚
細川重賢　安高啓明
*二宮尊徳　小林惟司
末次平蔵　岡　美穂子
*高田屋嘉兵衛　生田美智子
*林羅山　鈴木健一
吉野太夫　渡辺憲司
中江藤樹　辻本雅史
熊沢蕃山　川口　浩
*山崎闇斎　澤井啓一
山鹿素行　前田　勉
*北村季吟　島内景二
伊藤仁斎　澤井啓一
貝原益軒　辻本雅史
松尾芭蕉　楠元六男
*ケンペル　B・M・ボダルト＝ベイリー
新井白石　大川　真
荻生徂徠　柴田　純
*雨森芳洲　上田正昭
石田梅岩　高野秀晴

白隠慧鶴　芳澤勝弘
前野良沢　松田　清
平賀源内　石上　敏
本居宣長　田尻祐一郎
杉田玄白　吉田　忠
木村蒹葭堂　有坂道子
*大田南畝　沓掛良彦
菅江真澄　赤坂憲雄
*鶴屋南北　諏訪春雄
良寛　阿部龍一
*山東京伝　佐藤至子
*滝沢馬琴　高田　衛
平田篤胤　山下久夫
国友一貫斎　太田浩司
シーボルト　宮坂正英
本阿弥光悦　岡　佳子
小堀遠州　中村利則
狩野探幽・山雪　山下善也
尾形光琳・乾山　河野元昭
*二代目市川團十郎　田口章子
伊藤若冲　狩野博幸
鈴木春信　小林　忠
浦上玉堂　高橋博巳
*佐竹曙山　成瀬不二雄
葛飾北斎　岸　文和
酒井抱一　玉蟲敏子
孝明天皇　青山忠正
*和宮　辻ミチ子
徳川慶喜　大庭邦彦
島津斉彬　原口　泉

横井小楠　沖田行司
*古賀謹一郎　小野寺龍太
*永井尚志　高村直助
岩瀬忠震　小野寺龍太
*栗本鋤雲　小野寺龍太
大村益次郎　竹本知行
河井継之助　小川和也
*西郷隆盛　家近良樹
由利公正　角鹿尚計
*塚本明毅　塚本学
*月性　海原徹
*吉田松陰　海原徹
*高杉晋作　海原徹
久坂玄瑞　一坂太郎
ペリー　遠藤泰生
ハリス　福岡万里子
オールコック　佐野真由子
アーネスト・サトウ　奈良岡聰智
緒方洪庵　米田該典

近代

*明治天皇　伊藤之雄
*大正天皇　F・R・ディキンソン
*昭憲皇太后・貞明皇后　小田部雄次
大久保利通　三谷太一郎
山県有朋　鳥海靖
木戸孝允　落合弘樹

井上馨　伊藤之雄
*松方正義　室山義正
北垣国道　小林丈広
板垣退助　小川原正道
長与専斎　笠原英彦
大隈重信　五百旗頭薫
伊藤博文　坂本一登
井上毅　大石眞
*井上勝　老川慶喜
*桂太郎　小林道彦
*渡邉洪基　瀧井一博
*乃木希典　佐々木英昭
星亨　小林道彦
林董　奈良岡聰智
*児玉源太郎　小林道彦
*高宗・閔妃　木村幹
山本権兵衛　室山義正
*金子堅太郎　松村正義
高橋是清　鈴木俊夫
小村寿太郎　簑原俊洋
*犬養毅　小林惟司
原敬　季武嘉也
*加藤高明　櫻井良樹
牧野伸顕　小宮一夫
田中義一　黒沢文貴
内田康哉　高橋勝浩
石井菊次郎　廣部泉
平沼騏一郎　堀田慎一郎
*鈴木貫太郎　小堀桂一郎
宇垣一成　北岡伸一
*宮崎滔天　榎本泰子

*浜口雄幸　川田稔
幣原喜重郎　西田敏宏
関一　玉井金五
水野広徳　片山慶隆
広田弘毅　井上寿一
安重根　上垣外憲一
*グルー　廣部泉
*永田鉄山　森靖夫
東條英機　牛村圭
今村均　前田雅之
蔣介石　劉岸偉
石原莞爾　山室信一
木戸幸一　波多野澄雄
近衛文麿　庄司潤一郎
*岩崎弥太郎　武田晴人
伊藤忠兵衛　末永國紀
五代友厚　田付茉莉子
大倉喜八郎　村上勝彦
*安田善次郎　由井常彦
渋沢栄一　武田晴人
中野武営　佐賀香織
益田孝　鈴木邦夫
山辺丈夫　宮本又郎
武藤山治　阿部武司・桑原哲也
池田成彬　松浦正孝
西原亀三　森川正則
小林一三　橋爪紳也
大倉恒吉　石川健次郎
大原孫三郎　猪木武徳
*河竹黙阿弥　今尾哲也
イザベラ・バード　加納孝代

*林忠正　木々康子
*森鷗外　小堀桂一郎
*二葉亭四迷　ヨコタ村上孝之
*夏目漱石　佐々木英昭
徳冨蘆花　半藤英明
巌谷小波　千葉信胤
樋口一葉　佐伯順子
*島崎藤村　十川信介
泉鏡花　東郷克美
上田敏　小林茂
*有島武郎　亀井俊介
永井荷風　川本三郎
北原白秋　平石典子
菊池寛　山本芳明
芥川龍之介　高橋龍夫
*宮沢賢治　千葉一幹
高浜虚子　坪内稔典
与謝野晶子　佐伯順子
*種田山頭火　村上護
*斎藤茂吉　品田悦一
*高村光太郎　湯原かの子
石川啄木　先崎彰容
萩原朔太郎　エリス俊子
*原阿佐緒　秋山佐和子
*狩野芳崖・高橋由一　古田亮
川村清雄　落合則子
*小堀鞆音　小堀桂一郎
竹内栖鳳　北澤憲昭
黒田清輝　高階秀爾

中村不折　石川九楊
横山大観　高階秀爾
*橋本関雪　西原大輔
小出楢重　芳賀徹
土田麦僊　天野一夫
岸田劉生　北澤憲昭
濱田庄司　濱田琢司
*山田耕筰　後藤暢子
松旭斎天勝　川添裕
中山みき　鎌田東二
佐田介石　谷川穣
*ニコライ　中村健之介
*出口なお・王仁三郎　川村邦光
島地黙雷　阪本是丸
*新島襄　太田雄三
新島八重　佐伯順子
木下広次　冨岡勝
海老名弾正　西田毅
嘉納治五郎　クリストファー・スピルマン
柏木義円　片野真佐子
津田梅子　田中智子
*澤柳政太郎　新田義之
河口慧海　高山龍三
山室軍平　室田保夫
大谷光瑞　白須淨眞
*久米邦武　髙田誠二
フェノロサ　伊藤豊
井上哲次郎　井ノ口哲也
三宅雪嶺　長妻三佐雄
*岡倉天心　木下長宏

志賀重昂　中野目徹
徳富蘇峰　杉原志啓
*竹越与三郎　西田毅
内藤湖南・桑原隲蔵　礪波護
*廣池千九郎　橋本富太郎
岩村透　今橋映子
*西田幾多郎　大橋良介
*金沢庄三郎　石川遼子
柳田国男　鶴見太郎
厨川白村　張競
村岡典嗣　水野雄司
大川周明　山内昌之
西田直二郎　林淳
折口信夫　斎藤英喜
シュタイン　瀧井一博
*西周　清水多吉
*福澤諭吉　平山洋
成島柳北　山田俊治
福地桜痴　山田俊治
村山龍平　早房長治
島田三郎　武藤秀太郎
田口卯吉　鈴木栄樹
*陸羯南　松田宏一郎
黒岩涙香　奥武則
長谷川如是閑　織田健志
*吉野作造　田澤晴子
山川均　米原謙
*岩波茂雄　十重田裕一
*北一輝　岡本幸治
*穂積重遠　大村敦志

中野正剛　吉田則昭
*満川亀太郎　福家崇洋
エドモンド・モレル　林田治男
*北里柴三郎　福田眞人
高峰譲吉　木村昌人
田辺朔郎　秋元せき
*南方熊楠　飯倉照平
石原純　金子務
*辰野金吾　河上眞理・清水重敦
*七代目小川治兵衛　尼崎博正
本多静六　岡本貴久子
ブルーノ・タウト　北村昌史

現代

昭和天皇　御厨貴
高松宮宣仁親王　後藤致人
*李方子　小田部雄次
吉田茂　中西寛
マッカーサー　柴山太
鳩山一郎　楠綾子
*石橋湛山　増田弘
重光葵　武田知己
市川房枝　村井良太
*池田勇人　藤井信幸
高野実　篠田徹
和田博雄　庄司俊作
朴正熙　木村幹

田中角栄　新川敏光
宮沢喜一　村上友章
竹下登　真渕勝
*松永安左エ門　橘川武郎
鮎川義介　井口治夫
*出光佐三　橘川武郎
松下幸之助　米倉誠一郎
渋沢敬三　井上潤
*本田宗一郎　伊丹敬之
井深大　武田徹
*佐治敬三　小玉武
幸田家の人々　金井景子
*正宗白鳥　大嶋仁
*大佛次郎　福島行一
*川端康成　大久保喬樹
*薩摩治郎八　小林茂
坂口安吾　千葉一幹
太宰治　安藤宏
松本清張　杉原志啓
安部公房　鳥羽耕史
*三島由紀夫　島内景二
井上ひさし　成田龍一
R・H・ブライス　菅原克也
柳宗悦　熊倉功夫
バーナード・リーチ　鈴木禎宏
イサム・ノグチ　酒井忠康
熊谷守一　古川秀昭

川端龍子　岡部昌幸
藤田嗣治　林洋子
*井上有一　海上雅臣
*手塚治虫　竹内オサム
古賀政男　藍川由美
*吉田正　金子勇
武満徹　船山隆
*八代目坂東三津五郎　田口章子
*力道山　岡村正史
*西田天香　宮田昌明
安倍能成　中根隆行
サンソム夫妻　平川祐弘・牧野陽子
*天野貞祐　貝塚茂樹
和辻哲郎　小坂国継
矢代幸雄　稲賀繁美
石田幹之助　岡本さえ
*平泉澄　若井敏明
*早川孝太郎　須藤功
安岡正篤　片山杜秀
青山二郎　田野勲
島田謹二　小林信行
田中美知太郎　川久保剛
前嶋信次　杉田英明
*唐木順三　澤村修治
亀井勝一郎　山本直人
知里真志保　北原治郎太
*保田與重郎　谷崎昭男
石母田正　磯前順一
*福田恆存　川久保剛

井筒俊彦　安藤礼二
佐々木惣一　伊藤孝夫
小泉信三　都倉武之
*瀧川幸辰　伊藤孝夫
矢内原忠雄　等松春夫
式場隆三郎　服部正
大宅壮一　有馬学
清水幾太郎　庄司武史
*フランク・ロイド・ライト　大久保美春
*中谷宇吉郎　杉山滋郎
今西錦司　山極寿一

*は既刊
二〇一七年十二月現在